wie der PUNK nach hannover kam

Von Klaus Abelmann, Detlef Max & Hollow Skai (Hrsg.)

HIRNKOST

Impressum

ORIGINALAUSGABE
© 2023 Hirnkost KG, Lahnstraße 25, 12055 Berlin;
prverlag@hirnkost.de; www.hirnkost.de
Alle Rechte vorbehalten
1. Auflage Mai 2023

Vertrieb für den Buchhandel:
Runge Verlagsauslieferung; msr@rungeva.de

Privatkund:innen und Mailorder:
https://shop.hirnkost.de/ Unsere Bücher kann man auch abonnieren!

Layout: Bureau Sebastian Moock
Lektorat: Klaus Farin

ISBN:
PRINT: 978-3-949452-84-0
PDF: 978-3-949452-86-4
EPUB: 978-3-949452-85-7

Hirnkost versteht sich als engagierter Verlag für engagierte Literatur.

HIRNKOST

FSC MIX Paper from responsible sources FSC® C107574

Mehr Infos: https://www.hirnkost.de/der-engagierte-verlag/

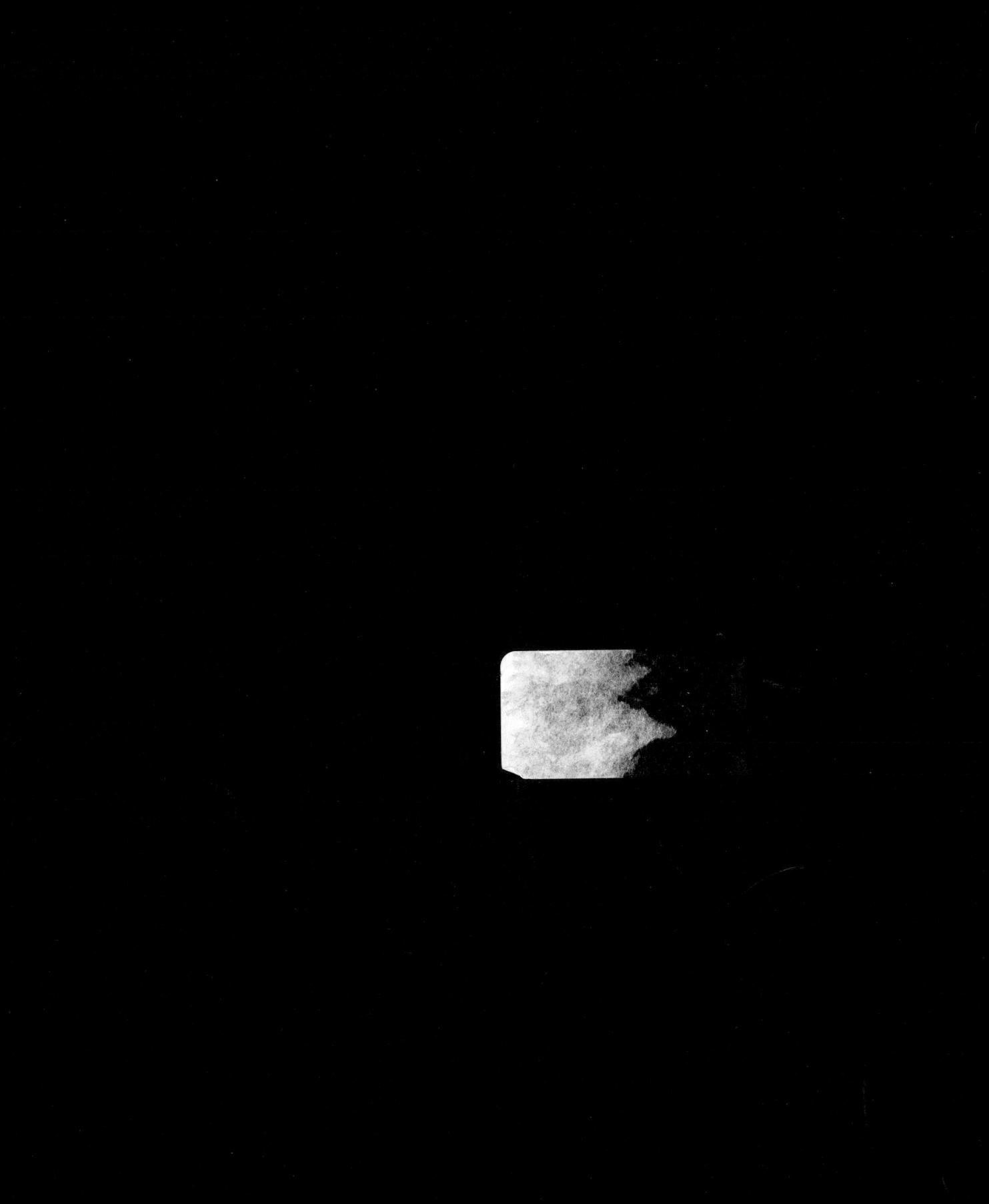

In memoriam

Claudius Hempelmann
Dagmar Heuer (Lady Da²)
Ulli Heuer
Konrad Kittner (Votze Flamenco)
Rüdiger Klose
Karsten Matthis
Jens Meyer
Joachim Peters
Uwe Ramdohr (Face)
Karsten Woelki (Kaki)
Reinhard Winkler (Alice Dee)

Etikett der Rotzkotz-LP *Much funny* von Christoph Simons

Inhalt

- **9** **Editorial** – Do it yourself!
- **12** **Timeline**
- **16** **Hollow Skai** – Die Zukunft hat keinen Namen
- **50** **Heinrich Dubel** – Es kam auf die Haltung an
- **68** **Klaus Abelmann** – Was Sie schon immer über Punk wissen wollten
- **86** **Annette Benjamin** – Ich will nicht glücklich sein
- **102** **Peter Ahlers** – Blitzkrieg Bop
- **120** **Klaus Abelmann** – Ulli, Giovanni, der Staatsschutz und ich
- **124** **Annette Simons** – Jung kaputt spart Altersheime
- **152** **Emilio Winschetti** – Der große Nordstadt-Schwindel
- **166** **Jens Gallmeyer** – Volle Bratze!
- **176** **David Spoo** – Von der Arschlochshow zum antiimperialistischen Kampf
- **186** **Angelique Upstart** – Dreckige Gedanken
- **198** **Karl Nagel** – Vorbei ist vorbei
- **210** **Stefan Thoben** – „Hey, wir sind jetzt auch Street Art!"

218	**Die Mitwirkenden**
221	**Zurück in die Zukunft** – Where are they now?
222	**Teddy Hirsch** – Was aus den Punks geworden ist
224	**Klaus Abelmann** – Blessed Are Who've Got A Poor Brain
227	**Rolf-Günther Schulze** – Down at the Beatklub at Midnight
230	**Hollow Skai** – Der dunkle Engel
232	**Detlef Max** – The Zufall
235	**Klaus Abelmann** – Zu alt für diesen Scheiß
236	**Hollow Skai** – Much funny
237	**Bildnachweise**
238	**Danksagungen**
241	**Mixed Media** – die Platten, die Fanzines, die Plakate, die Buttons und die Bücher

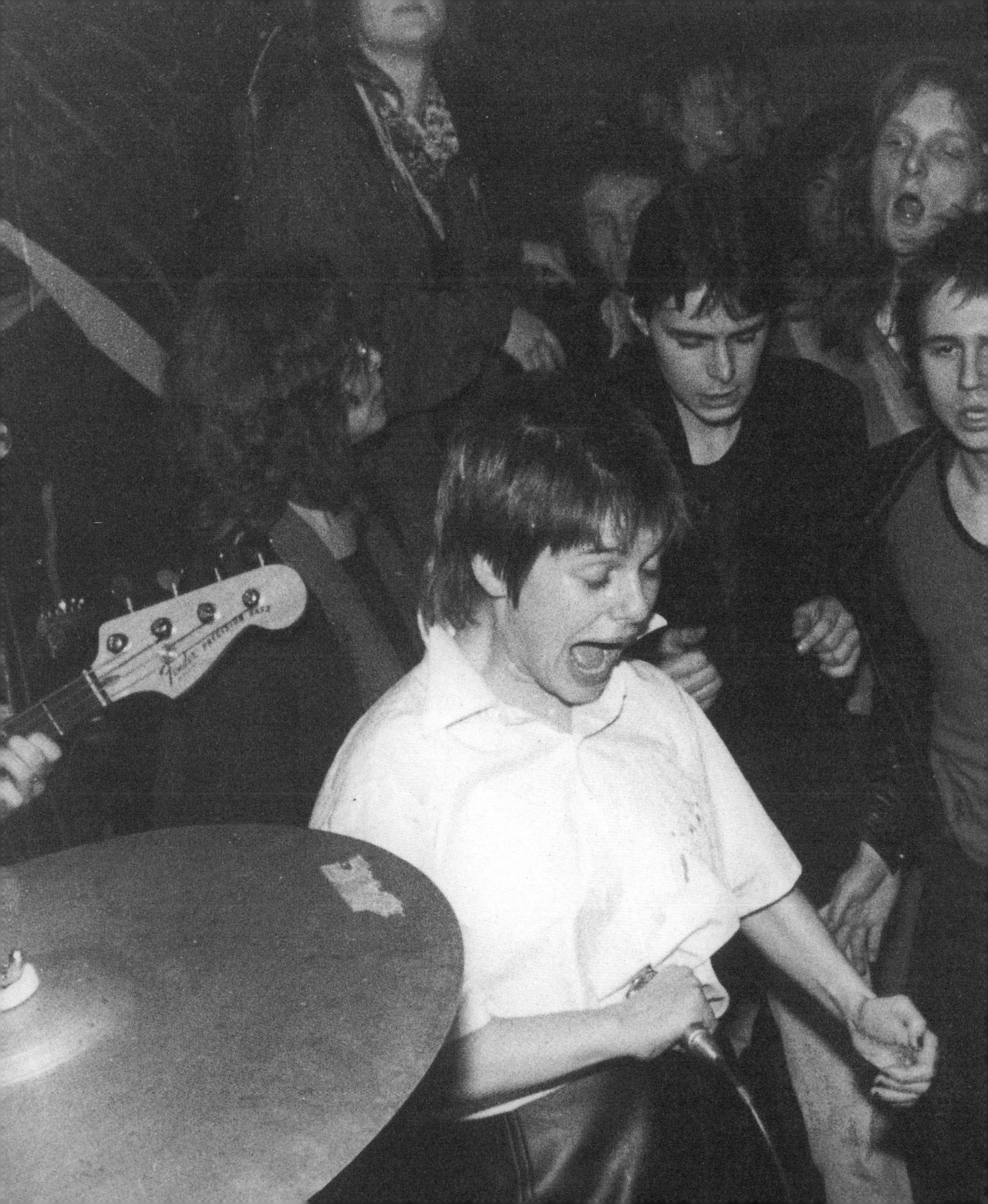

Hans-A-Plast

Do it yourself!

Editorial

Klaus Abelmann, Detlef Max & Hollow Skai

Ende der 1970er- und Anfang der 80er-Jahre war Hannover neben Berlin, Hamburg und Düsseldorf ein Zentrum der deutschen Punk-Bewegung, von dem viele nachhaltige Impulse ausgingen. Im Gegensatz zu den anderen Punk-Metropolen gab es in Hannover aber keine Plattenfirmen, die diese neue Musik hätten veröffentlichen, oder Medien, die über diese neue Szene hätten berichten und sie popularisieren können. In Hannover war es, wie es Annette Simons von der Gruppe *Bärchen und die Milchbubis* einmal ausgedrückt hat, so langweilig, dass man alles selbst machen musste.

Dafür brodelte es in den Übungsräumen und Kellern, und in kürzester Zeit gründeten sich zahlreiche neue Bands, die überregional Aufmerksamkeit erregten und Wellen schlugen – oder sich nach kurzer Zeit bereits wieder auflösten. Ihnen gemein war die Abneigung gegen das Rock-Establishment, die mit der zentralen Parole „Ohne *Scorpions, Jane, Eloy* in die 80er Jahre!" auf einen Nenner gebracht wurde.

Hilf dir selbst, sonst hilft dir keiner. Weil es in der niedersächsischen Landeshauptstadt an einer Infrastruktur fehlte, musste man schon selbst etwas auf die Beine stellen, um die Wachablösung der Altmucker voranzutreiben. So wurde mit *No Fun Records* eines der ersten unabhängigen Labels gegründet – die anderen waren das Wuppertaler *Atatak*-Label von *Der Plan*, Carmen Knoebels Düsseldorfer Label *Pure Freude*, der *Zensor* in Berlin und, etwas später, das Hamburger *ZickZack*-Label des deutschen Punk-Papstes Alfred Hilsberg. Der hatte in der Musikzeitschrift *Sounds* die deutsche Punk-Bewegung vorgestellt und 1979 zusammen mit Klaus Maecks Punk-Laden *Rip Off* in der Hamburger Markthalle drei Festivals veranstaltet, die einigen der dort auftretenden Bands bundesweit den Durchbruch verschafften.

Eine dieser Bands – und die einzige, die auf den Markthallen-Festivals gleich zweimal auftrat – war *Hans-A-Plast*, eine ehemalige Anti-AKW-Song-Gruppe, die sich mit der Sängerin Annette Benjamin verstärkt und in Eigenregie eine LP aufgenommen hatte. Ihr Debütalbum verkaufte sich so gut, dass gemeinsam mit einem der Herausgeber dieses Buches das *No-Fun*-Label gegründet und der Grundstein für den Vertrieb unabhängig produzierter Musik gelegt wurde.

Abgesehen von solchen wirtschaftlichen Aspekten explodierte Punk in Hannover aber auch auf der Straße. Handelte es sich bei den ersten Punks noch vorwiegend um Intellektuelle und Künstler:innen, die dem linksalternativen Milieu angehörten, von den Grabenkämpfen linker Gruppierungen aber zusehends frustriert waren und im Punk die Möglichkeit der künstlerischen Realisierung einer neuen Lebenshaltung sahen, entdeckten schon bald auch Jugendliche den Punk, um den beklemmenden Verhältnissen ihres Elternhauses oder schlecht bezahlten Jobs zu entkommen. Die wenigsten waren in trostlosen Sozialbauten aufgewachsen oder stammten aus unterprivilegierten Verhältnissen, wie so viele englische Punks, die sich den von situationistischen Modemacher:innen propagierten Stil zu eigen machten. Mit der ersten Punk-Generation, die die Verhältnisse zum Tanzen bringen wollte, hatten sie jedoch nur wenig gemein. Ihnen ging es vor allem darum, dem Alltag etwas Spaß abzuringen und sich musikalisch oder mit Drogen vollzudröhnen, um alles um sich herum zu vergessen. An die Szene der sogenannten Gossenpunks erinnern wir mit einem Bericht von einer Party im Hause des kommunistischen Kabarettisten Dietrich Kittner.

Dass Hannover ein Zentrum der deutschen Punk-Bewegung war, sprach sich schon bald landesweit herum. Statt nach Berlin oder Hamburg zu flüchten, wurden Jugendliche wie Karl Nagel, ein gebürtiger Wuppertaler, von der Leinemetropole angezogen wie Motten vom Licht. Grund genug, um die lokale Punk-Geschichte einmal aufzuarbeiten – so wie das in Berlin, Hamburg, Leipzig oder Düsseldorf längst geschehen ist.

Klaus Abelmann beschreibt hier erstmals, wie aus Punk plötzlich Terror wurde – und was das mit *P 38* und dem heutigen Chefredakteur der Wochenzeitung *Die Zeit*, Giovanni di Lorenzo, zu tun hatte. Wir baten Protagonist:innen des Hannover-Punk um Beiträge – und waren hoch erfreut, dass sich jeder Punk und jede Punkette (damals wurde noch nicht gegendert), die wir ansprachen, gern an diese wirklich wilden Zeiten erinnerte (ohne einen Gedanken an ein karges Honorar zu verschwenden). Die *Hans-A-Plast*-Sängerin Annette Benjamin erzählt, wie sie von zu Hause abgehauen und 1977 inmitten der Londoner Punk-Szene gelandet ist. Annette Simons schildert, wie sie erst ihrem Elternhaus und dann der Anti-AKW-Bewegung adé gesagt hat, um fortan bei *Bärchen und die Milchbubis* zu singen. Angelique Upstart berichtet vom Aufwachsen in der Provinz und Begegnungen mit Punks in der Punk-Disco Rote Kuh, dem Punkrock-Café Anderes Ufer oder im UJZ Kornstraße und Jens Gallmeyer über Punk in einem Beamtenviertel. Emilio Winschetti erinnert an die Bezüge zwischen Punk und Dadaismus, Performance-Kunst und Auftritten neuer Bands in der legendären Werkstatt Odem, dem hannoverschen Pendant zum New Yorker Club CBGB oder zum Berliner SO 36. Peter Ahlers berichtet von seinen Erlebnissen als Bassist von *Blitzkrieg*. Heinrich Dubel alias Rosa beschreibt, wie er ein Punk wurde und was ihn dazu bewegte. David Spoo reflektiert, wie sich die radikale Linke Punk aneignete. Und Karl Nagel, was es mit den Chaostagen auf sich hatte, und warum alles anders kam, als er gehofft hatte.

Mit dem heutigen Bild, das wir von Punks haben, jenen zum Klischee erstarrten Gestalten, die in den Fußgängerzonen Geld schnorren für den nächsten Schuss oder die nächste Flasche Bier und die die Bedeutung der Parole „No future" noch immer nicht verstehen, haben weder die Textbeiträge noch die Fotos etwas gemein. Stattdessen erinnern sie an eine Zeit, in der Punk noch nicht so uniformiert und dafür informierter war. In der sich plötzlich viele neue Möglichkeiten und Perspektiven eröffneten. Und in der die Zukunft noch jedem offenstand.

Hollow Skai, Annette „Bärchen" Simons und Annette Benjamin

EINTRITTSKARTE

JUBEL 81

ZOLLERN-ALB-HALLE TAILFINGEN
Samstag, 6. Juni 1981, 18.00 Uhr

Eintritt: DM 14.— + Vorverkaufsgebühr
Abendkasse DM 17.—

No 1800

Das Foto der Freunde brachte den ersten Preis
Joachim Peters aus Linden gewann beim Jugendwettbewerb der photokina

Joachim Peters aus Linden-Nord wird bald Deutschlands schönste Fotomotive aus der Luft aufnehmen können: Er gewann einen Flug als einen der ersten Preise im großen photokina-Jugendphotowettbewerb. Der 23jährige, der schon in der 7. Klasse der Lutherschule am Fotografieunterricht teilnahm, schickte das unten abgebildete Foto für den renommierten Wettbewerb ein, der in diesem Jahr unter dem Thema „Momentaufnahmen: Meine Welt" lief.

Dazu fotografierte er [...] am 5. September [...]

[...] rungen ist er dabei [...] einjährigem Prakti- [...] arten betrieb Peters [...] urladen „Koriander" [...] ch von Hannover. [...] Peters nicht. Zwar [...] hmeprüfung im Stu- [...] doch wollte man in [...] m nicht anerkennen. [...] ch weiter, auch mit [...] ch Riebesehl, Dozent

[...] rimentierphase fand [...] zum dokumentari- [...] rbeitet er hauptsäch-

lich mit einem Normalobjektiv, das Personen und Gegenstände in etwa gleicher Perspektive wie das menschliche Auge abbildet. Seit einigen Jahren versucht der junge Fotograf, seine Aufnahmen mit anderen Medien zu verbinden. Bei der hannoverschen Gruppe Cächesexe sang er und spielte Synthesizer.

Mit Werken von Sabiene Potthast wird Peters nun in seiner Galerie Fotografie mit Videoaufnahmen kombinieren. Zum Lebensunterhalt aber langt es noch nicht. „Wenn mein Gespartes verbraucht ist, werde ich eben mal wieder jobben gehen müssen", meint Joachim Peters mit einem Achselzucken.
sci.

Joachim Peters

Diese Aufnahme brachte den Erfolg im photokina-Jugendphotowettbewerb.

SHAKE HANDS WITH YOUR LOCAL POP STAR!

A PSYCHOTIC PROMOTION PARTY
THE 39 CLOCKS

NEW ALBUM OUT! "PAIN IT DARK" – NO FUN RECORDS NF 039

15.4. 2100 ODEM

DRINKS, KICKS & FEEL THE PAIN.
EVENING DRESS!

WARSTRASSE 9
3 HANNOVER 1

NO FUN Records

Timeline

1977 Die Rotznasen kommen! *The Vibrators* treten am 26.2. im UJZ Glocksee auf.

Joseph Beuys verhindert einen Auftritt von *The Automats* feat. Dieter Runge auf der Documenta in Kassel.

Erster Auftritt von *Rotzkotz* am 26.11. im Raschplatz-Pavillon.

1978 Das UJZ Glocksee verbietet einen Gig von *Rotzkotz*.

Am 28.4. eröffnet die Punk-Disco Rote Kuh in der Mehlstraße.

Im Mai erscheint die erste Ausgabe des Fanzines *No Fun*.

Erstes „No Fun"-Festival am 18.11. im Jugendzentrum Colosseum in Badenstedt mit *Rotzkotz*, *Hans-A-Plast*, *Blitzkrieg*, *Schleim* (Braunschweig) und *Katapult* (Berlin).

1979 VaterMutterKind: *Rotzkotz* macht Kindertheater im Künstlerhaus.

Hans-A-Plast treten am 3.2. im UJZ Kornstraße erstmals mit Annette Benjamin als Sängerin auf und räumen beim Festival „Into the Future" in Hamburg am 24.2. mächtig ab.

Das Fillmore List in der Voß-Straße eröffnet am 7.3.

Die erste Ausgabe des Gossen-Fanzines *Gegendarstellung* erscheint – hauptbeteiligt: zwei Gymnasiasten.

Blitzkrieg und *The 39 Clocks* spielen am 7.5. in der Mucker-Hochburg Leine-Domicil.

Anlässlich ihrer Ausstellung im Sprengel Museum gibt Patti Smith dort eine Poetry Performance.

Beim Festival „In die Zukunft" in Hamburg am 29.6. treten erneut *Hans-A-Plast* auf.

Blitzkrieg und *The 39 Clocks* spielen am 25. und 26.8. auf dem Altstadtfest.

1979 *Rotzkotz* nehmen als erste hannoversche Punk-Band in England eine LP auf, bekommen es aber monatelang nicht gebacken, sie auch zu veröffentlichen. So wird die ein paar Monate später in Hannover aufgenommene Debüt-LP von *Hans-A-Plast* zur ersten Platte einer hannoverschen Punk-Band und verkauft sich wie geschnitten Brot.

Das Punkrock-Café Anderes Ufer eröffnet in Linden.

Die *Jugend 80* verbringt am 8.9. eine Nacht auf dem 12. Polizeirevier.

„Die Zukunft hat keinen Namen". Auf dem ersten großen Hannover-Punk-Festival am 15.9. im Pavillon wollen *Rotzkotz* der Frauen-Power von *Hans-A-Plast* etwas entgegensetzen und treten zusammen mit Babsi auf, die zu ihren Songs oben ohne tanzt. Pancho G. erinnert der Altherren-Sex im Stadtmagazin *Schädelspalter* aber eher an den letzten CDU-Parteitag.

Spargel-Festival im Jugendzentrum Döhren mit *The Fucks, Cretins, Kondensators, Phosphor, Rosa* und *Schwanz kann's*.

Der *5-Uhr-Club* des NDR sendet live aus einer WG in der Schöneworthstraße. Weil nur *Hans-A-Plast* interviewt werden, bewerfen *Rotzkotz* den Moderator Henry Prätsch mit einer Sahnetorte.

Beim Festival „Geräusche für die 80er" am 29.12. in Hamburg treten auch *Rotzkotz* auf.

1980 *Hans-A-Plast* werden von den Leser:innen der Musikzeitschrift *Sounds* zu den Newcomern des Jahres gewählt. Annette Benjamin landet nur knapp hinter Nina Hagen in der Sparte „Sängerin des Jahres". Im Mai widmet *Sounds* den Frauen von *Hans-A-Plast* eine Titelgeschichte.

Am 1.3. wird das unabhängige Label *No Fun Records* gegründet.

Das zweite „No Fun"-Festival findet am 7. und 8.3. im UJZ Glocksee statt. Ein Mitschnitt erscheint kurz darauf als LP bei *No Fun*. Dem Aufruf von Rude Boys & Girls, das Festival zu stören und die Kasse zu klauen, wird nicht gefolgt, weil einige Unruhestifter:innen selbst auf der Bühne stehen.

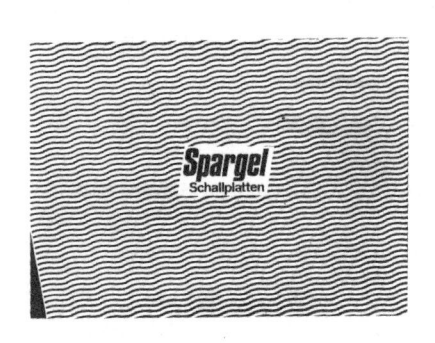

Der *Rockpalast* ist am 2.7. zu Gast bei *Hans-A-Plast*.

In der Werkstatt Odem in der Warstraße treten in diesem Jahr u. a. *DAF, Mania D, The Wirtschaftswunder* und *Der Plan* auf.

Der *NP*-Redakteur Giovanni di Lorenzo enthüllt, dass der Verfassungsschutz die Band *P 38* observiert.

Kosmonautentraum veröffentlichen die EP „Rache" auf dem *ZickZack*-Label und *Blitzkrieg* die Single „Ohne Zukunft" auf *No Nordstadt Records*.

1981 Die New Yorker Bands *The Bush Tetras* und *The Bongos* gastieren am 27.2. in der Werkstatt Odem.

Hollow Skais Magisterarbeit über Punk erscheint im *Sounds* Verlag.

Unter dem Motto „Jubel 81" schickt *No Fun Records* im Juni gleich sechs Bands auf Deutschlandtournee.

Das *Frostschutz*-Label veranstaltet am 21.11. ein Festival mit *Blitzkrieg* und *Klischee* im UJZ Kornstraße.

1982 Auf Initiative von *No Fun Records* schließen sich Vertreter:innen zum Vertrieb *Energie für alle* (Efa) zusammen. Daraus geht später der größte deutsche Indie-Vertrieb *Indigo* hervor.

Aus Protest gegen die Anlegung einer „Punker-Kartei" verkleiden sich die Ratsfrauen und -herren der Grün-Alternativen Bürgerliste (GABL) als Punks – und demonstrieren mit ihrer Kleiderwahl, wie fremd ihnen die Punk-Szene ist.

Punks und Skins treffen sich erstmals zum Chaostag am Kröpcke.

1983 Die einflussreiche Musikzeitschrift *Sounds* wird verkauft und mit dem *Musik Express* zusammengelegt.

Bei den Chaostagen kommt es zu gewalttätigen Auseinandersetzungen zwischen Punks, Skins und der Polizei.

Die Zukunft hat keinen Namen

Wie der Punk nach Hannover kam

Hollow Skai

Es war ein kalter, regnerischer Tag im Februar 1977, als der Punk nach Hannover kam. Vor der Kneipe „Kneipe" in Linden sprang mir ein Plakat in die Augen, das verkündete: „Die Rotznasen kommen!" Gemeint waren *The Vibrators*, eine Londoner Punk-Band, von der ich bis dahin noch nichts gehört hatte, und angekündigt wurde ein Konzert in der Airport-Disco des UJZ Glocksee.

Im *Arbeiterkampf* des Kommunistischen Bundes Norddeutschland war zu lesen, dass Punk-Fans eine faschistische Ideologie verträten und keine radikale Alternative seien, doch als *The Vibrators* bei jenem Konzert auf die niedrige Bühne eilten, die Stecker in ihre Gitarren stöpselten und loslegten, als müssten sie sich beeilen, weil sie noch etwas Wichtigeres vorhatten, war es auch um mich geschehen. Irgendwie klang zwar alles etwas monoton und ein Song glich dem anderen, doch ich hatte schon lange nicht mehr bei einem Konzert so viele Leute in Bewegung gesehen. Das war also Punkrock …

Ein paar Monate zuvor war mein Freund Dieter in unsere WG in der Kollenrodtstraße eingezogen und hatte das erste Album der *Patti Smith Group* aufgetrieben, das wir rauf- und runternudelten. Und ein paar Monate nach dem Konzert der *Vibrators*, bei dem auch zwei ganz in Schwarz gekleidete Typen reglos im Publikum gestanden und den hektischen Auftritt durch dunkle Sonnenbrillen betrachtet hatten, um cool auszusehen, brachte mir meine Freundin Angie von einem Kurztrip nach London eine Single der *Sex Pistols* mit, „God Save the Queen". Die 45er hatte die Reise nicht ganz unbeschadet überstanden, erhielt aber einen Ehrenplatz in meiner kümmerlichen Plattensammlung.

Die einzige Möglichkeit, in Hannover an solche Scheiben ranzukommen, bot damals der Plattenladen *boots*, der sogar über ein Punk-Fach verfügte, in das alles einsortiert wurde, was nicht nach *Steely Dan* oder *Queen* klang. Alben von Cherry Vanilla und Tom Petty standen darin neben denen von *Ultravox*, den *Modern Lovers* oder den *Stooges*, doch man musste schon das Glück haben, gerade im Laden zu sein, wenn der Hippie hinter dem Tresen ein Paket mit gerade erschienenen Platten auspackte, um solch ein rares Exemplar zu ergattern; nicht selten gelangten nur zwei, drei Exemplare einer neuen LP nach Hannover.

Dieter hatte den Sommer zusammen mit der Kekskommune, einer WG, die vis-à-vis von Bahlsen wohnte, in einem morbiden Kastell im italienischen Scario verbracht. In einem neuen „freien" Radiosender hatte er zum ersten Mal die *Ramones* gehört und wollte, zurück in Hannover, nun auch eine Punk-Band gründen. Wir übten sogar mal zusammen, wobei er *irgendwas* auf der Gitarre spielte, während ich mit einem Handfeger zaghaft auf zwei Eimern herumtrommelte und einmal mehr bewies, wie wenig Talent ich besaß.

Ich selbst fuhr in jenem Herbst ebenfalls nach Scario, besuchte auf der Rückreise aber die Genoss:innen vom Münchner *Blatt*, dem vermutlich ersten deutschen Stadtmagazin. Es war nicht so verkopft wie das hannoversche *Fragezeichen*, zu dessen Gründer:innen ich zählte, nicht so kommerziell wie der Berliner *tip* und nicht so altlinks und bürgerlich wie das *Kölner Volksblatt*. In den zwei Wochen, in denen ich bei ihnen aushalf und unter dem Pseudonym Holger X. einen Artikel über „Punk-Rock – (k)eine kranke Sache" im *Blatt* unterbrachte, war ich in der Münze untergekommen, einer Kommune in Reichweite vom Hofbräuhaus, in der auch Margit Czenki wohnte. Die „blonde Banklady" (Wikipedia) hatte zuvor in der Schwabinger High-Fish-Kommune gelebt, wo die Krautrock-Band *Amon Düül* geprobt hatte und später auch Rainer Langhans und Uschi Obermaier eingezogen waren. 1971 hatte sie bei einem Banküberfall 50.000 D-Mark erbeutet, war aber geschnappt und inhaftiert, Weihnachten 1975 jedoch entlassen worden. Ihr Bankraub wurde 1978 in Margarethe von Trottas Film *Das zweite Erwachen der Christa Klages* thematisiert, sie selbst wurde daraufhin Filmemacherin und drehte vielbeachtete Filme wie *Komplizinnen* mit Pola Kinski und *Park Fiction – die Wünsche werden die Wohnung verlassen und auf die Straße gehen*, während ihr Sohn Ted Gaier die *Goldenen Zitronen* gründete.

Wo war ich denn da nun wieder hineingeraten? Während die Fahndung nach den Entführer:innen des Arbeitgeberpräsidenten Hanns Martin Schleyer auf Hochtouren lief, hielt ich mich ausgerechnet in diesem Nest des Widerstands auf und hatte nur eins im Sinn: Punkrock. Zum Konzert von *The Clash* im Schwabinger Bräu wollte aber niemand vom *Blatt* oder aus der Münze mitkommen, weil ihnen der Eintritt von 5 Mark zu teuer war. Dafür, dass auch ich dann nicht hingegangen bin, könnte ich mich noch heute in den Hintern beißen.

Konzertabsagen und Hausverbote

Zurück von diesem Abenteuerurlaub stellte ich fest, dass wir nicht mehr die einzigen Punks in Hannover waren. Dieter hatte auf dem Flohmarkt Ernie kennengelernt, der dort rare Punk-Singles verhökerte und mit seinem Freund Horst die Band *Rotzkotz* gegründet hatte.

Sie übten wochenlang, „Blitzkrieg Bop" von den *Ramones* nachzuspielen, und wären wohl nie aus ihrem Übungsraum herausgekommen, wenn Dieter nicht einen Gig im Pavillon klargemacht hätte, einem selbstverwalteten Haus für Kultur, Soziales und Politik am hannoverschen Raschplatz, gleich hinter dem Bahnhof. Er hatte verabredet, dass sie die PA von *Blaupause* mitbenutzen durften, einer Bluesrock-Band um Moppel Jacobi, dem hannoverschen Van Morrison, die sich nicht an die Absprache hielt, aus Angst, die Punks könnten ihre Anlage zerstören. Also fuhren wir zum Übungsraum von *Rotzkotz*, packten ihre Verstärker ins Auto, kehrten zurück in den Pavillon und bauten sie genau gegenüber von *Blaupause* auf. Und dann brach die Hölle los! Das Publikum stand fassungslos rum, als *Rotzkotz* „Beat on the Brat" und dieses ganze *Ramones*-Zeugs runterhackten und ein paar Unentwegte dazu Pogo tanzten. Kaum hatte der Auftritt begonnen, war er allerdings auch schon wieder vorbei.

Im Jugendzentrum Badenstedt waren die Kids ganz aus dem Häuschen, als Ernie sich wie Iggy Pop in Glasscherben wälzte. Ein Auftritt im UJZ Glocksee wurde von den dortigen Sozialarbeiter:innen jedoch aus fadenscheinigen Gründen abgesagt. Und im Jugendzentrum Döhren durften sie, wegen des „negativen Verhaltens der Bandmitglieder während ihres Aufenthalts in den Räumen der Jugendeinrichtung" nicht mehr üben – sie hatten bei ihren Proben scharfe Alkoholika konsumiert. Abschließend wünschte man ihnen „ein frohes Weihnachtsfest und ein erfolgreiches Neues Jahr".

Und so ging das immer weiter. Erst erhielt Dieter in unserer neuen Stammkneipe, der Blockhütte, Hausverbot, weil wir es uns angewöhnt hatten, die Biergläser nicht am Tresen abzugeben, sondern auf den Boden zu werfen. Dann brachen *Rotzkotz* einen Auftritt in einem Ruderclub abrupt ab, weil dem Gitarristen Horst Illing plötzlich eingefallen war, dass sie noch etwas üben müssten, bevor sie sich auf die Bühne wagten. Und schließlich standen bei einem Auftritt in Wiedenbrügge richtige Rocker vor der Bühne, die auf Krawall aus waren und den Punks mal zeigen wollten, wo der Hammer hängt. Am Ende trat Horst das Schlagzeug zusammen und warf Dieter aus der Band, weil der sich ständig verspielt hatte. Als wäre es darauf angekommen …

Kurz darauf hatte ich dann meinen großen Auftritt. Auf einem Festival in der IGS Garbsen gab ich mich mit Typen, die sich Lota Lyserg, Lego und Alice Dee nannten, als *Terrock V3* aus und wir enterten die Bühne, um völlig uninspiriert auf Instrumente einzuhauen oder ins Mikro zu brüllen. „Das Bespucken und Anrempeln eines Presseberichterstatters", hieß es hinterher in der *Leine-Zeitung*, „gehörte zu dieser Auffassung einer Show, die Spaß macht, ebenso wie das Hinterlassen von Wandschmierereien."

Inzwischen hatte ich längst meinen Taxischein gemacht und fuhr nachts Nutten und Zuhälter nach Hause, die immer am meisten Trinkgeld gaben, oder holte Freundinnen aus dem Osterstoven ab, einer Rotlicht-Bar, in der sie Geschäftsleuten im Separee Erleichterung verschafften (andere räkelten sich in einer Peep Show, um so das Geld für einen Flug zu Bhagwan in Poona zusammenzubekommen). Wie ich später erfuhr, verdienten sich auch Kai Havaii von *Extrabreit*, Klaus Maeck von *Rip Off* und Joschka Fischer als Taxifahrer ihr Auskommen.

Nach der Arbeit trafen Dieter und ich uns oft noch mit Hank in der Kekskommune zum Frühstück, hörten „What Goes On" von *Velvet Underground* und kehrten, wenn es draußen längst hell war, zurück in unsere WG, die wir nun Koll'n Road nannten und wo mir nach einer nächtlichen Taxischicht die Haare geschnitten wurden – mit einer recht stumpfen Tapezierschere.

1978 nahm ich am Tunix-Kongress teil, einem Treffen linksradikaler Aktivist:innen in Berlin, das heute als Geburtsstunde der westdeutschen Alternativbewegung gilt und auf dem auch die Gründung einer linken Tageszeitung diskutiert wurde, der *taz*. Aber da hatte ich der linken Szene eigentlich schon adieu gesagt.

Statt weiterhin von der Weltrevolution zu träumen, sah ich mir Patti Smith in der Neuen Welt in Berlin an, wo ich auch Annette Benjamin traf, die ich noch von früher kannte und die in London von Punk infiziert worden war, mittlerweile aber in Braunschweig wohnte und in einer Band namens *Schleim* sang. Mein Hemd hatte ich so besprayt, dass es aussah, als hätte ich eine Schusswunde, und über den Arm hatte ich mir eine Spielführerbinde gestreift, wie sie die Kapitäne von Fußballmannschaften trugen. Bei Patti Smith stand ich erstmals in der ersten Reihe eines Konzerts und war so fasziniert von ihr, dass ich meine Spielführerbinde auf die Bühne warf, die sie sich auch sogleich über das Knie ihrer schwarzen Lederhose streifte. Als der *stern* ein Bild davon veröffentlichte, war ich, nun ja, stolz, weil so ein Teil von mir in jener Illustrierten gelandet war, die meine Eltern abonniert hatten.

No Fun – vom Fanzine zum Label

In Hannover eröffnete eine Punk-Disco, die Rote Kuh, und im Sommer flog ich nach London, um mir die *Lurkers* in einem Club in Fulham und Iggy Pop in der Music Machine anzusehen, dessen Song „No Fun" den Titel für ein Fanzine abgegeben hatte, das ich seit dem Frühjahr 1978 herausgab. Neben Beiträgen über die *Ramones*, die *Stranglers* und die *Electric Chairs* sowie Wolfgang Bülds Film *Punk in London* (dem auch ein Mitschnitt jenes *Clash*-Konzerts angehängt war, das ich in München verpasst hatte) setzte ich mich in der ersten Ausgabe auch mit David Bowies *Playboy*-Interview auseinander, in dem er Adolf Hitler als den ersten Rockstar der Geschichte bezeichnet hatte.

No Fun erschien nur in einer Mini-Auflage und wurde von mir in einem dieser neuen Copyshops kopiert und zusammengelegt, die es erstmals ermöglichten, preislich erschwingliche Drucksachen zu produzieren. Meistens tauschte ich es bei Konzerten gegen andere Fanzines, sodass ich schon bald Teil eines Netzwerks war und aus erster Hand erfuhr, was in Düsseldorf, Berlin, Hamburg oder Zürich passierte. Unter anderem veröffentlichte ich darin ein Interview mit Johnny Rotten, das er einer Zeitschrift der englischen Initiative Rock Against Racism gegeben hatte, eine *Kifferballade* von Shel Silverstein und Auszüge aus Hunter S. Thompsons *Fear and Loathing in Las Vegas*, ohne mich um das Copyright zu scheren.

Es dauerte nicht lange, da veranstaltete ich bereits das erste „No Fun"-Festival im Jugendzentrum Badenstedt, auf dem neben *Rotzkotz*, die mit Do Little nun sogar einen Bassisten hatten, *Blitzkrieg*, die sich selbst eingeladen hatten, deren Sänger und Gitarrist Wixer aber zu blöd war, seine Gitarre aufzudrehen, *Schleim* aus Braunschweig, die Kreuzberger Polit-Punk-Band *Katapult* und *Hans-A-Plast* spielten, eine ehemalige Anti-AKW-Song-Gruppe, die in Fußgängerzonen agitiert und „Wehrt euch, leistet Widerstand" gesungen hatte. Ihr gehörten auch Bettina, Renate und Wille (als Mixer) an, mit denen zusammen ich immer noch Germanistik studierte.

Am Tag darauf verabschiedeten sich *Katapult*, die in meiner neuen WG in Hannovers Nordstadt auf dem Fußboden übernachtet hatten, vom bewaffneten Kampf und entsorgten eine Knarre in einem Teich des Welfengartens. Das erste „No Fun"-Festival war zugleich aber auch die wahre Geburtsstunde von *Hans-A-Plast*, denn kurz darauf stieg Annette von *Schleim* bei ihnen als Sängerin ein und sorgte für reichlich Furore. Punk war endgültig in Hannover angekommen.

Punk war nicht nur die längst überfällige musikalische Wachablösung alter Fürze wie *Yes* oder *Jethro Tull*, die neuen Bands den Weg nach oben versperrten. Nicht nur ein Aufbegehren von Jugendlichen aus den Sozialbauwohnungen von Satellitenstädten. Punk war ein Urknall, wie es zuletzt der Dadaismus 60 Jahre zuvor gewesen war, eine Explosion aller Sinne, eine Supernova in grauer Städte Mauern. Gesegnet ist der, der Punk in seinen Anfängen aus nächster Nähe verfolgen oder dabei mitmachen konnte. Amen.

Dass mein Leben halbwegs gerade und folgerichtig verlief, hatte ich jedenfalls keiner Vorsehung oder gar einem übergeordneten Plan zu verdanken, sondern dem puren Zufall. Was wollte man auch mit einem Plan, wo uns doch die Apokalypse nicht nur im Kino bevorstand. Der Kalte Krieg war im Zeitalter der Pershings ganz schön heiß geworden, und ein Atomkrieg zwischen den beiden Supermächten USA und UdSSR war nicht mehr nur ein Hirngespinst von Verschwörungstheoretikern. Wie dann später bekannt wurde, hatten wir es letztlich nur einem Mann zu verdanken, Stanislaw Jewgrafowitsch Petrow, dass 1983 – an meinem Geburtstag! – ein atomarer Angriff der USA auf Russland als Fehlalarm eingestuft und so ein Nuklearkrieg verhindert wurde. Vorher tanzten aber noch *Hans-A-Plast* auf dem Vulkan.

In die Zukunft

Als Klaus Maeck, der die *Cooly Lully Revue* herausgegeben und in der Hamburger Feldstraße den Plattenladen *Rip Off* eröffnet hatte, *Rotzkotz* für ein Neue-Welle-Festival in der Markthalle engagieren wollte, mussten die passen, weil ihr Schlagzeuger zum Bund musste. Da aber unbedingt auch eine Gruppe aus Hannover dabei sein sollte, fragte ich sicherheitshalber *Hans-A-Plast*, ob sie für *Rotzkotz* einspringen würden. Eigentlich hatte ich damit gerechnet, dass sie absagen, weil sie gerade ein Mal mit ihrer neuen Sängerin aufgetreten waren. Doch sie ergriffen die Gelegenheit beim Schopf und spielten im Februar 1979 auf dem „Into the Future"-Festival – zusammen mit Kiev Stingl und Holger Hiller, *Male und Mittagspause*, *S.Y.P.H.*, der *Deutsch-Amerikanischen Freundschaft* und *Kleenex*, der Crème de la Crème der deutschen und Schweizer New Wave.

Sinnigerweise machten *Rotzkotz* genau zu der Zeit Kindertheater und wirkten im Künstlerhaus im Stück *Vatermutterkind* mit, Schlagzeug spielte ihr Sänger Ernst August Wehmer. Worüber wiederum ein gewisser Giovanni di Lorenzo in der *Neuen Presse* schrieb: „Damit auch der musikalische Rahmen stimmt, wird die hannoversche Rockband *Rotzkotz* für die passenden Töne sorgen: ‚Zwei gegen einen, groß gegen klein, Vater brüllt, Mutter drischt – Kind sagt lieber nichts.'"

In der Voß-Straße, gleich neben Plümecke, jener Kneipe, in der sich die linke Schickeria traf und aus der Gerhard Schröder später, nach seiner Wahl zum Ministerpräsidenten 1990, hinausgetragen werden musste, eröffnete im März das Fillmore List und avancierte schnell zum Treffpunkt der New Waver und Kunst-Punks. Wir bestückten schon bald die Musikbox mit Singles, die wir von *Rip Off*, dem *Zensor* in Berlin oder von *boots* bezogen, in dessen Hamelner Filiale Ernie sich nun als Rattenfänger betätigte und den Kids Punk-Scheiben verkaufte. Und im Fillmore veranstaltete ich auch eine Lesung mit dem Kunstmaurer Liebfried Loch, der vor ausverkauftem Haus das Fernsehprogramm vorlas.

Derweil traten *Hans-A-Plast* überall auf, wo sich ihnen eine Gelegenheit bot, zum Beispiel in Wuppertal, zusammen mit der *Deutsch-Amerikanischen Freundschaft,* die sich parallel zu *Mittagspause* gegründet hatte und damals noch eine richtige Band und kein Duo war. Und auch auf dem zweiten Markthallen-Festival, das nun einen deutschen Titel hatte, „In die Zukunft", weil die meisten Bands inzwischen deutsch sangen, waren sie erneut mit von der Partie. Weil gleich drei Frauen bei *Hans-A-Plast* den Ton angaben, waren Medien, Plattenfirmen und Vertriebe ganz aus dem Häuschen, zumal Annette ein wahres Energiebündel auf der Bühne war und im Poll der *Sounds* in der Kategorie „Beste Sängerin national" nur ganz knapp Nina Hagen unterlag. *Hans-A-Plast* selbst wurden von den Lesern zur Band des Jahres gewählt.

Alfred Hilsberg, der sie gleich zwei Mal für die legendären Deutsch-Punk-Festivals in der Hamburger Markthalle gebucht hatte, urteilte in *Sounds*: „Annette hat von allen neuen Bands die beste Temperatur drauf. Da kommt eine Energie raus, die dich glatt zersingen kann." Aber nicht nur sie war „der absolute Hammer", wie sich der damalige *Sounds*-Volontär Michael O.R. Kröher erinnerte, sondern auch der Rest der Gruppe. „Das war eine richtige Rockband." Noch 30 Jahre später schwärmte er von dieser „enormen Spannung, die die beiden Gitarristen mit- und gegeneinander aufgebaut haben, und die zusammengehalten wurde von dieser unglaublich präsenten Sängerin". Das sei einfach irre gewesen und hätte auf jedem internationalen Festival Bestand gehabt. „Das waren Jungs, Kerle, die gespielt haben, wie ein Rock-Gitarrist spielen muss: Der muss sich den Arsch aufreißen und hinterher mindestens 20 Mädels dafür kriegen."

Live waren *Hans-A-Plast* die Hölle, im klassischen Sinn „Abräumer ohne Ende" (Michael Kröher in *Sounds*), und ihre Konzerte machten aus den Sälen regelmäßig brodelnde Hexenkessel. Mit ihren systemkritischen Texten trafen sie genau den Zeitgeist, und ihre Songs wurden zum Soundtrack der Hausbesetzungen, von denen es damals jede Menge in Berlin gab. 1979 waren *Hans-A-Plast* definitiv *this year's model*.

The great Huns-A-Plust

Und was tat ich? Ich fuhr mit *Rotzkotz* nach England, wo sie in Herne Bay ihr Album *Much Funny* aufnehmen wollten. Auf die Idee waren sie eines Tages gekommen, als bei *boots* plötzlich eine Band auftauchte, die ihre LP unabhängig von irgendeiner Plattenfirma produziert hatte und sie nun selbst auslieferte. Die *Pop Rivets* mit ihrem charismatischen Sänger Billy Childish hatten jedes einzelne Cover individuell besprüht und bedruckt, sodass keins dem anderen glich, und überredeten *Rotzkotz* quasi dazu, sie in Whitstable, Sussex zu besuchen und im nahen Herne Bay ihr Debütalbum aufzunehmen.

Kaum angekommen, fuhren wir auch schon zu einem Konzert der Mod-Band *Secret Affair*, und als wir am Abend, bevor es ins Studio ging, uns eine brandneue Ska-Band, die *Specials*, in Canterbury ansahen, erkannte Ernie deprimiert, dass alles, was sie am nächsten Tag

Phil Luland von Splizz

23 Uli Scheibner von Rotzkotz

aufnehmen wollten, bereits Geschichte war. Schnee von gestern. Das Album wurde dann auch an einem Wochenende recht lustlos runtergeschrubbt, und es dauerte elend lange, bis es schließlich auch erschien.

Da waren *Hans-A-Plast* eindeutig schneller. Statt nach England zu fahren, nahmen sie ihr Debütalbum in der hannoverschen Toncooperative auf. Für das Cover steckte der Cartoonist Uli Stein eine Ratte in Brand. Und statt sich auf die Suche nach einer Plattenfirma zu begeben, ließen sie die Platte auf eigene Rechnung bei Lamping in Diepholz pressen und verkauften sie selbst bei ihren Konzerten.

Außerdem waren sie immer zur richtigen Zeit am richtigen Ort. Nach einem Neue-Welle-Festival im Pavillon, das unter dem Motto „Die Zukunft hat keinen Namen" stand, kam es in Hannover zu einer wahren Punkrock-Explosion und die Bands sprossen wie die Pilze in den feuchten Übungskellern. Kurz darauf brach das Krawall 2000 am Hamburger Fischmarkt schier aus den Nähten, als sie dort auftraten. In Berlin hatten sie ihren großen Durchbruch, als sie von 2.000 Leuten auf einem Antifa-Festival enthusiastisch gefeiert wurden. Und auf einem Festival im Kieler Ball Pompös waren sie bereits die Headliner.

Ihr Debütalbum musste immer wieder nachgepresst werden. Und schließlich war auch der NDR auf *Hans-A-Plast* aufmerksam geworden und sendete den *5-Uhr-Club* live aus einer WG in der Schöneworth, in der Annette wohnte. Das Interview wurde allerdings jäh unterbrochen, als *Rotzkotz* und ich dazustießen und den Moderator Henry Prätsch und *Hans-A-Plast* mit einer Sahnetorte bewarfen, weil nur Songs von ihnen in der Sendung gespielt wurden und keine von anderen deutschen Punk- und New-Wave-Bands.

Am Jahresende war aber auch ich zu *Hans-A-Plast* übergelaufen und kutschierte sie mit ihrem Bandbus nach Hagen im Sauerland, wo „the great *Huns-A-Plust*" (John Peel) als Headliner zusammen mit *Extrabreit* auftreten sollten.

Da mir als Taxifahrer die ehrenvolle Aufgabe zugefallen war, den Bandbus der „Shooting-Stars der Neuen Welle" zu steuern, trank ich den ganzen Abend über keinen Alkohol. Von wegen „Extrabreit ins neue Jahr", wie das Plakat für diese Veranstaltung versprach.

Dummerweise begann die Band aber schon bei der Abfahrt in Hannover damit, auf das neue Jahr anzustoßen, sodass sie schon reichlich hinüber war, als wir im Haus Waldfrieden, einem idyllisch gelegenen Öko-Café, eintrafen. Außer einem Mode-Punk und fünf Typen, die sich „Gaskessel" oder so nannten und ihre Lederjacken mit dem obligatorischen *Crass*-Zeichen und dem Spruch „Den Toten zur Ehre – den Lebenden als Warnung" verziert hatten, standen sich nur gelangweilte PH-Student:innen, langweilige Hippies und ein paar Vorstadtrocker die Beine in den Bauch. Wobei man ständig aufpassen musste, ob ein Gaskessel-Punk einem nicht die Reifen des Autos zerstach oder sich von hinten an einen heranschlich, um einem ans Bein zu pinkeln.

Nachdem die Düsseldorfer *Quietschboys Revival Band*, „das Trivialtheater schlechthin", aufgetreten war, ein Götz „die alten Brühwarm-Hits" gesungen hatte und wir auch diese furchtbar langweilige Vorgruppe überstanden hatten, traten endlich *Hans-A-Plast* auf. Gitarrist Micha Polten war allerdings bereits so besoffen, dass es ihm schon bald den Stecker aus der Gitarre zog und er aufhörte, weil er sowieso nicht mehr spielen konnte. Und der andere Gitarrist, Jens Meyer, war so betrunken, dass er auf der Bühne wie ein Brett umfiel. Sängerin Annette Benjamin hielt sich derweil am Mikroständer fest und versuchte herauszufinden, welchen Song ihre Band wohl gerade spielte, bis die Schlagzeugerin Bettina Schröder oder die Bassistin Renate Baumgart (oder wer auch immer) den Auftritt schließlich abbrach.

Zu allem Überfluss musste ich dann auch noch die Nacht auf dem harten Fußboden einer WG im Szene-Stadtteil Wehringhausen verbringen, weil die Band sich zielsicher auf mehr Betten verteilt hatte, als abgemacht war, und konnte noch nicht einmal auf das neue Jahr anstoßen, weil es in der ganzen verdammten Wohngemeinschaft nicht einen Tropfen Alkohol gab.

Irgendwie hatte ich mir den Übergang in die 1980er-Jahre immer anders vorgestellt.

Das CBGB der Nordstadt Niggers

Hannovers Nordstadt, ein Stadtteil in unmittelbarer Nähe zur Gottfried Wilhelm Leibniz Universität, der an den Welfengarten grenzt, war Ende der 1970er-Jahre ziemlich heruntergekommen, sodass Studierende dort relativ leicht eine bezahlbare Wohnung oder ein Zimmer in einer WG finden konnten. Nach einigem Hin und Her war auch ich als letzter Bewohner der Koll'n Road dort im Frühjahr 1978 gelandet. Den Schock, nach Hause zu kommen und festzustellen, dass mein Freund Dieter, mit dem ich mir eigentlich eine Wohnung suchen wollte, sich in die Nordstadt verpisst hatte, ohne auch nur einen Mucks von sich zu geben, hatte ich halbwegs verdaut. Ich wohnte nun Im Moore 27, auf derselben Etage wie Uli Easter und Mattus, bei denen Dieter ein paar Wochen untergekommen war, bevor er von seinem Trip nach New York nicht mehr zurückkehrte.

Das Haus wurde schon bald zum Headquarter der „Nordstadt Niggers", wie wir uns in Anspielung an Dieters neue Band im fernen New York, die *New York Niggers,* nannten. Unten links wohnten der *Blondie*-Fan und Video-Künstler Norbert Meißner und die Grafikdesignerin Helene Claus. Im zweiten Stock der Vermieter, der meistens so betrunken war, dass er die Miete erst einen Monat zu spät kassierte. Darüber Uli und Mattus, die sich anfangs noch mit zwei Türken und einem Kurden die Wohnung teilten, welche dann aber das Weite suchten, als sich dort immer öfter obskure Gestalten trafen und bis spät in die Nacht Plastic Bertrand, *Pere Ubu* oder *Devo* hörten. Gleich daneben war ich eingezogen, in eine WG, deren Bewohner:innen häufig wechselten, bis schließlich Micha und Jens von *Hans-A-Plast* sich dort einquartierten und uns zwei Zimmer als Büro und Lagerraum für Schallplatten dienten. Unterm Dach wohnte Tiny Trashs Schwester Madhunado, die vor geraumer Zeit die Gruppe *Neue Kultur* gegründet und eine Zeit lang im Ashram in Poona gelebt hatte. Und im Hinterhaus befand sich ein kleines 4-Spur-Tonstudio, ProSound, in dem *The 39 Clocks* ihr erstes Album aufnahmen. Zum UJZ Kornstraße, in dem nun immer öfter Punk-Bands wie *Kaltwetterfront* oder *Blitzkrieg* auftraten, war es nicht weit. Und die Uni lag praktisch vor unserer Haustür, entglitt aber immer mehr unserem Fokus, als meine Nachbarn im Sommer 1978 eine Rekordernte Gras einführen und wir nachts durch die Straßen spazierten und Parolen wie „Free money" an eine Hauswand und „Aldo Moro lebt" an die Uni-Mensa sprayten.

Ungefähr zu der Zeit mietete auch Gesine Weise gleich um die Ecke von unserem Headquarter, in der Warstraße, ein Hinterhaus an, in dem zuvor ein Reifenhandel untergebracht war, tünchte es einmal ganz weiß und nannte die beiden quaderförmigen leeren Räume „Werkstatt Odem". Bruno Hoffmann hielt dort einen Vortrag über *Das große Glas* von Marcel Duchamp. *Reindeer Werk* veranstaltete eine einwöchige Performance, die das Erlebnis einer neuen Wirklichkeit versprach und extremes Verhalten bis hin zu Selbstverletzungen provozierte. Der Hamburger Fanzine-Macher Kid P zeigte in der Werkstatt Odem aber auch seinen Film *Triumph des Willens*, eine Neuverfilmung einer aufsehenerregenden Liebesgeschichte mit Deborah Harry, Janet Leigh, Adolf Schickelgruber, Charles Chaplin und sich selbst als Discomörder. Und so wurde die Werkstatt mit der Zeit immer mehr zum Wohnzimmer von Punks und Neo-Dadaisten, zu unserem Ratinger Hof, SO 36 oder CBGB, in dem die *Deutsch-Amerikanische Freundschaft,*

Mania D, *The Wirtschaftswunder* und *Der Plan*, neue einheimische Gruppen wie *Der Moderne Man* und *Mythen in Tüten* und sogar die *Bongos* und die *Bush Tetras* aus New York auftraten.

Patti Smith kommt!
Im Sommer 1979 kam auch unsere Ikone Patti Smith nach Hannover und gab anlässlich einer Ausstellung ihrer Bilder im Sprengel Museum eine Poetry Performance, bei der sie – mehr schlecht als recht – auch Klarinette spielte. Der Eintritt war kostenlos (!), aber es war ein etwas merkwürdiger Auftritt; zu der Zeit war ich allerdings nicht mehr in sie verknallt, sondern in Marlene Marder von *Kleenex*, Ari Up von den *Slits* oder Iolsta Hatt von den *Communists*, die mich nur aus Dieters Erzählungen kannte, mir aber ein Gedicht widmete:

> *Id give all of my pretty things*
> *for just one look at you in the raw.*
> *Truly something I never saw*
> *all of my nice young things for a feeling to thaw.*
> *Id give all of my weekends in Paris*
> *for just one trip anywhere with you*
> *looking through those forbidden curtains.*
> *I don't think you ever knew*
> *what it's like for something to do.*
> *Id give all of my pretty things*
> *to be there naked with you.*

Von der Nordstadt aus konnte man gut zu Fuß ins Fillmore List gehen oder nach Linden, ins Punkrock-Café Anderes Ufer, wo *Hans-A-Plast* und ich uns auch mit dem Hamburger Punk-Impresario Alfred Hilsberg trafen, der die Markthallen-Festivals initiiert hatte, für die *Sounds* nahezu exklusiv über die deutsche Punk-Szene schrieb und sich auch als Tourneeveranstalter versuchte. Der Plan, gemeinsam mit *Hans-A-Plast* ein Label zu gründen, hatte bereits Formen angenommen, und auf *No Fun Records* sollten auch ein Sampler des dritten Markthallen-Festivals „Geräusche für die 80er", die „Computerstaat"-Single und die *Amok/Koma*-LP von *Abwärts* erscheinen. Doch letztlich wurde daraus nichts, weil Alfred auf allem die Hand draufhaben wollte. So sollten wir ihm und *Rip Off* den Vertrieb vollständig überlassen, weil „unsere" Vertreter:innen, die die *Hans-A-Plast*-LP bereits erfolgreich in die Läden brachten, Hippies seien und nicht zu den neugewellten Klängen passen würden. Statt uns ihm auszuliefern, verzichteten wir lieber auf die *Geräusche für die 80er*, sodass der Schriftzug von *No Fun Records* auf den bereits gedruckten Hüllen der *Abwärts*-Singles überklebt werden musste.

„*No Fun*"-Festival im UJZ Glocksee
Bevor es richtig losging mit unserem Label, schrieb ich schnell noch meine Magisterarbeit über Punk (was sonst?) und nahm fiktive Radiosendungen auf Kassette auf, die ich im Freundeskreis kursieren ließ. Davon inspiriert hatte schon bald fast jeder seinen eigenen Sender: Meiner hieß Radio Freie Nordstadt, Emilio Winschetti nannte seinen Reggae-Sender Radio Lumsbreed You Know (RLYK), Ernst August Wehmer startete Mußmann's Ghetto Sender, Horst Illing das Roots Radio und Mattus, der nun beim *Modernen Man* Bass spielte, betrieb den Anarcho Unterhaltungs Fuck, der mit dem Slogan „Hört A.U.F." für sich warb, oder den Piratensender Radio 3K (Kwinis Kassetten Kreisel), der einfach auf anderen Kassettenradios dazwischenfunkte und deren Sendungen überspielte.

Im März 1980 veranstalteten Micha und Jens von *Hans-A-Plast* und ich dann ein zweitägiges „*No Fun*"-Festival im UJZ Glocksee, das die gesamte hannoversche Punk-Szene präsentieren sollte. Die Auftritte von *Der Moderne Man*, den *Cretins*, *Rosa*, *Rotzkotz* usw. wurden mitgeschnitten und auf Vinyl verewigt. Dieser Sampler war die erste Platte, die auf *No Fun* erschien, und es lief auch alles gut, obwohl ein paar anonyme hannoversche Rude Girls/Boys

I. Erste Erklärung hannoverscher RUDE Girls/RUDE Boys:
KEIN NO FUN-FESTIVAL

WARUM DIESES FESTIVAL?

Es soll (mal wieder) bewiesen werden, das es in Hannover so'was wie'ne PUNK (würg), NewWave (kotz...) oder ähnliche Schrott■(lechz) szene gibt und damit es auch jedes Asch mitkriegt, wird der Dreck mitgeschnitten, um auf Vinyl gepreßt, später in den Plattenläden unter »Neue Deutsche Welle« Sampler verkauft zu werden. Soweit, so schön!; aber auf diesem werden Gruppen drauf sein, von denen sowieso schon LP's, EP's existieren:
– Rotz-Kotz, Kaltwetterfront, Phosphor, Moderne Man, Hans-A-Plast –
Einige Gruppen, die sich geweigert haben, an dieser Selbstbeweihräucherungs-Orgie einiger kamerageiler 'MÖCHTE-GERN-MUCKER und NEW WAVE-Gurus mitzumachen, werden also weiter um Übungsräume, Anlagen und (ohnehin rare) Auftrittsmöglichkeiten kämpfen müssen, denn die Einnahmen aus den zwei FESTIVALTAGEN gehen völlig für die Produktion dieser SCHEIẞ-Platte 'drauf !!
WIR BRAUCHEN DIESES ERINNERUNGS-STÜCK NICHT!
WAS WIR BRAUCHEN ist ein SELBSTVERWALTETER, STÄNDIGER TREFF, wo Gruppen von außerhalb spielen, Bands üben, Leute quatschen, musikhören UND ACTION machen können!!
Spätestens mit diesem FESTIVAL/SAMPLER wird ENDGÜLTIG die Trennung zwischen "DER STRAẞE" und diesen verhinderten Profimuckern gezogen.
EUER BILD KOMMT IN DIE „SOUNDS", unsere Bilder in die POLIZEIAKTEN!

ALSO: **STÖRT DAS FESTIVAL!**
KLAUT DIE KASSE! (...denn wir können die Kohle besser gebrauchen!)

vor der Halle Flugblätter verteilt hatten, auf denen sie dazu aufforderten, das Festival zu stören und die Kasse zu klauen:

„Es soll (mal wieder) bewiesen werden, dass es in Hannover so was wie ‚'ne Punk- (würg), New-Wave- (kotz …) oder ähnliche Schrott-(lechz)Szene gibt, und damit es auch jeder Arsch mitkriegt, wird der Dreck mitgeschnitten, um auf Vinyl gepresst später in den Plattenläden unter Neue Deutsche Welle verkauft zu werden … Wir brauchen dieses Erinnerungsstück nicht! Was wir brauchen, ist ein selbstverwalteter ständiger Treff, wo Gruppen von außerhalb spielen, Bands üben, Leute quatschen, Musik hören und Action machen können!!"

Spätestens mit diesem Festival und dem Sampler, hieß es abschließend, würde die Trennung zwischen „der Straße" und den „verhinderten Profimuckern" endgültig vollzogen: „Euer Bild kommt in die *Sounds*, unsere Bilder in die Polizeiakten!"

Gut gebrüllt, Löwe. Das Festival ging dann aber störungsfrei über die Bühne, die drei Frauen von *Hans-A-Plast* landeten im Mai 1980 auf dem Titelbild der *Sounds* und die Bilder der Rude Boys zwei Jahre später in der „Punker-Kartei" des Staatsschutzes.

Nachdem ich meine Magisterarbeit über Punk als *Versuch der künstlerischen Realisierung einer neuen Lebenshaltung* geschrieben hatte, die ein Jahr später im *Sounds* Verlag erschien (und 2008 bei Hirnkost neu aufgelegt wurde), erhielt ich jedoch meine Einberufung zum Zivildienst. Und das ausgerechnet zu einem Zeitpunkt, als es mit *No Fun* gerade abging und *Hans-A-Plast* durch die Decke knallten.

Statt bis in die Puppen zu schlafen, musste ich nun jeden Morgen früh raus und für den Paritätischen Wohlfahrtsverband Essen auf Rädern ausliefern oder die Dreckwäsche von Pflegefällen abholen und in die Reinigung bringen. Das hatte immerhin den Vorteil, dass ich nach einer Tour noch ein paar Stunden Zeit hatte, die ich dazu nutzte, nach Hause zu düsen, Platten einzupacken und zur Post zu bringen, bevor ich den Kleinbus wieder abgeben musste und Feierabend hatte.

Auf Dauer war das jedoch keine Lösung, und so erinnerte ich mich wieder an die Schlattersche Krankheit, die mir schon einmal, zu Beginn meines Studiums, treue Dienste erwiesen hatte. Ich klagte so lange Ärzten mein Leid und gab vor, dass mir das Treppensteigen und Autofahren Schmerzen in den Knien bereitete, bis ich schließlich als untauglich eingestuft und vorzeitig aus dem Zivildienst entlassen wurde.

Das erste Indie-Label
Und dann ging es Schlag auf Schlag. Die erste *Hans-A-Plast*-LP erschien nun auf *No Fun* und sicherte mir ein karges Einkommen. Es folgten Platten von *Kaltwetterfront*, der Frauen-Rock-Band *Unterrock*, *Der Moderne Man*, *Phosphor*, *Rotzkotz*, den *39 Clocks*, den *Marionetz* (deren Hymne auf den TSV 1860 München sogar im Stadion an der Grünwalder Straße erklang), *Bärchen und die Milchbubis* und *Mythen in Tüten* (deren LP *Die neue Kollektion* dem Neuen Deutschen Schlager zum Durchbruch verhalf). So wurde *No Fun Records* allmählich zum erfolgreichsten Label der Neuen Welle, auf die nun immer mehr Musiker:innen aufsprangen, die anfangs noch den Dilettantismus der Punks belächelt hatten, nun aber krampfhaft versuchten, ebenfalls so zu klingen. Der große Ausverkauf war nur noch eine Frage der Zeit.

Doch daran dachten wir damals noch nicht. Statt unsere Platten exklusiv vom *Zensor*, von *Rip Off* oder *boots* vertreiben zu lassen, bauten wir ein Netz von Vertreter:innen auf, die zum Teil schon für *Schneeball* tätig waren, einen Zusammenschluss von musikalisch völlig unterschiedlichen Bands wie *Ton Steine Scherben*, *Embryo* oder *Sparifankal*, die ihre Platten gegenseitig auf Konzerten verkauften. So verfügten wir über einen flächendeckenden bundesweiten Vertrieb und waren nicht allein auf einen Mailorder-Versand angewiesen.

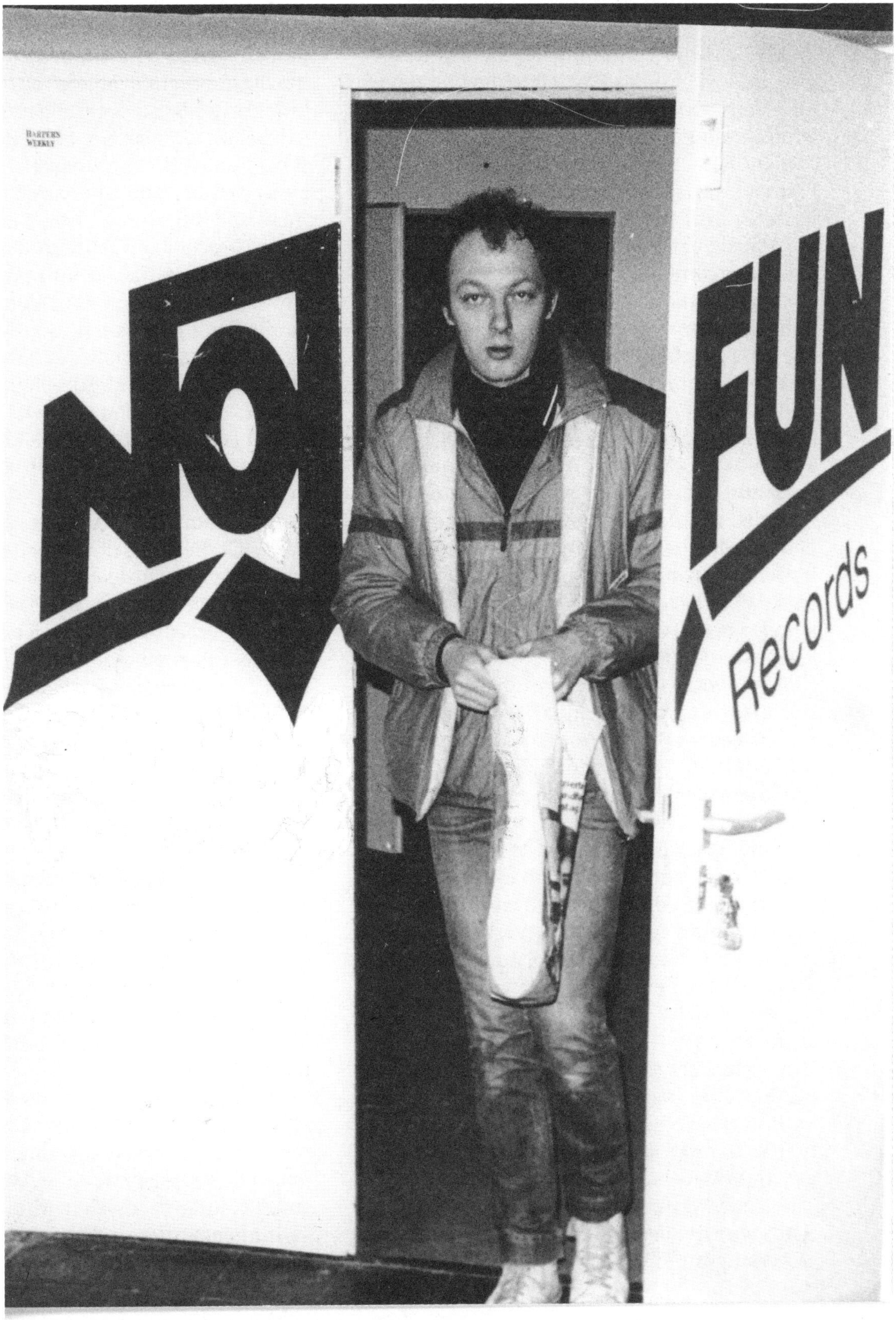
NO
FUN
Records

Als es an die Verteilung der Sahnestücke ging und wir für das Postleitzahlgebiet 6 noch eine Vertretung suchten, meldete sich ein Großhändler aus dem Frankfurter Raum, der von der Band *Schweißfuß* unerwartet viele Platten in ihrer hessischen Heimat verkauft hatte. Er griff auch gleich zu, als zwei Freaks aus Vlotho bei einem Vertriebstreffen eine Sahnetorte kredenzten, ohne zu ahnen, dass es sich um eine Shit-Torte handelte. Als die Gebiete dann aufgeteilt waren, bekam er, der noch nie gekifft geschweige denn eine Shit-Torte probiert hatte, jedoch Kreislaufprobleme und fuhr erst mal ins Krankenhaus, um sich behandeln zu lassen. Zur Seite stehen konnte ihm dabei keiner der Anwesenden, waren doch alle so breit, dass es ihnen unmöglich war, sich von dem Matratzenlager zu erheben, auf dem wir uns ermattet niedergelassen hatten. Nach einer gewissen Zeit meldeten sich dann aber die Tortenbäcker zu Wort: Wer kein Dope vertrage, könne doch nicht unsere Platten verkaufen!

Am Montag darauf fiel mir die Aufgabe zu, ihn anzurufen und mich nach seinem Wohlbefinden zu erkundigen. Er hatte dichtgehalten und uns nicht verpetzt und war sogar weiterhin interessiert, für uns zu arbeiten. Das war also noch mal gutgegangen, und im Gegensatz zu den Freaks aus Vlotho bezahlte er unsere Rechnungen auch bis auf den letzten Heller. Und aus dem Vertreternetz, das wir gesponnen hatten, wurde später der *Efa*-Vertrieb, aus dem wiederum *Indigo* hervorging, der immer noch größte deutsche Independent-Vertrieb.

„Jubel 81"

Inzwischen schrieben wir das Jahr 1981 und die Plattenindustrie erkannte so langsam das kommerzielle Potenzial der neugewellten Bands. Der *EMI*-Konzern kaufte den *Fehlfarben* ihr *Weltrekord*-Label ab und produzierte mit ihnen das Album *Monarchie und Alltag*, zweifellos eine der besten Neue-Welle-Platten. Die „Dreiklangdimensionen" von *Rheingold* wurden ein großer Hit. Und von *Rotzkotz* erschien die Single „Kein Problem" auf *Weltrekord* und brachte der Band sogar einen ganzseitigen Artikel in der *Spex* ein, einer neuen Musikzeitschrift aus Köln, die zuvor eher abfällig über sie berichtet hatte, aber auf die *EMI*-Anzeigen finanziell angewiesen war. Doch dann stieg Peter Hein bei den *Fehlfarben* aus, die sich vorgenommen hatten, einmal mehr Platten zu verkaufen als *Hans-A-Plast* (was ihnen im Laufe vieler Jahre auch gelang); statt sich verheizen zu lassen, wollte er lieber weiterhin seinem gut bezahlten Job bei Rank Xerox nachgehen. Und auch *Rotzkotz* wollten sich nicht länger vor den Karren eines Musikkonzerns spannen lassen und kehrten reumütig zurück in den Schoß von *No Fun*.

Nachdem sie lange Zeit geglaubt hatten, dass sich die deutsche Sprache nicht für Rocksongs eignen würde, sangen auch sie nun auf Deutsch. Die Verkäufe ihres Albums *Lebensfroh und farbenfroh* blieben jedoch weit hinter unseren Erwartungen zurück und konnten mit denen der zweiten *Hans-A-Plast*-LP nicht mithalten. Und auch von den *39 Clocks* hatten wir uns mehr versprochen. Ihr Album *Pain It Dark* wurde zwar mit dem Preis der Velvet-Underground-Gedächtniskirche ausgezeichnet, erhielt aber mehr euphorische Rezensionen, als es Platten verkaufte. Weil wir nicht bereit waren, ein zweites Album hinterherzuschieben, bevor das erste die Kosten wieder eingespielt hatte, wechselten die *Clocks* schließlich zu Alfred Hilsbergs neuem Label *ZickZack*, was ihnen aber auch nicht viel brachte. *The 39 Clocks* blieben weiterhin ein hochgelobtes Underground-Duo und lösten sich irgendwann mangels Erfolg auf.

Vorher gingen sie zusammen mit *Hans-A-Plast, Rotzkotz, Der Moderne Man, Bärchen und die Milchbubis* und der Bremer Gruppe *A5* aber noch auf Tour. Es war ein wilder und inhomogener Haufen, der sich in München, Albstadt-Tailfingen, Stuttgart, Frankfurt/Main, Bremen, Berlin und Hannover auf der Bühne abwechselte. Während die *39 Clocks* sogar nachts ihre Sonnenbrillen putzten, aber stets mit bandagierten Gesichtern und nackten Oberkörpern auftraten, befand sich die *Hans-A-Plast*-Schlagzeugerin bereits im fünften Monat, was man ihren Auftritten aber nicht anmerkte. Standen bei *Hans-A-Plast* vor allem kleine Jungs in den ersten Reihen, waren es beim *Modernen Man* kleine Mädchen. Und während Reiner Zufall und Ego N von *A5* in Frankfurt von der Polizei festgenommen wurden, weil der eine auf der Suche nach einem kühlen Blonden am Gitter einer Trinkhalle gerüttelt und der andere in einem ausgebrannten Auto Rennfahrer gespielt hatte, bestellte sich der *Rotzkotz*-Sänger schon zum Frühstück einen Whiskey mit Alka Seltzer, um seine Migräne zu bekämpfen.

Auf dieser Tour wurden *Bärchen und die Milchbubis*, die soeben mit „Jung Kaputt Spart Altersheime" ihre erste Single veröffentlicht hatten, aber auch zu Fans der *39 Clocks*, die in Bremen von Hardcore-Punks mit Flaschen bombardiert wurden, sich aber nicht so leicht von der Bühne holen ließen: Als die *Clocks* daraufhin das Publikum als Massentiere beschimpfte, schallte ihnen ein dreifaches „Massentiere, Massentiere, ra, ra, ra" entgegen, und als dann auch noch ein Messer auf die Bühne flog, griff CH-39 zum Mikroständer und zog ihn einem Massentier über den Kopf.

Hin und wieder gab es zwar auch Verbrüderungen zwischen den so unterschiedlichen Bands, und als Bärchen Geburtstag hatte, drängelten sich alle auf der Bühne und stimmten in den Chorgesang von „Jung kaputt ..." ein. Auf der „Jubel 81"-Tour deutete sich jedoch bereits an, dass die meisten Bands sich lieber vom *No-Fun*-Kollektiv bedienen lassen wollten, statt – wie *Hans-A-Plast* – ihr Schicksal selbst in die Hand zu nehmen.

Vom Fensterputzer zum Rockstar

Im September 1981 erschien in *Sounds* ein Artikel über *Der Moderne Man*, in dem sein Autor, Klaus Abelmann, beschrieb, wie im Büro des örtlichen Liliput-Fanclubleiters, also mir, ein junger, modisch gestylter Fensterputzer seiner Arbeit nachging:

„Es bleibt nicht bei den dreckigen Scheiben, verwundert schau ich zu, wie er den Teppich saugt, um sich schließlich auch noch dem schon etwas schütteren Haupthaar Hollow Skais zuzuwenden. Der Aushilfsfigaro ist kein Irgendwer! Es ist Mattus Simons, dessen großes Hobby die Rockmusik ist und der in seiner Freizeit in einer Band singt."

Mattus hatte in der Tat mal bei *No Fun Records* die Fenster geputzt (wenn auch nur ein Mal), aber diese Geschichte wäre wohl schnell in Vergessenheit geraten, wenn die *BRAVO* nicht ein gutes Jahr später darauf reingefallen wäre:

„Mattus jobbte als Fensterputzer im Büro der Plattenfirma, wurde Roadie beim *Modernen Man*, stieg auf den Bass um und wurde letztendlich Sänger."

Eine echte Erfolgsstory also, die nur leider einen Haken hatte: Als die Gruppe nach diversen Umbesetzungen endlich durchstarten wollte, war aus der Neuen Deutschen Welle gerade ein mickriges Rinnsal geworden, sodass die Platten von *Der Moderne Man* zwar in den höchsten Tönen gelobt wurden, sich aber nicht entsprechend verkauften.

Immer noch recht ordentlich, das schon, und weil die *Mäner* vor Energie überbordeten, nahmen sie auch viel öfter eine Platte auf als jede andere Gruppe des *No-Fun*-Labels. In den vier Jahren ihres Bestehens veröffentlichte die Band zwei Alben, zwei Mini-Alben und zwei Singles (die EP mit Michael Jarick als Sänger mal mitgerechnet) – und wenn es nur nach ihnen gegangen wäre, hätten sie wohl glatt doppelt so viele rausgebracht. Aber es war wirklich ein Jammer! Da hatte man, wie es noch im März 1983 im *Bremer Blatt* zu lesen war, „endlich wieder ein Huhn im Haus, das goldene Eier legt" und „fünf Klassen besser als *Fehlfarben*" war, und dann spielte der Markt nicht mehr mit.

Der Moderne Man

Dieter Runge – New York Niggers

Rotzkotz 34

Rotzkotz

Der englische Radio-DJ John Peel hatte ihre Songs neunmal in Folge in seiner nächtlichen Kultsendung gespielt und sie gleich zweimal zu einer Session nach Maida Vale ins BBC-Studio eingeladen, aber ich habe keine Ahnung, warum daraus nie etwas geworden ist. Der neue *Sounds*-Chefredakteur Diedrich Diederichsen befand, dass „noch nicht alle Songs *Fehlfarben*-Niveau" haben, „die Differenziertheit und Tiefe im Pop-Rahmen" und „die stimmungsvollen Melodien" die Gruppe aber eines Tages zum Nachfolger der *Fehlfarben* in der Kategorie „Unpeinlicher Pop" machen könnten – 1982, nachdem sich Peter Hein „der Verantwortung entzogen" hatte, ernannte *Sounds* den *Modernen Man* folgerichtig zur „BRD-Band Nummer eins". Und der *International Musician* bezeichnete sie gar als „die unterbewertetste Pop-Gruppe, die wir in Deutschland zurzeit finden können". Doch so sehr wir alle uns auch Mühe gaben, aus dem Fensterputzer wollte einfach kein Millionär werden.

Und was hatten wir nicht alles getan! Wir hatten dem *Modernen Man* Auftritte bei den Münchener Rocktagen und auf der Documenta in Kassel verschafft, bei *Dr. Mambo* und im *Rockpalast*. Wir hatten dafür gesorgt, dass der *stern* ebenso über sie berichtete wie das hippe Lifestyle-Magazin *Twen*. Und wir hatten der Gruppe schließlich einen Musikverleger vermittelt, der für sie nach der *No-Fun*-Package-Tour Tourneen organisierte, die sie nicht nur nach Österreich und in die Schweiz, sondern auch nach Holland und Dänemark führte.

In seiner letzten Besetzung, mit dem Fensterputzer am Mikro, EKT an der Gitarre, Axel Wicke von *Rotzkotz* am Bass, dem Saxofonisten Tonio Scorpo und dem „einzigen Musiker des *No-Fun*-Labels", Felix Wolter, am Schlagzeug, traten *Der Moderne Man* überall auf, wo es nur ging. Das Konzert in der Roten Fabrik Zürich wurde vom Schweizer Rundfunk live übertragen. Und in der *Musicbox* des ORF wurde ihr Song „Für Frau Krause" auf Platz eins notiert. Doch es half alles nichts. Die Plattenkäufer:innen hatten den Kanal voll von all den NDW-Klonen und -Clowns, warfen Nachahmer:innen und Imitator:innen zusammen mit den Originalen in einen Topf und wandten sich wieder dem Althergebrachten zu, den Ina Deters, Klaus Lages und *BAPs* dieser Welt. Gähn!

Neue Deutsche Tanzmusik
Mittlerweile weiß man ja, dass jede musikalische Bewegung eine Gegenbewegung zur Folge hat, aber damals standen wir dem Versanden der Neuen Deutschen Welle fassungslos gegenüber. Alle Stoßgebete, die böse Plattenindustrie möge sich doch etwas zurückhalten und die Inflation nicht durch die Veröffentlichung unzähliger NDW-Scheiben noch mehr anheizen, wurden nicht erhört; auch nicht von Alfred Hilsberg, der lieber zu viele Platten als zu wenige veröffentlichte. Neuerscheinungen gingen nicht mehr so gut wie noch vor zwei Jahren über den Ladentisch. Und die Lager füllten sich immer mehr mit Retouren. Nachdem das *No-Fun*-Label, das 1980 von meinem Wohnzimmer aus betrieben wurde, sich nach und nach professionalisiert und 1982 schließlich ziemlich beeindruckende Büroräume bezogen hatte, ging es auch schon wieder bergab. Ein Label nach dem anderen ging pleite, ein Vertrieb nach dem anderen musste das Handtuch werfen. Wir erlebten unsere eigene Weltwirtschaftskrise, und so blieb auch uns nichts anderes übrig, als den Laden zu schließen.

Im Rückblick betrachtet war das ein lähmender und deprimierender Prozess, der ein gutes Jahr dauerte, uns aber viel länger vorkam. Vorbei die Unbefangenheit der Stunde Null, als der Punk nach Deutschland kam. Vorbei auch die Aufregung, die anfangs jede Plattenproduktion mit sich brachte. Die Musikindustrie hatte es mal wieder verkackt, und alles war wieder ödes Business. Die Luft war raus, und an dieser Einsicht kam auch *Der Moderne Man* nicht vorbei.

Noch im April 1982 hatte ihm die *Hannoversche Allgemeine Zeitung* bescheinigt, „die Güte und die Originalität" zu besitzen, „um den langwierigen, dornigen Marsch ins Vorderfeld der Hitlisten zum lockeren Spaziergang werden zu lassen". Ihr zweites Album *Unmodern* war von der Zeitschrift *Musiker/music news* als „Meilenstein deutschsprachiger Rockmusik" geadelt worden. Das HiFi-Magazin *Stereo Play* hatte „die freche Mischung der verschiedensten Text- und Kompositionselemente" hervorgehoben, die „der Hannoveraner Kapelle auf Anhieb einen Spitzenplatz im Bereich der Neuen Deutschen Tanzmusik" sichern würden. Und über ihre letzte Mini-LP hieß es dort: „Grelle Bläser, brodelnde Latin-Percussion, etwas Funk- und Rap-Gesang, Pogo-Pop, originelle Texte und eines der schönsten Liebeslieder der letzten Zeit (‚Kein Film'): All das mischen die fünf modernen Männer auf dieser auch aufnahmetechnisch sehr gelungenen Platte und setzen damit neue Maßstäbe für künftige Produktionen der neuen deutschen Rockmusik."

Glaubte man dem Berliner *tip*, und das tat damals fast jeder, kamen Mattus & Co. als „schräge Knabenkapelle" daher, „die verrückt-verrockte Pop-Weisheiten schier mit Löffeln gefressen hat und durch ziel- und treffsichere Arrangements glänzt. Den Jungs gehört die Zukunft!" Die *Musik Szene* zählte den Modernen Man zu den wenigen Gruppen, die es trotz ihrer NDW-Herkunft geschafft hätten, eine individuelle Musikalität zu entwickeln: „Symbolisch verschmelzen sie Einflüsse der französischen und deutschen Sprache mit musikalischen Einflüssen aus Rock, Beat, Rap und Funk. Eine Mischung, die voll zündet. Eine der letzten noch sehenswerten deutschen Gruppen." Und das *Fachblatt* prophezeite, in Anspielung an Lolitas Seemannsschlager und das erste Album von *Der Moderne Man*: „Ein Hit wird kommen."

Kam ja auch, spätestens mit „The Return Of Frau Krause". Nur leider nicht in kommerzieller Hinsicht, sodass auch diese Band sich auflöste. Nicht mit einem Knall, aber stolz erhobenen Hauptes, weil der *Musik Express* das „erstklassige Songwriting" und die guten Arrangements über den grünen Klee lobte und sogar die *Spex* schließlich ihre Hannover-Phobie überwand und das Potenzial der Band anerkannte, obwohl wir immer noch keine Anzeigen in der von Tante *EMI* gepamperten Musikzeitschrift schalteten: „Das Songmaterial beinhaltet einige echte Perlen."

Der neue *Sounds*-Chefredakteur Diedrich Diederichsen entpuppte sich wiederum als Fan von *Bärchen und den Milchbubis*, die in Tiger-Badehosen für die *BRAVO* posierten und deren „Pogo mit menschlichem Antlitz" ihm so exotisch vorkam „wie sowjetische Algenfischer im Eismeer". Weil ihr Drummer nicht so gut den Takt halten konnte, hatten die *Milchbubis* eine Rhythmusmaschine konstruiert, die allerdings nur funktionierte, wenn sie mit einer ganz bestimmten Marmeladensorte gefüttert wurde. Doch dann weigerte sich ihr Gitarrist Rudolf Grimm, mehr als einen Ton pro Song zu spielen, und die Gruppe löste sich auf. Heute ist Rudolf, den die *New York Times* einmal zu den zehn wichtigsten Wissenschaftlern der Welt gezählt hat, Professor für Experimentalphysik an der Universität Innsbruck, beschäftigt sich mit superkalter Quantenmaterie und macht im Prinzip nichts Anderes: Er isoliert einzelne Atome und bremst sie bis zur Bewegungslosigkeit aus, um sie sortieren zu können, und reduziert so alles auf das Wesentliche.

The End
Während die Neue Deutsche Welle immer mehr den Bach runterging, setzten wir all unsere Hoffnungen auf die dritte *Hans-A-Plast*-LP. Als die *Sounds* eingestellt und zusammen mit dem *Musikexpress* an einen Münchener Verlag verkauft wurde, schalteten wir in ihrer letzten Ausgabe sogar eine ganzseitige Anzeige für *Ausradiert*, doch wir waren so ziemlich die einzige Plattenfirma, die sich auf diese Weise für die jahrelange Promotion bedankte, ohne die

so manche Platte sang- und klanglos untergegangen wäre.

Ähnlich wie *Ton Steine Scherben*, die 1982 ihr Comeback gefeiert hatten, hofften auch wir nun, dass eine große Plattenfirma uns aufkaufen würde. Mit deren Managerin Claudia Roth tauschte ich mich täglich aus, und auch noch nachts telefonierten wir stundenlang (was keiner so gut konnte wie sie). Doch mittlerweile war niemand mehr interessiert an Musik, „die von unten kommt", sondern setzte lieber wieder auf Nummer sicher. Und als *Hans-A-Plast* nach überstandener Babypause wieder auf Tour gingen, war schon bald klar, dass uns und ihnen ein steiniger Weg bevorstand. Vielleicht hätte *No Fun Records* ja überlebt, wenn *Hans-A-Plast* unermüdlich getourt hätten, und vielleicht wären sie mal so erfolgreich geworden wie *Die Toten Hosen* oder *Die Ärzte,* die sich damals gerade gegründet hatten. Aber hätte liegt im Bette, wie meine Schwiegermutter immer sagte. Nach dem dritten Konzert teilte Annette Benjamin uns mit, dass auch sie nun schwanger sei und nach der Tour eine Babypause einlegen müsse. Und das war's dann. Das Label dümpelte noch eine Zeit lang vor sich hin. Eine Gruppe nach der anderen löste sich auf. Und ich wusste mal wieder nicht, wie es weitergehen sollte.

Hannovers erste Punk-Band

Zachius Lipschitz war in erster Linie ein Pseudonym für die Super-8-Filmversuche von Jürgen Gleue und Christian Henjes, den späteren 39 *Clocks*: Eine halbe Stunde grüner Vorspann, eine halbe Stunde roter Nachspann. Der Name stammte von Hans-Henning Paggel, „einer legendären lokalen Figur", Gleue und Henjes benutzten ihn aber auch 1975/76 bei ersten Auftritten.

Die beiden hatten schon in den frühen 1970er-Jahren Musik gemacht, „lange megamonotone Instrumental-Sachen". Als Punk in England populär wurde und das ZDF darüber in seiner Kultursendung *Aspekte* berichtete, änderten sie prompt ihren Stil, allerdings mehr im Hinblick auf die Sixties-Variante von Punkrock, wie sie Greg Shaw in *Who Put The Bomp* oder Lenny Kaye in den Liner Notes des *Nuggets*-Sampler (1972) definiert hatten.

Im Nolte-Haus, in dem Emilio Winschetti mit seiner Kommune lebte und sie ihren Übungsbereich hatten, spielten die *Killing Rats*, wie sie sich sodann nannten, 20-minütige Versionen von „Hey Bo Diddley", zum Amüsement des Publikums, das sich vor Lachen auf dem Boden wälzte – was sich erst änderte, als die 39 *Clocks* sehr positive Kritiken für ihre Platten erhielten.

Als *Automats* traten sie erstmals 1977 im UJZ Glocksee auf – unter dem Einfluss von Acid, „um der Sache einen gewissen Kick zu verleihen". Auf Droge kamen ihnen ihre Punk-Songs allerdings zu blöd und banal vor, sodass sie fortan „patentierten Gitarren-White-Noise-Lärm" produzierten, ähnlich wie Lou Reed auf seinem Album *Metal Machine Music*. „Seltsamerweise", so Gleue, „stand das Publikum darauf und applaudierte sogar."

Gefördert wurden sie zu der Zeit von Bruno Hoffmann, der sich einbandagierte und derart mumifiziert in den Eingangsbereich legte, sodass die Leute über ihn rübersteigen mussten und ihm auch schon mal in den Magen traten. Und Hoffmann war es auch, der ihnen einen Auftritt in einem Steinbruch bei Braunschweig besorgte, bei dem Film- und Kunststudent:innen Bilder an die Steinwände projizierten. „Richtiger Punk", so Gleue, „war´s genau genommen nicht, aber eine Krach-Attitüde war definitiv da."

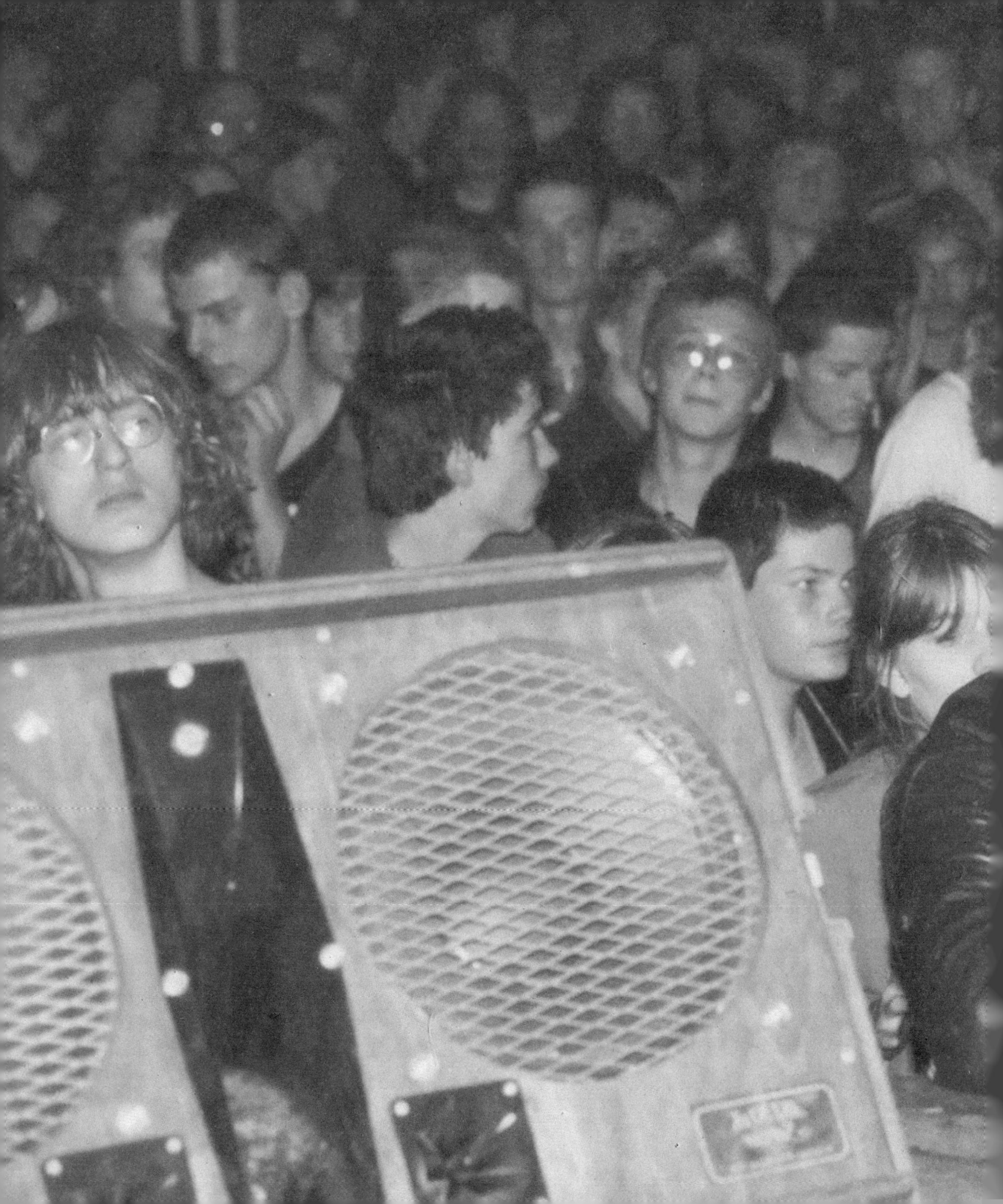

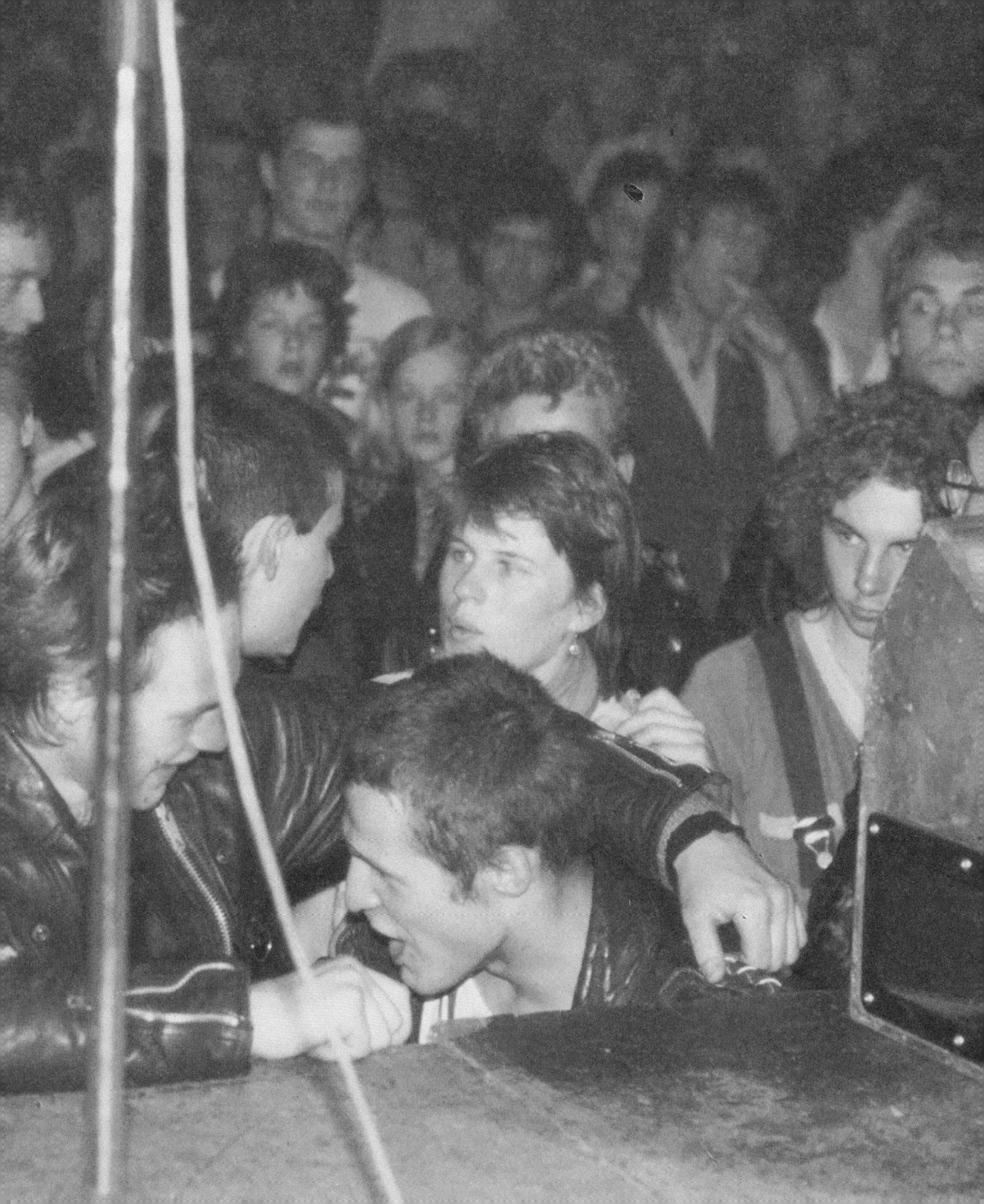

Emilio Winschetti (l.) und Hollow Skai

Jens Gallmeyer (l.) und EKT von Der Moderne Man

Der Moderne Man

Der Moderne Man

EKT von Der Moderne Man

EKT von Der Moderne Man

Ziggy XY und Claudius Hempelmann von Der Moderne Man

Ziggy XY

Es kam auf die Haltung an

Erinnerungen an den jungen Punk

Heinrich Dubel aka Rosa

In dem Jahr, in dem nach einer später vorgenommenen Zeitrechnung der Punk geboren wurde, war ich 14 Jahre alt. Im November 1975, als die *Sex Pistols* ihr Debütkonzert an der Londoner St. Martins School of Art and Design gaben, trieb ich mich in den schlecht beleuchteten Straßen eines hannoverschen Vorstadtbezirks herum, der im Kern noch ganz dörflich war, größtenteils jedoch aus Mietskasernen und Genossenschaftsblocks bestand und an den Rändern zu Wald, Wiesen und Kleingärten zerfaserte.

Am Kiosk an der Straßenecke lungerten ältere Jugendliche herum. Sie trugen Schlaghosen mit Fuchsschwänzen am Gürtel und cowboystiefelartige Stiefeletten mit schrägen Absätzen. Echte Cowboystiefel waren unerschwinglich.

Wir Jüngeren beobachteten sie vom gegenüberliegenden Spielplatz, wie sie ihr Bier tranken, über die Leistungen ihrer Mopeds quatschten und über die Autos, die sie sich irgendwann kaufen würden.

In Hannover-Kleefeld gab es 1975 einen Moped-Rowdyclub, der sich „Eagles" nannte – eine pathetische Bande von Wichtigtuern mit Adler-Patches und Zündapp-Aufnähern auf enganliegenden Jeansjacken oder -westen, die Fahrräder klauten und in die Keller der Sozialbauten einbrachen. Es waren nicht mal richtige Schläger von der Sorte, die wir „Buffer" nannten (deutsch ausgesprochen), stumpfsinnige junge Männer in beigefarbenen Cordsakkos mit zu kurzen Ärmeln und weiten Siebzigerjahre-Jeans, die an den Wochenenden die Tanzveranstaltungen im evangelischen Jugendclub unsicher machten und sich Prügeleien mit Gruppen jugoslawischer Gastarbeiter oder dem Nachwuchs der britischen Besatzungssoldaten lieferten, die in einer kleinen Siedlung am Rande des Viertels wohnten.

30 Jahre später sollte ich von einem alten Freund aus der Punk-Szene, der einen gutbürgerlichen hannoverschen Background hat, erfahren, dass Kleefeld, das Viertel, in dem ich damals lebte, im Rest der Stadt berüchtigt gewesen war. Niemand ging in den Dohmeyers Weg, wenn er nicht musste.

Meine Kluft

In dieser Szenerie markierte ich den Harten. Meine Kluft – so das zeitgenössische Wort für Outfit – bestand aus „Nietenhosen" oder schwarzen Cordhosen, einem blauen Marinepullover mit kariertem Hemd drunter und einer abgeschabten schwarzen Nappalederjacke, die ich im Sperrmüll gefunden hatte und die mir zwei Nummern zu groß war. Ich besaß auch ein Kapuzen-Sweatshirt. Die gab es damals schon. Ich kann mich allerdings nicht erinnern, dass sie allgemein verbreitet waren, und auch nicht daran, woher das knallgelbe Exemplar stammte, auf das ich so stolz war. Meine Mitschüler:innen und die Jungs und Mädchen, mit denen ich im Viertel rumhing, trugen klobige Siebzigerjahre-Schuhe mit dicken Sohlen und wulstigen Schmucknähten drauf oder im Sommer Clogs. Zugegeben, auch ich hatte ein Paar Clogs aus falschem Krokodilleder und mit dicken kupferfarbenen Nieten rundherum. Nachdem ich allerdings im Kino Kubricks *Clockwork Orange* gesehen hatte, trug ich beinahe kein anderes Schuhwerk mehr als schwarze US Army Combat Boots. Das war zwar nicht schick, machte aber etwas anderes her: Im Ganzen entsprach mein Auftritt eher dem der erwachsenen Arbeiter bzw. des Subproletariats meines Viertels und nicht dem der Halbstarken, wie die Erwachsenen die jugendlichen Eckensteher damals gerne nannten. In diesen Stiefeln lag eine andere, noch ganz unhippe Härte.

Ich sage „mein Viertel", weil ich keine Ahnung davon hatte, wie irgendwas irgendwo anders aussah. Ich las zwar ab und zu die *BRAVO*, konnte jedoch kaum eine Beziehung herstellen zu dem, was dort propagiert wurde. Für Klamotten fehlten mir sowohl das Geld als auch der Sinn. Mein Musikgeschmack mäanderte zwischen *Boney M.*, den *Bay City Rollers* und *Kraftwerk – Radio-Aktivität* war die erste Langspielplatte, die ich besaß, und die hatte ich mir wegen des Covers gekauft und weil ein Bogen neongelber Aufkleber dabei lag.

Randexistenz: Eckensteher

Zunächst hielt ich das Rumstehen am Kiosk für den einzig wünschenswerten Zustand sozialer Existenz. Innerhalb weniger Wochen im Frühjahr waren die Älteren aus unserer Spielplatzgruppe zu den „Großen" graduiert, wo wir Gelegenheit bekamen, unsere Männlichkeit unter Beweis zu stellen, indem wir breitbeiniges Stehen übten, die Daumen in die Taschen unserer Jeans hängten, mit einer ruckartigen Bewegung des Kopfes die Haare nach hinten warfen und aufmerksam die Einhaltung der immergleichen Zeremonie beachteten: Begrüßung, Bierkauf, Zuprosten, Trinken, gefolgt von Gelaber über Technik.

Konformität sicherte mir jene Anerkennung durch die Älteren, die ich suchte. Ich wusste es zwar noch nicht, doch spürte es schon: Das Kopieren von Verhaltensmustern und die letztlich „blinde" Simulation einer Teilnahme an den „Gesprächen" beließen mich in einer Art „innerem Außenseitertum". Ich interessierte mich einen Dreck für die Motorenvariationen, die für den neuen Audi 100 angeboten wurden, doch tat ich, als sei dies das wichtigste Thema der Welt und ich darin der beste Auskenner. Je weiter der Sommer fortschritt, desto weniger konnte ich mit den Bewohner:innen dieser kleinen Welt anfangen.

Eine authentische Darstellung solcher Kiosk-Eckensteher-Existenzen zeigt die ZDF-Miniserie *Hans im Glück aus Herne 2* aus dem Jahr 1983. Als ich die Folgen auf YouTube sah, war ich erschüttert vom Ansturm der Erinnerungen. Ich hatte alles vergessen (oder verdrängt): die Kleidung und die Frisuren, die Sprache, aber auch die Auswegslosigkeiten des Milieus. Auch staunte ich darüber, dass sich – zumindest in Herne 2 – ein solches Milieu in den immerhin acht Jahren, die seit meiner Eckensteher-Zeit vergangen waren, kaum verändert hatte. 1983, als die Serie gedreht wurde, fanden selbst in Hannover bereits ganz andere Sachen statt, zum Beispiel die Chaostage.

In die Stadt

Abwechslung gab es an den Wochenenden. In Gruppen von fünf oder zehn ging es mit der Straßenbahn „in die Stadt", wo man ein wenig am Hauptbahnhof rumstand, andere Gruppen ins Auge fasste und noch ein Bier trank, um dann zwar nicht Filme wie *Einer flog über das Kuckucksnest* oder *Die verlorene Ehre der Katharina Blum* zu sehen, aber immerhin doch zum Beispiel *Deathrace 2000*, in dem es um ein dystopisches Autorennen mit Todesfolge ging, was ausreichte, die Eagles zu begeistern, und mich dazu brachte, über die Verwendung von Hakenkreuzen als Style-Element nachzudenken; geraume Zeit, bevor sich die Frage nach einer konkreten Verwendung als Teil des Punk-Outfits überhaupt stellte.

Ich hatte noch immer keine kulturellen Referenzen; mir fehlte es schlicht an Grundwissen. Ich kannte nichts außer schlimmen Jugendromanen aus der Leihbücherei und Musik aus dem Radio, deren Titel ich immer falsch verstand, weil ich kein Englisch sprach, und *Disco 75* mit Ilja Richter. Ich kannte niemanden, der mir etwas sagen, zeigen oder beibringen konnte, was sich von der absoluten Gleichförmigkeit des Lebens an der Straßenecke unterschied. Die Jungs dort waren keine *angry young men;* sie schienen sich auch nicht zu langweilen bzw. schien ein Zustand des Gelangweiltseins ihr natürlicher zu sein, als sei es an sich schon eine Leistung, das Vergehen der Zeit zu meistern, ohne dass in dieser Zeit auch noch etwas passierte. Ich dagegen wollte immer, dass etwas passiert. Doch zunächst geschah gar nichts. Im Anschluss an den Kinobesuch gab es eine Wurst mit Pommes, dann ging es in die Disco, wo ich regelmäßig abgewiesen wurde, nicht aufgrund meines noch jungen Alters, sondern weil ich nicht richtig angezogen war. Ich löste das Problem, indem ich mir eine ziemlich enge bordeauxfarbene Feincordhose zulegte, Stiefeletten mit Messingbeschlägen an der Spitze und am Absatz sowie ein goldfarbenes Hemd mit einem schwarzschillernden Muster drauf, das ich für Barock hielt.

Disco-Inferno

In Mr. Drinks Beerhouse in Hannovers City ging es Disco-Disco-mäßig zur Sache, mit Van McCoys „The Hustle", The Trammps' „Disco Inferno (Burn, Baby, Burn!)" und dem ganzen Musikpaket aus dem Film *Saturday Night Fever*. Drei, vier Mal am Abend gab's für zwanzig Minuten Langsam- oder Engtanzen – das nannte sich Stehblues.

Der Alkoholverkauf an Minderjährige stellte kein Problem dar. Zur Happy Hour gab's Futschi, 0,2 l Cola mit Weinbrand, zwei für zwei Mark. Es war klar, worum es ging, war es immer gewesen, auch hier. Nicht so klar war, wie es zu bekommen war.

Einerseits forderten die Jungs die Mädels noch richtig altmodisch zum Tanz auf. Da wurde hofiert, man flirtete, schickte Emissäre, die zwischen den Tischen und der Tanzfläche hin- und hereilten. Zur gleichen Zeit gab es bereits welche, die umstandslos auf dem Klo verschwanden, wo sie fickten und Drogen nahmen. Das war unerhört und sorgte wochenlang für Gesprächsstoff. Ich hielt mit, so gut es eben ging. Zumindest tat ich so, als würde ich mithalten, als sei ich im Bilde, obwohl ich nur eine vage Ahnung hatte. Einen Joint hatte ich immerhin schon geraucht, da war ich 13 gewesen. Jedoch schaffte ich es nie, eine der Disco-Miezen abzuschleppen, oder mich von einer abschleppen zu lassen, obwohl ich mir immer einzureden versuchte, dass diese scharfen Zwanzigjährigen doch ganz wild nach einem unverdorbenen Jungen sein müssten.

Eines Nachts passierte etwas Seltsames. Der DJ (damals wurden die Stücke manchmal noch angesagt) verkündete, er werde eine ganz neue, brandheiße Scheibe spielen, mit einem Musikstil, „wie ihr ihn noch nie gehört habt ... nämlich ... PUNK!" – Es war dann „Ça Plane Pour Moi" von Plastic Bertrand, was ein sofortiger Renner wurde und von da an jeden Abend lief. Es wurde heftig getanzt zu diesem Stück, allerdings nicht im ... naja ... klassischen Disco-Tanzstil, sondern tatsächlich in so einer Art ungelenkem Proto-Pogo, der sich wie von selbst ergab.

Die Kunde von den *Sex Pistols* hatte mich noch immer nicht erreicht, doch schon taten sich Widersprüche auf zwischen der zwar irgendwie hedonistischen Attitüde der letztlich doch spießig-konformen Disco-Szene in der niedersächsischen Landeshauptstadt und den unerhörten Entwicklungen, die der Punk bringen sollte. Auch zeigten sich Übereinstimmungen. Später, sehr viel später würde sogar Johnny Rotten sagen: „God, I love disco. I see no problem admiring the *Bee Gees* and being in *The Sex Pistols*."

Punk war immer näher an Disco, als es aussah. Und umgekehrt. Auch Disco zog gewalttätigen Hass auf sich, etwa bei den Anti-Disco-Ausschreitungen, die im Folgejahr in Chicago stattfinden sollten. Und es ging immer auch darum, eine gute Zeit zu haben.

Ich werde Punk

Ich begann eine Lehre als Schaufenstergestalter und jobbte nachts in einer Kneipe namens Waldhäuschen. Für den Auftritt als Auszubildender bei Wertheim hatte ich mir einige Hemden zugelegt, die tagsüber schick neutral und nachts bloß schick waren. Die Feincordhose in Bordeaux gab es noch immer, auch wenn sie inzwischen ziemlich abgetragen war. Zwei schwarze Exemplare waren dazugekommen und auch eine Levi's 501. Beim Schuhwerk wechselte ich nach Anlass und Laune zwischen Turnschuhen (Puma), Stiefeletten (ochsenblutfarben mit Messingbeschlägen) und Combat Boots (schwarz).

Die Entscheidung, Punk zu werden, traf ich in einer persönlichen Krise. Meine erste Freundin – Marina – hatte mich wegen eines Typen von den Eagles verlassen, der eine Honda Dax fuhr. Ich sah die beiden jeden Tag, sie hatten Lehrstellen in derselben Firma in Kleefeld, gleich gegenüber vom Waldhäuschen, wohin sich die Spielplatz- und Kiosk-Szene inzwischen verlagert hatte.

Über Punk hatte ich zum ersten Mal in der TV-Zeitschrift *Hörzu* gelesen, in einem Programmhinweis zu irgendeinem Kulturmagazin, das dem neuen Phänomen aus England einen Beitrag widmete. Es gab ein Bild: ein Kinosaal, vollbesetzt mit Leuten, die alle rote, grüne oder schwarze Haare trugen, schwarze Jackets und 3D-Brillen. Unter dem Foto stand: „Neue Jugendbewegung aus England. Es sind Punks. Sie lachen nie." Auf dem Foto lachten alle. Wirklich alle.

Der Übergang war einfach. Ich erklärte ganz sachlich, vor Zeugen (den beiden Kollegen bei Wertheim, denen ich vertraute), dass ich nunmehr ein Punk sein würde. Für 50 Mark – was eine ziemliche Summe war – kaufte ich mir von einer Arbeitskollegin eine schwarzgrüne, hüftlange Lederjacke, die ihr Freund als zu altmodisch empfand, ein mörderisch schweres, altes Teil, doch gut in Schuss. Diese Jacke versah ich mit Sicherheitsnadeln und Messingketten vom Eisenwarenhändler. Sie sollte in den nächsten zwei Jahren mein wichtigster Besitz sein. Auch die bordeauxfarbene Hose wurde jetzt richtig hergenommen und mit selbstgemachten „Bondage"-Applikationen ausgestattet. Nur eine Woche später datete ich bereits ein Mädchen, das sich Dussel nannte, die Sängerin der Hannoveraner Punk-Band *Blitzkrieg*.

Der Wechsel der Szene brachte Konsequenzen mit sich, die ich nicht bedacht hatte. Mein neues Outfit und Gebaren waren nicht wirklich zu vereinbaren mit den Anforderungen, die an einen jungen Dekorateur gestellt wurden. Meine Kollegen trugen Seidenschals zu Rollkragenpullovern und Cordsakkos mit Lederflecken an den Ärmeln. Sie waren Fans von Rattanmöbeln und orientalischem Zeugs, das man da draufstellen konnte. Ich war zwar immer noch an den Präsentations- und handwerklichen Techniken interessiert, die zur Ausbildung gehörten, jedoch tödlich gelangweilt von den Dingen, die da präsentiert wurden. *Dire Straits*, die im Deko-Atelier bei Wertheim den ganzen Tag liefen, konnte ich auch nicht mehr hören. Folgerichtig schmiss ich die Lehre.

Es war 1978 und ich war ein echter Punk. Meine Hosen waren zerschlissen und wurden von Sicherheitsnadeln und selbsteingenähten Stoffstücken zusammengehalten, möglichst grellem Zeug, Leopardenmuster oder so. Turnschuhe und Boots waren mit Gaffertape umwickelt. Den Marinepullover trug ich noch immer, mit Löchern drin, schließlich war er schon ziemlich alt. Dazu einen Vokuhila-Irokesen und Nietenarmbänder. Mein erstes – naja, nicht nur – Punk-Konzert war eines mit zwei Headlinern, wie sie gegensätzlicher nicht hätten sein können: *39 Clocks* und *Blitzkrieg*. In einem Jazzclub. In der Pause, nachdem die *39 Clocks* gespielt hatten, kam die Polizei. Früher am Abend hatte es vor dem Club eine Auseinandersetzung zwischen Punks und einem Autofahrer gegeben, dessen Fahrzeug eine Beule davongetragen hatte und der nun mit der Polizei zurückgekommen war und auf mich zeigte. Ich musste mit zum Streifenwagen, konnte mich zum Glück ausweisen – immer Papiere und zwei Groschen für ein Telefonat dabei – und war zurück, um den Rest vom *Blitzkrieg*-Gig zu sehen, mit Dussel als Sängerin. Nach gerade mal zwei, drei Wochen als Punk konnte mein Standing kaum besser sein.

Abhängen – aber richtig

Wichtiger Zeitvertreib war das Abhängen an geeigneten Orten, das großspurige Zeigen von Präsenz. Dies unterschied sich vom Rumlungern am Kiosk an der Straßenecke durch den unbedingten Willen, aufzufallen, alles sichtbar stattfinden zu lassen, vor einem

Publikum, das zufällig an diesen Orten unterwegs war. Das Verarschen von Passant:innen und das Inszenieren absurder Szenen wurden bedeutende Beschäftigungen. Einige meinten, solche Späße sollten besser organisiert und dann im Fernsehen gezeigt werden, eine frühe, im Rückblick fast unheimliche Prophezeiung, wenn man die spätere Verbreitung diverser idiotischer Versteckte-Kamera-Formate mit Kreaturen wie Oliver Pocher betrachtet. Der übrigens auch in Hannover aufgewachsen ist.

Der Bahnhofsvorplatz und diverse Fußgängerzonen wurden unser Aufmarschgebiet, von wo aus wir mit semi-militärischer Systematik Versorgungseinsätze oder Vergnügungsmaßnahmen planten. Supermärkte wurden im Hit-and-run-Stil geplündert. Diese *raids* schafften es in kurzer Zeit in die Lokalnachrichten, und wir verlegten uns auf weniger spektakuläre Beschaffungsmaßnahmen. Jobs wurden grundsätzlich nur dort angenommen, wo sich auch sonst etwas holen ließ – in Buch- und Schallplattengeschäften etwa oder in der Gastronomie. Einer arbeitete bei einem Pharmaziegroßhandel, wo er Captagon und Schmerzmittel abzog, ein anderer in einem Supermarkt, wo er palettenweise Alkohol, Kaffee, Müsli-Joghurt und Fleischkonserven mit dem Altpapier hinters Haus schaffte.

Dagmar und Kerry, zwei lokale Punk-Queens, arbeiteten in einem Plattenladen einer größeren Kette. Kerry sogar als Geschäftsführerin. Sie bestellten, was es an Punk- und New-Wave-Neuheiten gab. Das Zeug wurde ebenso schnell geklaut, wie es angeliefert wurde. Unklar, wie das über Jahre immer weitergehen konnte, ohne dass es zu irgendwelchen Konsequenzen kam. Meine Plattensammlung wuchs schnell, wurde dann aber – zusammen mit den wenigen Dingen, die ich von meinen Großeltern geerbt hatte – geklaut. Ich schätze, von dem Typen, bei dem ich das Zeug untergestellt hatte. Karma vermutlich. Ich will gar nicht wissen, wie viel die ganzen Erstpressungen und Seltenheiten heute wert wären.

Wir schliefen in Übungsräumen, im Sommer gerne auch im Freien. Wir wohnten bei Freunden, wenn deren Eltern nicht zu Hause waren. Da wurde dann samstagnachmittags geduscht und anschließend der Kühlschrank geleert. Die Kids ließen das mit leuchtenden Augen zu, auf diese Weise konnten sie ihre Mittelstandsexistenz transzendieren, ohne sie ganz aufzuheben. Der Bericht über den gerechten Zorn der Eltern gehörte dazu.

Die ganze Zeit über wurde palavert. Doch ging es nicht um Kfz-Technik, sondern um Ideen. Verrückte Ideen für Filme. Plakate. Klamotten. Musik. Lärm. Provokationen. Kunst. Wir fingen an, Vernissagen und avantgardistische Performances zu besuchen. Einerseits gab es da Freidrinks, manchmal sogar etwas zu essen, und man konnte interessante Frauen kennenlernen. Andererseits war auch nicht jede Kunst langweilig oder schlecht.

In der Werkstatt Odem in der Nordstadt, einem langgezogenen Raum ohne Bestuhlung, mit kahlen Wänden und nacktem Licht, sah ich die erste Performance, die mich wirklich beeindruckte, obwohl ich keinen Schimmer hatte, um was es ging. Es war Emilio Winschetti, der Sänger von *Mythen in Tüten,* zwar keine Punk-Band (Studenten!), aber immerhin Szene. Emilio krabbelte über den Boden und schmiss eine dicke Knoblauchknolle in die Luft, immer wieder, bis sie auseinandergefallen war. Dann kroch er zu den einzelnen Knoblauchzehen, die er – so wie sie dalagen – verspeiste. Schon nach der zweiten oder dritten war offensichtlich, dass es in ihm brannte. Er kroch aber immer weiter, bis er den ganzen Knoblauch aufgegessen hatte. Dann fummelte er eine Dose Hansa-Pils aus der Hosentasche. Ich schwöre: Das gesamte Publikum war erleichtert, dass er nun etwas trinken würde. Es ging ihm nicht besonders, sein Gesicht war knallrot. Was aber machte er? Er schmiss die Dose in hohem Bogen in die Luft. Sie knallte irgendwo runter und platzte auf, das Bier zischte im Strahl, und nun, endlich, nachdem er krabbelnd-kriechend

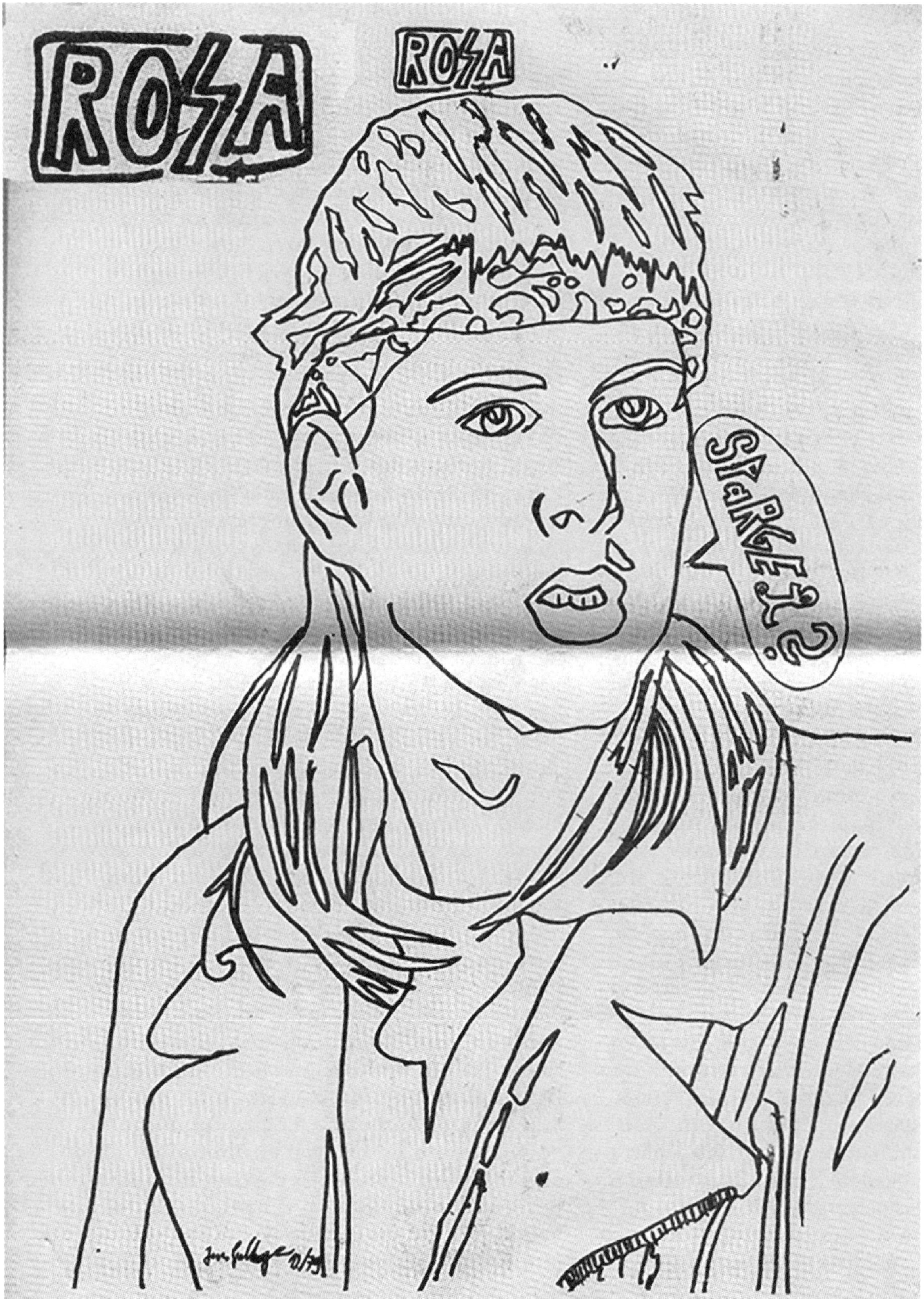
ROSA
ROSA
SPaRGE I?

Hollow Skai, Rosa und Uli Pfingsten

JUGEND = 80 = R

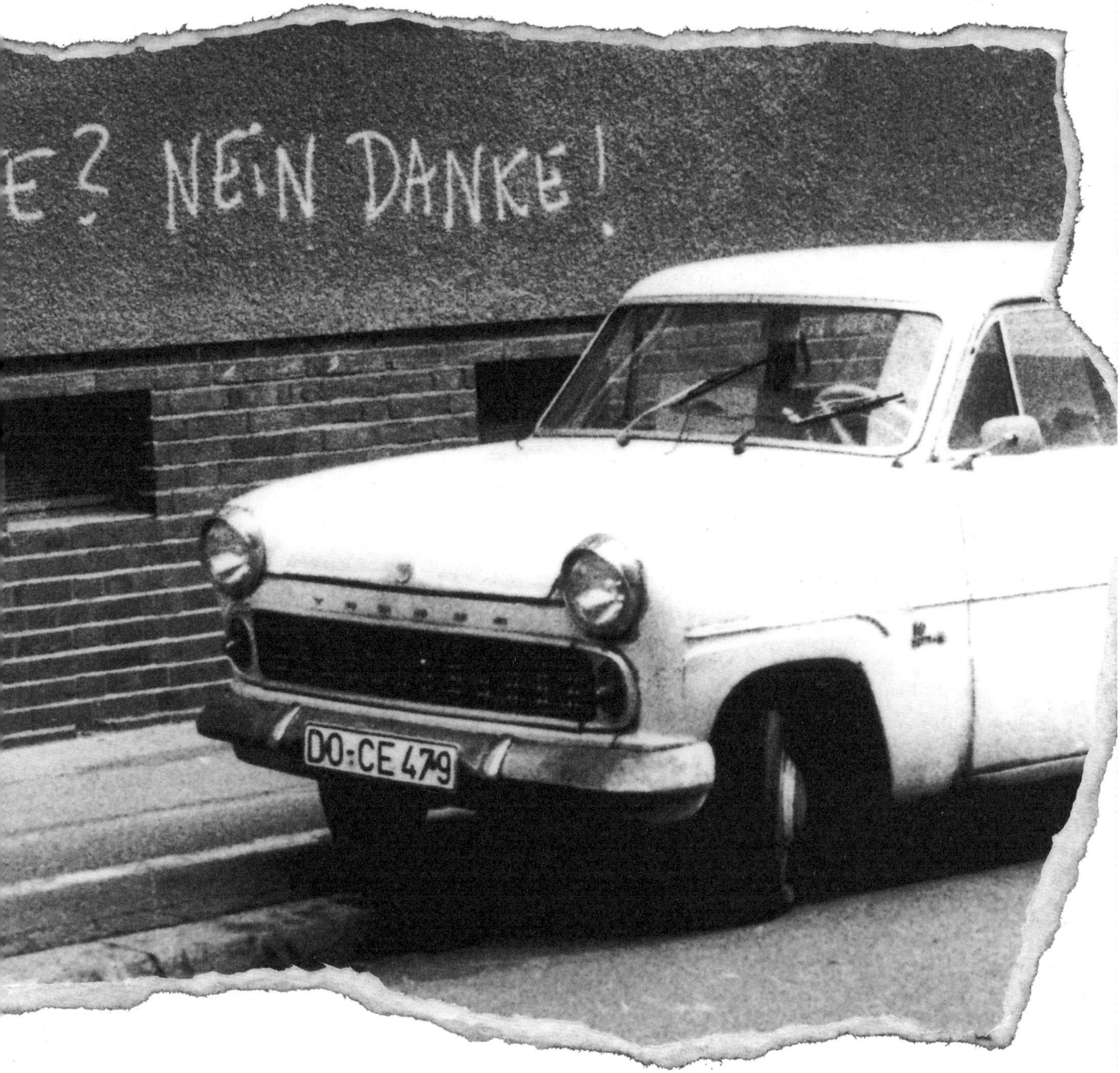
E? NEIN DANKE!
DO-CE 479

die am Boden liegende Dose erreicht hatte, konnte er sich an dem Bier laben. Wie gesagt: Ich hatte keine Ahnung, was das bedeuten sollte, doch kapierte ich immerhin, dass es darauf gar nicht ankam. Das war nicht weniger genial oder bescheuert als manche Spiele, die wir uns in der Fußgängerzone ausdachten und dort auch gleich aufführten.

Es kam zu Vermischungen. Angehörige der studentischen Bohème gesellten sich an Samstagnachmittagen zu uns in der Fußgängerzone und kauften Bier. *Deutschland*, eine der soliden frühen Hannoveraner Punk-Bands, spielte in der Werkstadt Odem. Der Konzertmitschnitt erschien unter dem Titel *Schneller, Höher, Weiter* auf dem Label *Spargel Tapes* (die Kassette – C20 – ist auf Discogs gelistet).

Jugend 80

Die unter aktiver Beihilfe des Autors bei einer Küchenparty in der Nordstadt ausgerufene Bewegung „Jugend 80" war der sicher alkoholinduzierte Versuch, das ekstatische Augenblickserlebnis zu fassen, einzuordnen, es vielleicht als etwas dem Punk Essenzielles zu bestimmen, es zu erhöhen und dem zwangsläufigen Vergehen zu entreißen – wenn nicht theoretisierend, so doch zumindest durch Benennung. Der grafisch gestaltete Slogan „Jugend 80" tauchte als Graffiti an Hauswänden auf und war kurzzeitig sogar als Briefpapier in Umlauf.

Höhepunkt der kurzen Existenz der Jugend 80 war ein zweiseitiges *taz*-Interview im November 1980 unter dem Titel „Kopf und Faust – eine Einheit". Interessant war, dass der Zeitungsbeitrag sich durch Verwendung von Fotos der Graffiti explizit auf die Jugend 80 bezog, diese jedoch inhaltlich ihrer selbst entwendete oder eben umwidmete, indem er der im Grunde hedonistischen „Bewegung" ein militantes Gewand überstreifte. „Jugend 80 [ist] Teil und Synonym einer neuen Bewegung, die Häuser besetzt und sich Straßenschlachten mit der Polizei liefert", hieß es in der Einleitung. Das Gespräch drehte sich denn auch um Konsum, politischen Aktivismus und Systemkritik bzw. die Ambivalenz von Punk diesen Themenkomplexen gegenüber, um Dinge also, um die es bei Jugend 80 eigentlich gar nicht ging. Später wurde klar, dass nur eine der interviewten Personen überhaupt zu den Theoretiker:innen der Küchenparty gehört hatte. Noch später, sehr viel später, tauchte Jugend 80 als Facebook-Gruppe auf, mit dem Credo:

„Die Kaputten grüssen die Heilen. Das ist keine *80er Fan Gruppe*, sondern für Leute die diese schräge Epoche überlebt haben! ... und Derer gedenken, die sich Kollege Sensenmann geholt hat ... P.S.: Punk-Rock ist der Herr im Lande!"

An dieser Emanation war von den „Gründern" ebenfalls niemand beteiligt.

Der Coolste

Wir kamen immer mehr runter. Je weiter das ging, desto mehr Spaß hatten wir. Ein Typ namens Face war der Coolste. Er war ein echter Dandy, obwohl ich damals nicht mal wusste, was das ist. Er hatte fast nie Geld. Wenn doch, gab er es für englische Orangenmarmelade und anderes Zeugs aus dem Feinkosthandel aus, wo man nicht klauen konnte. Solange er konnte, kaufte er nur das Beste und Teuerste. Anschließend klaute er das Beste und Teuerste, wo und wie es eben ging. Face hieß so, weil er ein extrem feines, schön geschnittenes Gesicht hatte, aristokratisch irgendwie, obwohl er so heruntergekommen war. Sein Style unterschied sich von allen anderen. Er trug niemals typischen Schmuck wie Sicherheitsnadeln, Nietenarmbänder oder Ketten. Er hatte ständig, sommers wie winters, einen langen grauen Mantel an, der einstmals sicher ziemlich edel gewesen und jetzt nur noch betonschmuddelfarben war. Darunter trug er Anzüge, die er aus Kleidersammlungen zog, und Rollkragenpullover, alles fast immer in Grau, selten schwarz, niemals eine andere

Farbe. Eigentlich war er ein Obdachloser, aber einer, der Bass in einer Band spielte.

Bei den anderen Jungs entwickelte sich der Stil – selbstverständlich mit Myriaden feinster Unterschiede im Detail und mannigfaltigen Überschneidungen – generell in drei Richtungen: Es gab die „normalen", heute klassischen Hardcore-Punks, die mit einem A im Kreis und „Schieß doch Bulle" auf der Motorradlederjacke explizit politisch sein wollten und dazu aufwendige Stachelhaare in Grün und Rot trugen. Dann gab es die Anzugjackenträger. Auch die bemalten ihre Klamotten und behängten sie mit Ketten und Buttons. Die Haare trugen sie kurz und spitz aufgestellt wie Johnny Rotten. Und es gab eine kleinere Gruppe, die auf Schmuck, Gadgets und Aufschriften verzichtete, gerade weil diese Dinge bei den anderen so beliebt waren. Zu dieser Gruppe gehörte ich.

Ich hatte inzwischen alles Gedöns von meiner Lederjacke entfernt. Es war ein letztlich dunkler, ganz verkommener Style, hart und kaputt. Nur selten gab es farbige Highlights wie die rote Motorradjacke eines Typen namens Wixer („In der ist schon mal einer gestorben"). Prätentiöse Verwahrlosung war auch so ein Begriff, den ich noch nicht kannte.

Als alternatives Outfit, das ich *fake popper* nannte, trug ich manchmal einen weiten hellblauen Pullover, den eine Freundin an der Strickmaschine ihrer Mutter gefertigt hatte, dazu zerschlissene Hochwasserkarottenjeans und spitze schwarze Halbschuhe. Den Iro kämmte ich zur Seite, was Proto-Emo aussah. In diesem Outfit lernte ich Studentinnen kennen, es wirkte einfach nicht so abschreckend – beziehungsweise im Gegenteil, es hatte was.

Counterculture

Daneben gab es noch eine kleine Szene von Intellektuellen und Musiker:innen, die vom Punk als musikalischer und stilistischer Entwicklung zwar beeinflusst waren, sich aber nicht zugehörig fühlten, autonom bleiben wollten, sich sogar distanzierten, ohne wirklich ganz davon wegzukommen in einem so übersichtlichen Gemeinwesen wie Hannover. Die verfügten allerdings über ein konkretes Vorwissen zu Situationismus oder Lou Reed oder Krautrock. Sie kleideten sich betont neutral, unauffällig, fast bürgerlich, unter allergeringster Verwendung von Gadgets und Schmuck, der häufig weniger *new wave* war als vielmehr generell *counterculture*. Zu diesen Leuten gehörten die heute legendären 39 Clocks.

In der lokalen Szene wurden diejenigen, die man als Poser ansah, auch Disco-Punks genannt, was mich zunächst irritierte. Es ging dabei jedoch nicht um die Herkunft des Einzelnen aus der Disco-Szene, sondern darum, was für Klamotten er trug, ob diese gekauft waren oder ob er abgewetzte oder selbstgemachte Klamotten trug. Wobei diese Kategorie nur auf Jungs angewendet wurde. Punk-Mädchen wurde das Aufhübschen zugestanden, es wurde sogar erwartet.

In Hannover gab es mit dem Klamottenladen S.W.3 schon recht früh einen Ausstatter, der sich – wie überall üblich in diesem Segment – an McLarens und Westwoods Londoner Boutique SEX orientierte, also zunächst Teddyboy-, anschließend Lack-, Leder-, Punk- und New-Wave-Klamotten und schließlich alles zusammen anbot, zu exorbitanten Preisen. Wer da einkaufte, war selbstverständlich ein Poser, folglich behauptete jeder, der ein Teil von S.W.3 trug, dieses geklaut oder aus London mitgebracht zu haben. Der Laden hielt sich – an zwei Folgestandorten – noch bis 2011. Die Tragetaschen, die es im S.W.3 gab, wurden von Generationen Hannoveraner Schüler:innen als Turnbeutel benutzt.

Rosa

Diese Geschichte ist nicht vollständig, ohne wenigstens zu erklären, wie es zu dem Namen Rosa kam.

Alice Dee, ein liebenswerter und sanftmütiger Nerd mit einem tiefschwarzen Humor, der weder richtig zu den Studenten noch zu den Auskenner-Intellektuellen noch zu den Punks gehörte, wurde mein Mentor in Musikdingen. Er verfügte über eine kleine Wohnung, eine ziemlich umfangreiche Plattensammlung und eine akzeptable Anlage. Ich hatte ein Zimmer zur Untermiete mit nichts drin. Wir hingen also häufig bei ihm ab. Praktisch das gesamte Wissen, mit dem ich in die Achtzigerjahre ging, hatte ich von ihm. Er spielte mir erstmals eine *Blondie*-Platte vor, ein Ereignis mit damals unübersehbaren Folgen. Im kommenden Jahrzehnt sollte ich mich zu einem Hardcore-Fan der Musik dieser Band entwickeln und zu einem Typen, der in einem prolongiert-pubertären Wahn deren Sängerin in religiöser Weise verehrte, als Inkarnation der Ishtar. Auf diese Weise befriedigte ich vermutlich irgendwelche metaphysischen Bedürfnisse. Tatsächlich besitze ich vier Autogramme von Debbie Harry und eines von Chris Stein, davon zwei mit persönlicher Widmung. You may hate me now.

Doch zurück zu Rosa. Alice Dee und ich beschlossen, eine Band zu gründen. Das war zu der Zeit und in der Szene selbstverständlich nichts besonders Originelles. Doch es war klar, dass wir etwas völlig anderes machen wollten, keinen Rock, keinen Punk oder New Wave.

Als Erstes brauchten wir einen Namen, der sich von den Namen der Hannoveraner Bands, die jedes gängige Klischee erfüllten (abgesehen von der Band *Klischee*, die das Problem durch adaptive Überaffirmation umging), unterscheiden sollte. Alice Dee und ich hörten die Platte einer französischen Formation namens *Rosa Yemen*, ein *perfomance art duo*, wie es hieß. Nicht nur fanden wir die Musik toll, weil sie den Konventionen der Zeit entgegenwirkte und doch aktuell klang, auch der Name war fantastisch: *Rosa Yemen*. WTF!?

Wir wollten das, wir klauten das. *Yemen* kam nicht infrage, das war ein Land, das wir nicht kannten und zu dem uns nichts einfiel. Aber Rosa!

Jeder wird euch für eine Schwulen-Band halten, hieß es. Umso besser, sagten wir. Das wird sie lehren, keine voreiligen Schlüsse zu ziehen. Und außerdem: Was ist schlimm daran, eine Schwulen-Band zu sein? Oder für eine gehalten zu werden? Ein Schlagzeuger war schnell gefunden. Er hieß Jens.

Im Proberaum waren wir kein einziges Mal. Insgesamt hatten wir wohl sechs Auftritte, so lässt es sich jedenfalls aus der Lektüre damaliger Fanzines ermitteln. Ich erinnere mich an drei davon. Das Debüt fand 1979 beim *Spargel*-Festival statt, das vom gleichnamigen Fanzine im Jugendzentrum Döhren veranstaltet wurde. Im Konzertbericht hieß es später:

„Rosa's erster Auftritt war ein Naturereignis. Geil! Keiner konnte spielen, nur LSD [Alice Dee] bekam mal 'nen Griff hin (und Annette von H-a-P spielte auch irgendwas). Rosa spielten 4 Songs, d. h. immer denselben, nur mit anderem Tempo. Sehr geil & sehr chaotisch."

So weit die erste und einzige Rezension unseres Schaffens. Der zweite Auftritt, an den ich mich erinnere, fand in der Kornstraße statt, und der dritte, der zugleich der letzte war, beim großen „No Fun"-Festival im UJZ Glocksee. Dort war die Halle brechend voll, 800 oder 1.000 Leute. Alle wollten die Stars der Hannover-Szene sehen, *Hans-A-Plast* und *Rotzkotz*, die von den „Straßenpunks" wie *Blitzkrieg* herzlich gehasst wurden.

Rosa schafften es immerhin, 40 Minuten lang – in unterschiedlichem Tempo – denselben Song zu spielen, unseren „Smash-Hit De Sade war hart" *(Spargel)*. Es kam zu tumultartigen Szenen, deren Audio-Höhepunkt als knapp vierminütiger Ausschnitt auf dem Festival-Sampler landete (und inzwischen bei YouTube verfügbar ist).

Nach diesem Konzert wurde ich nur noch Rosa genannt.

Ultimative Konfrontation

Es ist nicht immer *fun and games*, unübersehbar und in provokatorischer Absicht den

Außenseiter zu geben, und Toleranz war keine besonders ausgeprägte Eigenschaft einer letztlich gnadenlosen Kleinbürgerlichkeit, die ich in Hannover eigentlich noch immer sehe. An einem schönen Samstagabend, ich war soeben mit dem Zug von einer Gartenparty im Umland zurückgekommen, hatte ich mich am Hauptbahnhof „unterm Schwanz" mit Alice Dee getroffen. Wir schlenderten über die Georgstraße hin zum Steintor-Imbiss, um uns für die anstehende Punk-Nacht zu stärken, als es zur ultimativen Konfrontation mit einem Milieu kam, zu dem ich nicht mehr gehörte. Drei bereits gut angesoffene Buffer, wie ich sie aus meiner Zeit an der Straßenecke kannte, folgten uns. Nachdem sie sich einige Minuten warmgepöbelt und uns Bierflaschen nachgeworfen hatten, ging es auch schon los – *footchase*. Ich schaffte es noch bis zur Mitte der Nordmannpassage, wo ich nach kurzer Gegenwehr umstandslos und ultrabrutal niedergemacht wurde. Das Letzte, an das ich mich erinnere, bevor ich das Bewusstsein verlor, waren messingbeschlagene Stiefeletten, die mir ins Gesicht traten.

Als ich zu mir kam, lag ich in einem abgedunkelten Krankenzimmer. Es war kalt und ich musste pinkeln. Im linken Arm steckte eine Kanüle, die rauszuziehen ich mich nicht traute. So nahm ich das Rollengestänge mit dem Tropf daran mit, schlurfte barfuß über den Flur zum Klo, das glücklicherweise gleich gegenüber lag. Ich fühlte mich nicht wirklich wohl. Als ich loslegte, kam nur Blut. Das war erschreckend, jedoch nicht so erschreckend wie das, was ich im Spiegel über dem Waschbecken sah. Ich konnte gar nicht richtig hinschauen. Einerseits waren beide Augen, ja, das ganze Gesicht, zugeschwollen. Andererseits polterten zwei resolute Krankenschwestern herein, die mich durchaus liebevoll beschimpften, zurück zum Bett führten und mich eindringlich ermahnten, ja nicht aufzustehen. Wie sich herausstellte, hatte ich schwere Schädel- und innere Verletzungen davongetragen. Ich blieb etwa drei Monate im Marienstift in der Marienstraße, das – seltsame Koinzidenz – direkt neben dem Klamottenladen S.W.3 lag. Koinzidenz Nummer zwei: Der Arzt, der mir den mehrfach gebrochenen Kiefer zusammendrahtete, war der Großvater des Sängers und Gitarristen der hannoverschen Ur-Punk-Band *Kondensators* (später *Abstürzende Brieftauben*), Konrad „Votze" Kittner (†2006).

Als ich Monate später aus dem Krankenhaus entlassen wurde, hatte sich einiges getan, interessanterweise auf dem Gebiet der Inneneinrichtung. Bärbel, der Schlagzeuger von *Blitzkrieg*, hatte es irgendwie geschafft, sich in eine Wohnung einzumieten, wo er mit zwei weiteren Typen hauste. Als Raumschmuck nähte er – von Hand – eine Hakenkreuzfahne, so groß wie die größte Wand in seinem Zimmer. Den Stoff hatte er bei Karstadt geklaut. Das Hakenkreuz hatte keinen einzigen rechten Winkel, nicht mal der weiße Kreis war regelmäßig rund. Auf diese monströse Fahne heftete er Fahndungsplakate mit den RAF-Aktivist:innen, die damals in jeder Polizeiwache hingen. Er spazierte da original rein und fragte nach RAF-Fahndungsplakaten. Wenn sie ihm keins gaben, stahl er das, was im Flur hing. Es hing immer eins im Flur.

Das Ziel, das Zimmer mit der Hakenkreuzfahne bis unter die Decke mit leeren Bierdosen zu füllen – eine Idee, die uns gekommen war, als wir jeder einen halben Trip genommen hatten (mein erster) –, wurde nicht erreicht. Es wäre eine sensationelle Installation geworden. Doch bekam der Vermieter von diesen und allerlei anderen Machenschaften Wind und schmiss die Punk-Wohngemeinschaft raus. Zu diesem Zeitpunkt lagen die Bierdosen immerhin schon etwa 30 Zentimeter hoch.

Bärbel

Neben Musik und Attitüde der frühen Punkrocker war die Mode, oder besser der Kleidungsstil, ein zentrales Element der Rebellion gegen den Mainstream. Alles ging. Aber ging auch alles? Woher bezogen die Akteur:innen der damaligen Zeit ihre Inspiration? Aus England?

Wohin entwickelte sich der Punk-Style, den es als singuläre Erscheinung ja eigentlich gar nicht gab? Tatsächlich lassen sich Typifizierungen innerhalb der Entwicklung der scheinbar unkonventionellen Bekleidungshabits jener Jahre erkennen, die später zu Standards und noch später zu Karikaturen werden sollten. Mir kam während der Niederschrift dieses Textes der Gedanke, dass es sich bei den Lederjacken-Punks um unbewusste Wiedergänger der englischen Rocker der 1960er-Jahre gehandelt haben mag, während die Anzugjacken-Punks eher Teddyboys oder Mods channelten. Anfang der 1980er-Jahre stylten sich tatsächlich viele Punks zu diesen Bewegungen hin um.

Krasses Beispiel und Singularität war Bärbel, der sich von einer Woche auf die andere in etwas verwandelte, was niemand in Hannover und vermutlich in ganz Norddeutschland je gesehen hatte. Sein Hybrid-Punk-Rockabilly-Outfit bestand aus einer auf den Rücken einer Jeansjacke applizierten, selbstgenähten Südstaatenfahne (anscheinend hatte er eine Vorliebe für selbstgenähte Fahnen problematischer Art), einer Jeansschlaghose und Turnschuhen. Die Haare waren zu Tolle, Entenschwanz und *sideburns* geformt, unter der Nase trug er einen obszönen Schnauzbart. Es war ein Statement gegen die Verspießerung der Szene und das Punk-Fashion-Diktat, das einige der später Dazugekommenen als Ausdruck der reinen Lehre propagierten. Weder wollte Bärbel ein echter Billy sein, das wäre lächerlich gewesen, noch reichte es ihm aus, weiterhin nur Punk zu sein, was ihm inzwischen bereits lächerlich geworden war. Damit erfand er – zumindest für diese Breitengrade – Punkabilly. Er musste sich einiges dafür anhören, doch sein Standing als Schlagzeuger bei *Blitzkrieg* machte ihn unantastbar.

Silvester in Bremen

Bei einer Silvesterparty im Bremer Schlachthof, zu der ein Haufen Punks aus ganz Norddeutschland und auch einige Berliner gefahren waren, trat eine Band aus Hamburg auf, an deren Namen ich mich nicht mehr erinnere. Es war eine allgemeine Idioten-Crew. Der Sänger machte auf Sid Vicious, samt schwarzer Lederjacke, Hakenkreuz-T-Shirt und Halskette mit Vorhängeschloss. Den Berliner:innen in ihrem geschärften links-anarchistischen Bewusstsein war das aus politischen Gründen unerträglich, unserem hannoverschen Kontingent aus modischen Gründen. Konnte es ein lächerlicheres Posertum geben, als sich eins zu eins wie Sid Vicious anzuziehen?

Der absurdeste Freak des Abends war ein afrodeutscher Hamburger, der, wie sich später herausstellte, ganz gerne ein Nazi gewesen wäre und der – weil er bei Kühnen nicht mitmachen durfte – eine eigene Schlägertruppe namens Savage Army (SA) gegründet hatte. Es kam zum Streit und im Anschluss an das Konzert der Band, das sich diese, unterstützt von ihren zahlreich angereisten und extrem aggressiven Fans, vom Veranstalter erpresst hatte, zu etlichen Schlägereien. „Alder, das is' Punk, da verstehste nix von" wurde ein geflügeltes Wort für uns.

In dieser Nacht machte ich eine Beobachtung, die mein späteres Leben nachhaltiger beeinflussen sollte als alles, was ich bis dahin gesehen hatte. Ich sah einem Typen dabei zu, wie er sich, sturztrunken hin- und herschwankend, mühsam an einer Laterne festhielt und auf seine Schuhe kotzte. Blitzartig erkannte ich: Es kommt auf die Haltung an und weniger auf die Klamotten. Und: Niemals auf die eigenen Schuhe kotzen.

Zwei Wochen später war ich in Berlin.

Heinrich Dubel aka Rosa

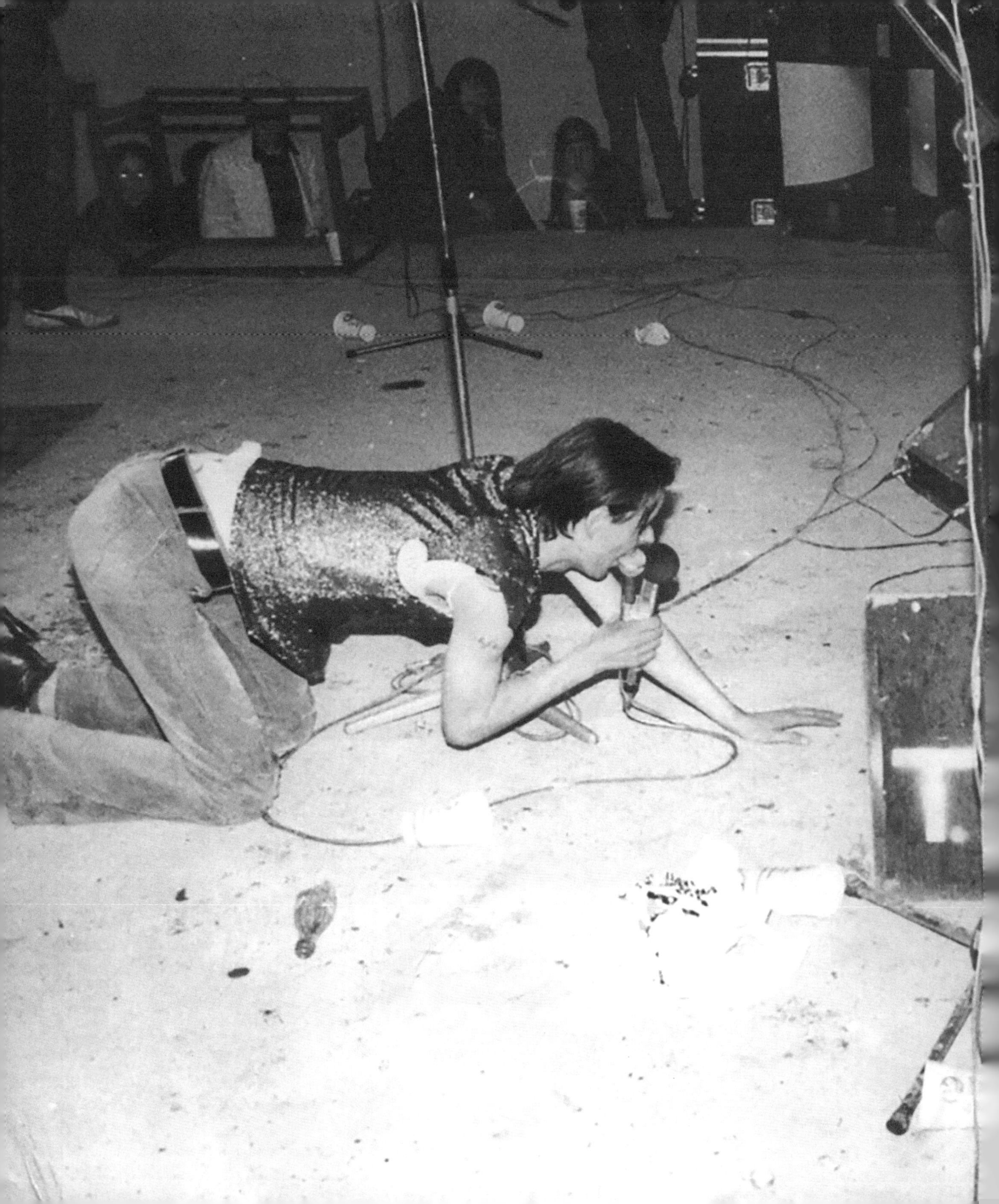

Rosa

Was Sie schon immer über Punk wissen wollten

(but were afraid to ask)

Klaus Abelmann

Votze schmeißt 'ne Destruktiv-Party. Im Elternhaus. Und man ist zu diesem einmaligen subkulturellen Ereignis geladen. Niemand lässt sich die Show entgehen: Die Vulgär-Avantgardisten von *Julia* und *Rosa* werden kommen, die Politicos, die Sympathicos und natürlich die '77er Hardcore-Kids.

Votzes Partys sind legendär, Votze selbst ist legendär. Wohlgemerkt: Votze ist ein ER, nebenberuflich Bassist der hannoverschen Punk-Gruppe *Kondensators*. Angeblich gibt es diesmal sogar einen konkreten Anlass für die Festivität, Votzes Freundin „das Schwein", wohlgemerkt nicht etwa „die Sau", ist mal wieder älter geworden. Aber das kümmert keinen, wie „die aussieht". Konrad, so der Taufname unseres charmanten Gastgebers, ist beileibe kein gewöhnlicher Sterblicher. Sein Familienname wird in linken Kreisen mit Ehrfurcht geraunt: Kittner! Genau, der Salon-Bolschewist!

Und dorthin will mich Alice Dee, seines Zeichens Underground-Poet, *Rosa*-Gitarrist und Hannovers größter Lou-Reed-Verehrer, führen. Als ich am Hauptbahnhof eintreffe, ist er gerade dabei, nach kleinen Punks der dritten Generation zu treten, die versuchen, neben ihm stehen zu dürfen.

Alice ist wirklich großartig, denn er glaubt an sich und sein Genie. Und er kann aussehen: Groß, schlank, seine schwarzen Haare fallen ihm ins Gesicht. In seinen besten Momenten umgibt ihn diese Aura von Verderben und Perversität, dann ist er in New York in einem dieser schmuddeligen Hotelzimmer, das Neonlicht flackert draußen an der Fassade, eine Frau liegt weinend zu seinen Füßen; er sagt zu ihr: „Ich bin nicht deine Samenpumpe" und liest weiter in seiner De-Sade-Gesamtausgabe. Im Augenblick geht ihm jedoch diese Coolness etwas verloren, der Alkohol hat seine Wirkung getan.

Wir steigen in die Straßenbahn, Alice liebt das Straßenbahnfahren. Denn dort findet er ein Publikum für seine One-Man-Shows, das seinen Attacken wehrlos ausgeliefert ist. Seine provokanten Ausführungen über die Endlösung der Gastarbeiterfrage, das Problem der deutschen Teilung und über neuen/alten Faschismus (wer hat schon jemals über die Zweite-Weltkriegslüge nachgedacht?) stoßen bei den Fahrgästen auf ungeteiltes Interesse; so viele Fensterscheiben gibt es gar nicht, um pikiert hinauszustarren, meine Herrschaften! Man denkt mit Wehmut an den Rockerterror in den Städten anderer Länder, als der Entertainer endlich die Bahn verlässt.

Aber Alice ist noch lange nicht fertig mit der Welt; nach dem kleinen Vorgeplänkel ist er erst richtig in Fahrt gekommen. Ein ausgedehnter Schluck aus der Apfelkornflasche, dann bringt er die Sportpalast-Rede von Goebbels im Originalton zu Gehör, und nur mit Mühe kann er davon abgehalten werden, Vater Kittner, der uns die Tür öffnet, mit „Heil Kittner!" zu begrüßen.

Im Flur des Hauses liegen Bierflaschen und ihre Besitzer, die Garderobe sieht aus wie ein Stand auf der Offenbacher Lederwarenmesse, nachdem die Maler da waren. Wir bahnen uns den Weg ins obere Stockwerk, an den Wänden großformatige Arbeiten engagierter Künstler:innen, alle unter Glas, einige jedenfalls noch. (Im Laufe des Abends fiel dann leider ein Werk mit dem bezeichnenden Titel *Die Revolution* von der Wand, was Herrn Kittner derart erboste, dass er einige grundsätzliche Überlegungen zu Fragen des persönlichen Eigentums, der antiautoritären Erziehung und des daraus resultierenden asozialen Verhaltens anstellte.)

In Konrads ehemaligem Kinderzimmer tobt das Chaos, inszeniert von einer Schar begabter, junger Laienschauspieler. Es tritt auf der geniale Face. Wie immer, wenn ich ihn sehe, in seinem abgetragenen Wintermantel. Angeblich schafft er es, einen halben Kasten Bier in den riesigen Innentaschen unterzubringen, die andere Hälfte scheint er schon intus zu haben. Angewidert steht er vor einer eher farblosen Wand. Eine kurze Überlegung, dann platziert er eine Portion Fritten mit Ketchup in die obere Ecke des jungfräulichen Weiß. Ein prüfender Blick, ein befriedigtes Kopfnicken, er wendet sich ab. Es gibt noch viel zu tun heute Abend, und dem Gastgeber ist sowieso schon wieder alles egal.

Im Badezimmer lerne ich den Sänger der *Kondensators* kennen, sein unmenschliches Grinsen und seine etwas unartikulierte Aussprache haben ihm den Namen „Werwolf" eingetragen. Neben ihm in der Badewanne liegt sein Weibchen. Keine Schönheit zwar, aber wohl doch willig. Die zarte Idylle wird allerdings von Wixer, Leader der Band *Blitzkrieg*, entschieden gestört, der eine Mischung aus Pernod-Cola und Geflügelinhalt loswerden muss und sich mitsamt Mageninhalt kopfüber zu dem Liebespärchen gesellt.

Überhaupt ist dieser heilige Ort der Familienhygiene schon zur Genüge entweiht, Vergleiche zu gewissen Laurel-&-Hardy-Szenen drängen sich dem Betrachter unwillkürlich auf.

Inzwischen Kriegsberichterstatter, begebe ich mich ins nächste Zimmer, wo bereits die übliche Schlacht zwischen den Avantgardisten und den diesen neuen Tönen nicht so aufgeschlossenen *Sex-Pistols*-Fans tobt. Leidtragende, wie so oft, der Plattenspieler und die zugehörigen Tonträger. Notgedrungen einigt man sich bei einer Flasche Wodka auf den schrammelnden Kassettenrekorder.

Nun gut, die Orgie hat Klasse, mehr jedenfalls als die eines Mick Jagger (der alte Furz). Leider ist es Herrn Kittner nicht möglich, in solchen Kategorien zu denken. Und so wird Junior wieder einmal das nächste halbe Jahr allabendlich im Theater an der Bult an der Garderobe stehen und all die Parkas und Cordjacken des Publikums auf Bügel hängen. So ein Badezimmer kostet schließlich etwas („Achte das Eigentum, mein Sohn!"), und vergessen wir nicht die demolierte *Revolution*.

Der Punk

Karsten ist wieder durch. Er lehnt an einer Mauer, die Hände in seiner lädierten Lederjacke vergraben. Das Geschehen auf dem Flohmarkt interessiert ihn nicht. Nur die Frühlingssonne stört ihn, bald wird es zu heiß sein, um noch die Lederjacke tragen zu können.

In der Szene ist man sich einig, dass Karsten der schönste Punk Hannovers ist. Blonde, kurze Haare, hochgestrubbelt, hinten länger; seine Klamotten sind sein Markenzeichen: zerschlissene T-Shirts, im Winter drei übereinander, spitze Lederstiefel, enge, schwarze Hosen. Absolut unnahbar, cool.

Einfache Kids, junge Mitläufer, würden es niemals wagen, ihn anzusprechen. Karsten steht ganz oben in der Szene-Hierarchie, er war von Anfang an dabei.

Das typische Punk-Pöbel-Verhalten hat er nie nötig gehabt, um beachtet zu werden; er ist im Gegenteil ruhig und freundlich, wenn man mit ihm spricht, ausfallend wird er nie. Karsten hat wirklich Stil, die Pose ist echt, er hat sich nicht daran orientiert, was man macht, trägt, hört.

Vor einem halben Jahr hatte er einen Auftritt mit *Rosa*, leider kippte er schon beim ersten Stück vom Schlagzeughocker. Aber nicht einmal das wirkte peinlich.

Es wird Zeit, sich Geld für einen halben Lindener zu pumpen.

„Haste nicht mal paar Groschen übrig?"

Das junge Mädchen kramt verlegen in ihrer Umhängetasche, gibt ihm aber anstandslos ein Markstück. Karsten grinst sie nur an, zuckt entschuldigend mit den Achseln und wendet sich ab in Richtung Trinkhalle. Das muss eben sein, das Bier am Morgen.

Letzte Nacht hat er zum ersten Mal seit einer Woche wieder in den eigenen vier Wänden geschlafen. Freunde haben ihn dorthin getragen. Denn allein schafft er den weiten Weg meistens nicht, zu viele Drogen. Egal, schlafen kann man überall, und die Wohnung ist sowieso ein Schlachtfeld. Irgendwer hat eine Fete

neon

6   7/80

bei ihm gemacht. Wenigstens hat's das Meerschweinchen überlebt. Der Boden der Wohnung ist übersät mit Zeitschriften, Büchern, kaputten Flaschen und den Einzelheiten eines altdeutschen Schranks, aber der hat sowieso dem Vermieter gehört.

Strom und Gas sind schon wieder abgestellt, die fälligen Rechnungen hat er nur die Wintermonate über gezahlt, genauso wie die Miete. Wer nichts besitzt, dem kann man auch nichts pfänden, schon gar nicht irgendein festes Einkommen. Nur ab und zu schicken die mitleidigen Eltern einen Scheck. Der Tag hat 24 Stunden. Ansonsten: Egal!

Das Konzert
Ein echtes Punk-Konzert gliedert sich immer in ein Ganz-Vorher, ein Vorher, ein Nachher und ein böses Ende. Ich hatte von Wixer erfahren, dass es *Blitzkrieg* wieder einmal gelungen war, einen Auftritt in den Stadtgrenzen von Hannover zu organisieren. Und zwar in einer kleinen Hinterhof-Galerie, irgendwo zwischen Christus- und Lutherkirche. Als Vorgruppe war *Deutschland* eingeplant.

Das Ganz-Vorher besteht im Üben. Zu diesem Zweck muss man sich als Gruppe notgedrungen zusammenfinden. Das klingt auf den ersten Blick banal, aber schwierig wird es, wenn man sich gar nicht mehr leiden kann, zumal Bärbel, der Schlagzeuger (jetzt im Rockabilly-Look, obwohl ihm zu einer richtigen Tolle doch schon ein wenig die Haare fehlen), die Bandkasse bis auf zwölf Mark versoffen hat, was natürlich bei Weitem nicht ausreicht, die lang ersehnte Platte pressen zu lassen, Bassist und Gitarrist schwerwiegende musikalische Differenzen haben (nämlich wer wessen Stücke spielt), und der Sängerin die ganze Scheiße egal ist, weil sie jetzt 'nen Rocker als Freund hat. Das andere Problem ist die leidige Technik. Die guten, alten Röhrenverstärker sind auch nicht mehr das, was sie nie waren.

Das Vorher ist dann Sache der Fans. Wer's nötig hat, wirft sich in Schale oder ändert schnell noch die Haarfarbe. Als ich mich dem Veranstaltungsort nähere, habe ich sofort das Gefühl, dass sich in diesem Stadtteil die Bevölkerungsstruktur entscheidend geändert hat: Wo sind die Student:innen, Müslis und Alternativen, die sonst die Straßen bevölkern? Stattdessen Punks, genauso malerisch wie auf den Fotos in den Illustrierten. Eine ganze Traube von ihnen umlagert den Kiosk, dessen Besitzerin sich bereits in einem stark erregten Zustand befindet, da die leeren Pfandflaschen nicht zurückgegeben werden, sondern irgendwo auf der Straße zerschellen.

Hier treffe ich auch Hutflash, den Gitarristen von *Deutschland*, allerdings will der kein Bier, sondern Eiskonfekt, Nougatwürfel und ähnliche Leckereien, denn die *Deutschländer* verabscheuen Alkohol. (Trotzdem wissen sie mehr über Drogenmissbrauch als so mancher Freak.) Die Gruppe kokettiert überhaupt so ein bisschen mit ihrem Law-&-Order-Appeal (man beachte auch die kleinen Deutschlandfähnchen an ihren Revers). Hutflash erzählt mir, wie sie zu einer Anti-Faschisten-Demonstration in Hildesheim wollten, per Anhalter, und prompt ein Wagen hielt, besetzt mit zwei jungen Nationaldemokraten in Uniform, und wie gut sie sich auf der Fahrt verstanden hätten, politisch; so gut, dass sie eine Einladung zum Landesparteitag erhalten hätten.

In Hildesheim sind sie natürlich nicht bis zum Demonstrationsort gekommen, sondern in der nächstgelegenen Spielhalle hängengeblieben, und sie haben Zigarren geraucht und Zimtkaugummi gegessen – bis es dunkel wurde. Sie sagen selbst, dass sie verrückt sind, und das Verrücktsein ist ihre Antwort auf den Vulgär-Anarchismus vieler Punks.

Vom Mittendrin bis zum Nachher: Punk-Konzerte einheimischer Combos sind selbst für Punks einigermaßen langweilig geworden; das soll nicht heißen, die Gruppen wären schlechter geworden. Im Gegenteil: *Blitzkrieg* ist besser denn je, bloß ... irgendwie ist die Luft raus. Die wenigsten wollen sich noch aufraffen, Pogo zu tanzen, außerdem macht Ska sowieso mehr Spaß. Also hat man neue Spiele erfunden. Natürlich zunächst einmal das gute alte Sehen-und-gesehen-werden-Spiel; das Sich-treffen-und-zusammen-rumstehen-Spiel. Saufen, rauchen, reden, 'ne Menge Punks sein und eventuell ein bisschen Krawall machen. Anders ist es wohl kaum zu erklären, dass selbst Leute aus Berlin, Braunschweig, Bremen den langen Weg nach Hannover angetreten haben, nur um *Blitzkrieg* zu hören. Aber jeder kennt jeden. Dieses „Wir sind alle eine große Familie"-Gefühl existiert immer noch.

Zurück in die hannoversche Nordstadt, in die Warstraße (War-Street?): Die veranstaltende Galeristin hat natürlich nicht mit so viel Publikum gerechnet und ist herbe enttäuscht bis schließlich völlig entnervt, dass draußen mehr Leute rumstehen und mehr Spaß haben als drinnen.

Denn die Späße der Punks sind ihnen, bei allem Verständnis, doch etwas zu rüde, auf Häuserdächern rumklettern und die besondere Vorliebe für Berge von Glasscherben, nicht zu vergessen die vielen mehr oder weniger intelligenten Sprüche auf allen erreichbaren Flächen.

Der krönende Abschluss eines 1980er-Punk-Konzerts ist das gewohnt böse Ende mit Polizeigroßeinsatz, Personalienfeststellung, Anzeige, weil jemand einen Blumentopf in die gute Stube einer hannoverschen Durchschnittsfamilie geworfen hatte.

„Das ist Punk, Alter!", wie die Hamburger Kids sagen.

Langeweile und so

Wo trifft man denn nun die Symbolfiguren der hannoverschen New/No Wave, des Nicht-Punks? Das habe ich mich auch gefragt, bis ich eines Tages, besser eines Nachts, in dieses scheußliche Café Tabac geriet und dort auf einen Haufen betrunkener Durchschnittstwens stieß; auf den zweiten Blick hatten sie allerdings doch etwas Besonderes an sich, denn sie randalierten und pöbelten mit einem Selbstverständnis, das nur wahren Genies gut ansteht. Die anwesenden Langweiler mit ihren Zweierkisten-Cappuccino-Gesprächen bildeten genau die richtige Kulisse für eine echte *39-Clocks*-Performance; irgendwer will schließlich immer geschockt sein.

Die *Clocks* haben eine lange Nicht-Karriere hinter sich, sie reicht von diversen Versuchen als Prä-bis-Post-Punk-Band, immer unter wechselnden Namen, bis zur derzeitigen Formation als Psycho-Beat-Duo. Ihre Auftritte sind unter Eingeweihten Legende. Bei der documenta 6 wies ihnen Joseph Beuys persönlich die Tür, nachdem ihre Musik seine schöne Abschiedsrede bereits im Ansatz erstickt hatte.

Oder ein Auftritt in einem hannoverschen Folk-Lokal, wo sie als Country-&-Western-Gruppe firmierten und schon nach den ersten Takten vor einer Horde Freizeitcowboys, natürlich in voller Kriegsbemalung einschließlich Patronengurt und Stetson, fliehen mussten. Andere Auftritte sind nicht weniger sagenumwittert, immer wieder Krawall und Chaos.

Die *39 Clocks* lieben es, sich fotografieren zu lassen, mit Vorliebe vor den Errungenschaften unserer Zivilisation, Glas und Beton, schwarzweiß in großartigen Posen. Man muss sich diese Aufnahmen zu ihrer Musik ansehen, dann weiß man, dass *Rotzkotz* Rock'n'Roll-Greise sind.

Ob die *Clocks* was auszusagen haben? Es sind starke Fotos, die sie gemacht haben.

Moderne Menschen

Die *Fred Banana Combo* hat ihr letztes Set im hannoverschen Rockladen Leine-Domicil beendet. Ziggy XY geht zur Theke, beugt sich über den Tresen, sagt etwas zum Zapfer. Der hat's in dem Lärm nicht richtig verstanden, nur so viel, dass es keine Bestellung war, und andere Sachen interessieren ihn im Augenblick nicht sonderlich. Ziggy versucht es noch mal, diesmal lauter:

„Kannst du mal nachsehen, wie viele Platten ihr von uns verkauft habt?"
Der Zapfer reagiert sichtlich ungehalten, nimmt irgendwo aus einem Fach vier Platten, sagt:
„Keine."

Ziggy glaubt, nicht richtig zu hören, denn wenn man fünf Platten abliefert, keine verkauft, können nicht ohne Weiteres vier übrigbleiben. Man sollte annehmen, dass dieser Argumentation eine gewisse Logik zugrunde liegt. Also steht Ziggy in seinem Uralt-Jackett da, sieht den hemdsärmeligen Fettsack hinter der Theke durch seine Krankenkassenbrille ruhig und freundlich an, während der ihm im Brustton der Überzeugung erklärt, dass er sich genau daran erinnern kann, keine Platte von *Der Moderne Man*, Ziggys Band, verkauft zu haben. Andererseits ist es ihm auch nicht möglich, Auskunft über den Verbleib der fünften Platte zu geben; aber eigentlich ist ihm das auch herzlich egal, das ist sein Laden, und in diesem Laden interessiert sich keiner besonders für eine Single von *Der Moderne Man*. Ziggy wendet sich kopfschüttelnd ab, er hat's wirklich nicht nötig, jedem Bierschwemmenbesitzer in den Arsch zu kriechen.

Und wenn die Plattenverkäufe nicht gleich in die Tausende gehen, dann erklär dich eben zur Kult-Band. Lasse dir huldigen, huldige vor allem dir selbst. Denn du hast es geschafft, von denen anerkannt zu werden, auf die es ankommt. Du hast die Sachen gemacht, auf die es ankommt. Eine Platte in Eigenproduktion aufnehmen, sie selbst vertreiben und dafür auch noch genügend Käufer:innen finden. *Der Moderne Man* ist im Ausland aufgetreten, Ziggy XY ist im Land berühmt für seine exaltierte Bühnenshow, und davon träumt doch jede Schüler-Band in ihrem Übungskeller.

Vor ein paar Jahren wäre das alles nicht möglich gewesen, aber jetzt, im Zeichen der Neuen Deutschen Welle, wo eine Platte (und sei es auch in noch so kleinen Auflagen) schon fast ein unerlässliches Statussymbol ist, wo andererseits aber auch ein ganz neues Musikerselbstverständnis entstanden ist, kann es sich Ziggy XY leisten, Sachen zu sagen wie „Soloprojekte verwirklichen", ohne lächerlich zu wirken. Alles ist hier und jetzt möglich, wenn man nur fest an sich glaubt.

Affenhaus

Die Mutter nimmt ihre Tochter fester an die Hand, man hat ja schon davon gehört, dass es „die" geben soll. Doch ausgerechnet hier? Und dann noch am Samstagnachmittag, wo Papi zum krönenden Abschluss des Familienspaziergangs den Kindern gerade ein Waldmeistereis kauft?

Der Typ im Schlafanzug unter der Lederjacke flankt über den Zaun, der Student im Kassenhäuschen tut so, als hätte er nichts gesehen, denn der im Pyjama ist nicht allein.

Punks im Zoo. Da gehören sie auch hin, hinter Gitter, zu den Affen am besten. In der Ecke der Zoogaststätte steht einer von denen, die im Zoo das Sagen haben, und rauft sich die übriggebliebenen Haare. „Nein, das habe ich nicht gewollt!" Denn statt der erwarteten Reggae-Gruppe, die das Publikum mit heiteren karibischen Rhythmen unterhalten sollte, macht sich gerade die hannoversche Punkrock-Gruppe *P 38* daran, ihren Hammerhit „Hey, ihr Müsliwichser" zu intonieren. Und vor dem Lkw, auf dem die Gruppe spielt, stehen Punks, Teds, Mods friedlich vereint, trinken Unmengen Büchsenbier und können es auch nicht recht fassen, wie sie hierher geraten sind.

Die Tiere tragen es mit Fassung, die Kids sind begeistert, und als dann auch noch die englische Band *The Names* auftritt, hat die Stimmung ihren wohlverdienten Höhepunkt erreicht. Leider spielt das Wetter nicht mit, ein fürchterliches Gewitter beginnt, alles rettet sich in die schützende Gaststätte, allen voran die Mods, die ihre Anzüge in Sicherheit bringen.

Drinnen ist es trocken und es steht noch so viel auf den Tischen, was man gut noch essen könnte: eine halbe Frikadelle mit einer Andeutung von Mischgemüse als Beilage, matschige Pommes frites mit Mayo oder Ketchup.

Der Ober hat auch keinen Ärger mit Bestellungen, Bier haben alle selbst mitgebracht. Und so lecken die Punks die Teller ab, während die Teds jedem versichern, der es hören will, dass sie absolut nichts gegen Punks hätten, im Gegenteil.

Nur für eine junge Dame im weißen Glockenmantel und mit hochrotem Kopf ist die Welt nicht mehr in Ordnung, hat doch irgendwer die Damen/Herren-Schildchen in den Toiletten vertauscht, und so sah sie sich plötzlich unverhofft mit einem offenen Hosenschlitz konfrontiert.

Aber sonst ist alles klar. Und am nächsten Samstag wird ein Streichquartett im Zoo beliebte Melodien zum Vortrag bringen.

Epilog/Nekrolog

Der Beitrag „Was Sie schon immer über Punk wissen wollten ..." wurde erstmals in der Ausgabe 7/80 des kurzlebigen Magazins *neon* veröffentlicht. Der Herausgeber und Chefredakteur Axel Felsenstein war zu seiner *high tide* Popper, DJ, Hipster, Trendspürnase, Werber und Gastro-Unternehmer – mit wechselndem Erfolg. Seine Tipps für einen Text, der auch (von borniertern Jungerben und dergleichen Gekreuch) gelesen wird, habe ich gerne berücksichtigt. Es gab 100 Mark auf die Hand und die Mitfahrgelegenheit im offenen Jeep, um die Hochglanzpostille noch händisch ans örtliche Boutiquenpersonal auszuliefern. Axel ist aufgrund einer schweren Erkrankung schon seit Jahren nicht mehr Teil der „Szene" in Hannover.

„Party-Votze" Konrad Kittner (zuletzt verheiratet als Konrad Carls) ist 2006 vor Vater Dietrich verstorben. Wegen der *neon*-Geschichte war zumindest der Sohn mir nicht gram. In seiner Erfolgszeit als *Abstürzende Brieftaube* sind wir uns mehrfach freundschaftlich begegnet. Auf dem Grabstein der Familie Kittner in Hannover leuchtet ein roter Stern.

Alice Dee ist als Reinhard W., freigestelltes Mitglied der Personalvertretung seines Arbeitgebers, Ehemann und Vater eines Kindes in Hannover beigesetzt worden. „In seinen besten Tagen sah er mit seinen schwarzen Haaren wie der junge Alain Delon in *Nur die Sonne war Zeuge* aus", erinnert sich Doc Schwanz.

Face the Bass (Uwe Ramdohr) ruht auch schon in der hannoverschen Erde, ebenso wie Karsten Matthis, Karsten Woelki, Dagmar und Ulrich Heuer (*Klischee, Julia, P 38*).

Und ja, ich vermisse euch!

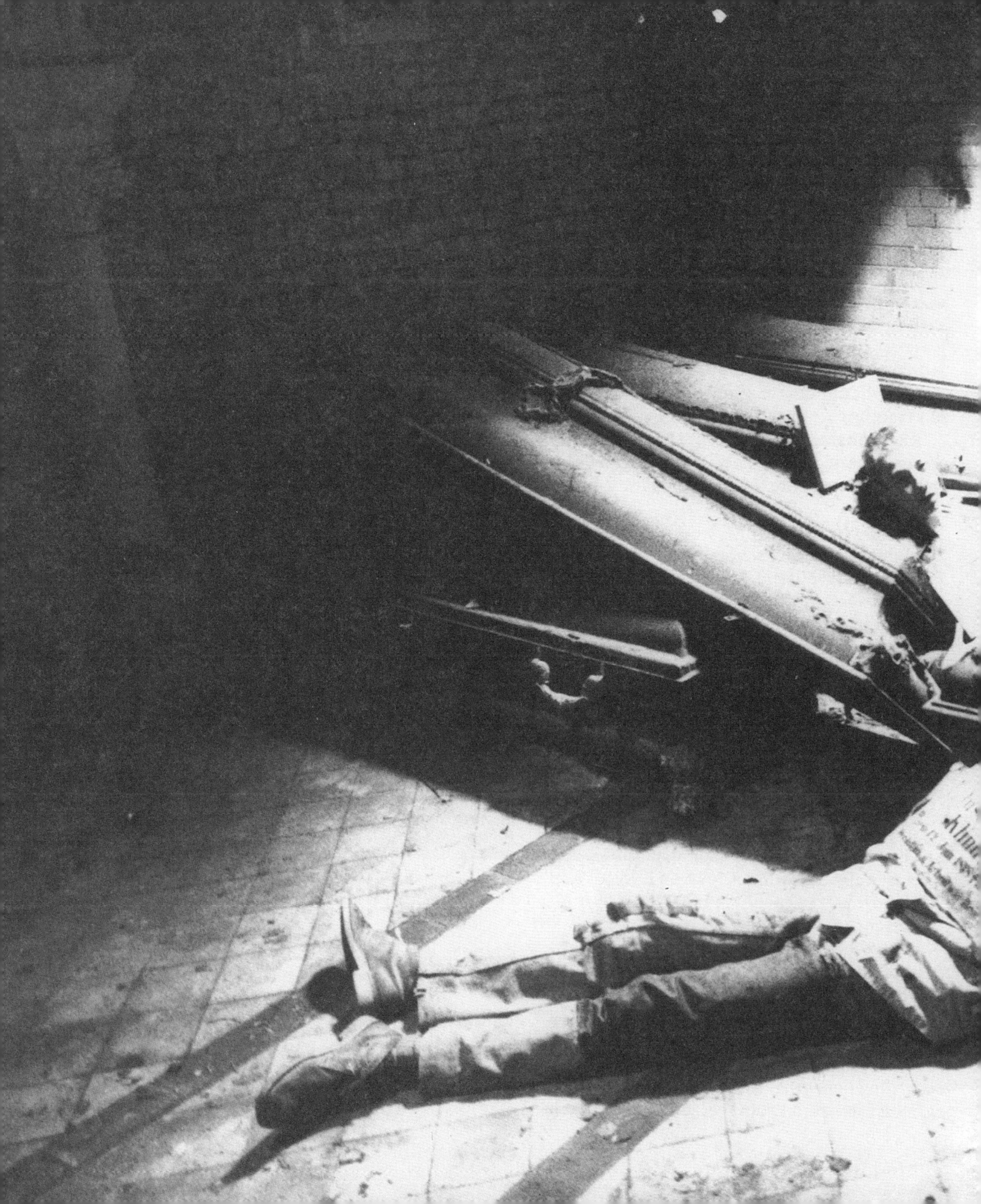

~Deutschland

Karsten Woelki

Konrad Kittner

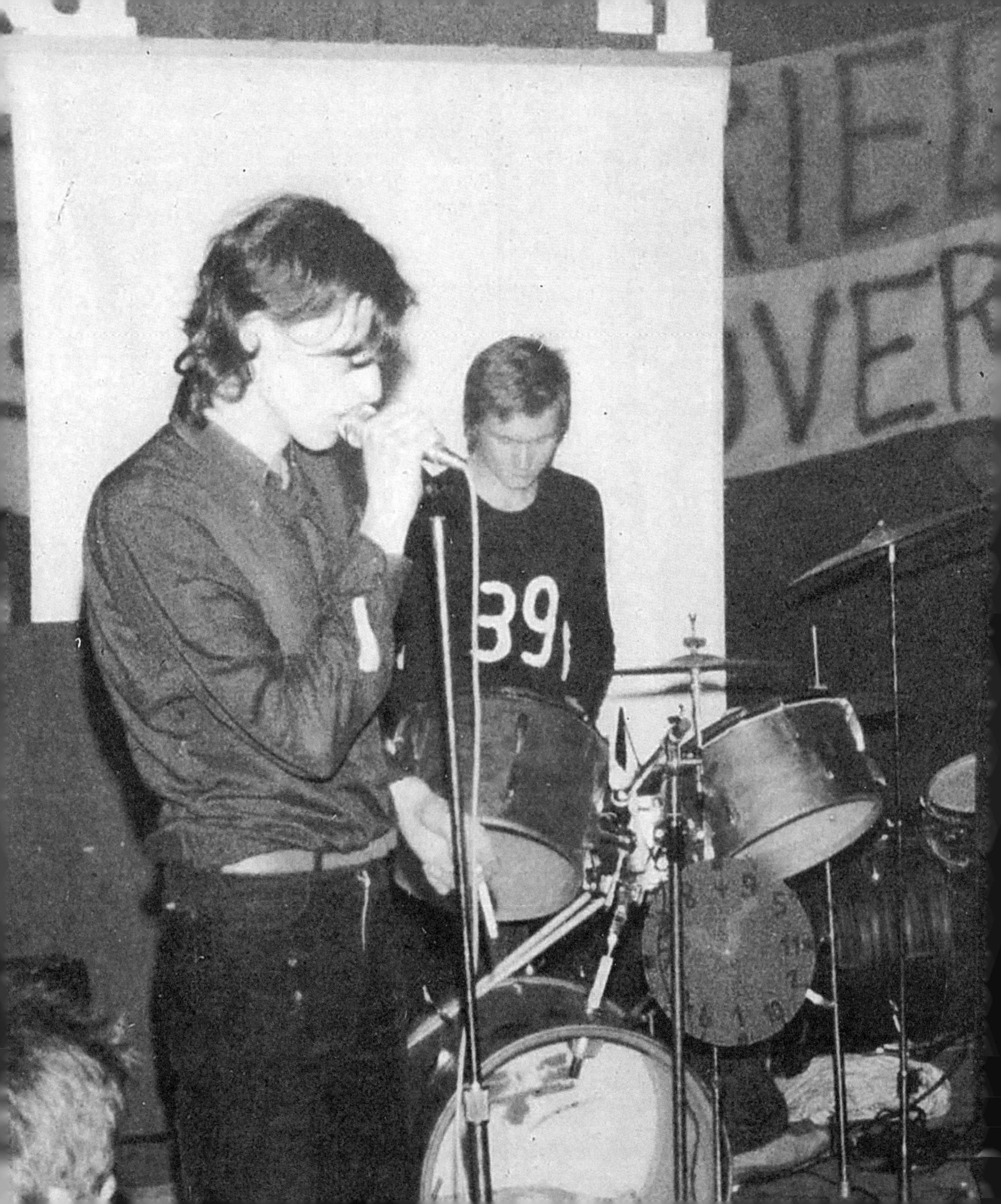
39

The 39 Clocks

The 39 Clocks

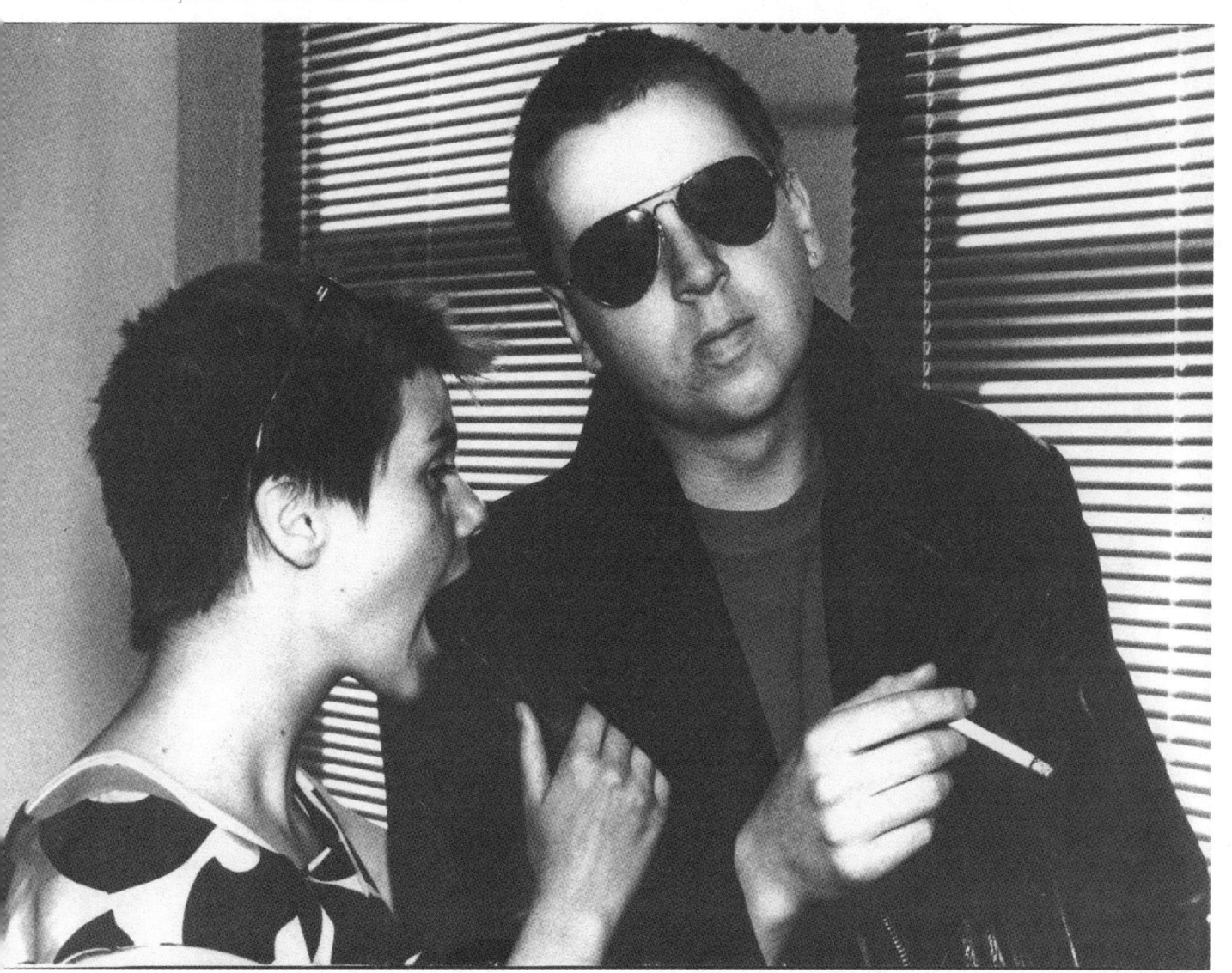

Annette Benjamin mit Klaus Abelmann

The 39 Clocks mit Süßkind und Bibi Schmidt.

Alice Dee

Ich will nicht glücklich sein

Hannover, Amsterdam, London und wieder zurück

Annette Benjamin

Ich bin mit 17 Jahren von zu Hause abgehauen. Ein Schüleraustauschjahr in den USA, in Grand Ledge, Michigan, hatte ich vorzeitig abgebrochen und zu Hause nur Stress. Meine Sehnsucht, das Leben in Hannover, mein Elternhaus, die Schule oder den Mädchenchor hinter mir zu lassen, war sehr groß. Grenzen, Gesetze, Vorschriften, nichts sollte mehr gelten, nahm ich mir vor. Literarisch inspiriert vom *Steppenwolf* erdrückte mich die Enge unserer Zweizimmerwohnung. Zur musikalischen Untermalung meiner Ausbruchsgedanken wählte ich *Deep Purple, T. Rex* und *Suzi Quatro*. Meine melancholische Leonard-Cohen-Phase war definitiv abgeschlossen.

Eines Morgens im März 1977 überredete ich eine Freundin, mit mir nach Amsterdam zu trampen. Einige Tage später fuhr sie wieder zurück, aber ich blieb. Meine Mutter ließ nach mir suchen. Ich rief sie von einer Telefonzelle aus an und bat sie, die Polizei nicht länger nachforschen zu lassen. Ich würde jetzt mein eigenes Geld verdienen und bräuchte keine Unterstützung. In einer Jugendherberge am Vondelpark schälte ich Kartoffeln und putzte die Zimmer.

Im Juli fand in Amsterdam das Festival of Fools statt, auf das ich mich sehr gefreut hatte. Radikales Straßentheater mit schwarzem Humor war etwas völlig Neues für mich und sehr faszinierend. Nur fand ich leider heraus, dass ich Clowns nicht mag. Also packte ich meine wenigen Sachen und zog weiter – nach London.

Anfang September kam ich zunächst bei Bekannten von Bekannten unter. Später mietete ich eine klitzekleine Wohnung im East End, bezog etwas *social security* und hielt mich als Aktmodell für Kunststudent:innen finanziell über Wasser.

Ich besuchte Konzerte in Pubs, da dort kein Eintritt verlangt wurde. Die *Sex Pistols* oder *The Clash* habe ich nie live gesehen, dafür aber Elvis Costello, dessen Anfänge ich verfolgte, und im Roundhouse ein Konzert von *UB 40*. Mein eindrücklichstes Erlebnis war aber das *X-Ray-Spex*-Konzert im Roxy Club. (Oder war's im The Vortex? Oder im 100 Club?) So eine starke weibliche Persönlichkeit wie ihre Sängerin Poly Styrene war mir noch nie begegnet – außer vielleicht in den Gedichten und Songs von Patti Smith. Poly schrie alles heraus, was ihr auf die Nerven ging, und ihre Art zu performen hatte nichts gemein mit den üblichen Posen, die Frauen sonst in Bands zeigten. Ich schnitt mir daraufhin die langen Haare ab und zeigte so meine Zugehörigkeit zu dieser neuen radikalen Art von Musik: Punk.

Die englische Punk-Szene war Mitte/Ende der 1970er ein bunter Haufen junger Menschen zwischen 20 und 30, die sofort begriffen, dass musikalisch etwas Neues, Aufregendes im Gange war. Eigentlich war jeder Punk, den ich traf, ein potenzieller Musiker.

Die Musik ist in Großbritannien seit jeher ein wichtiger Teil der Kultur, das Musikmachen hat Tradition, wird ernst genommen, gehört zur Gesellschaft. In den Pubs saßen nicht nur junge Menschen herum, sondern auch ältere Leute, die in den 1950ern Teds oder in den 1960ern Mods waren. Echte Fans zeigten auch im Alter ihre Zugehörigkeit. Das gab es so in Deutschland nicht.

Zugehörigkeit zeigten leider nicht nur die von meinen Freund:innen und mir gefürchteten Teddyboys, sondern auch die Skinheads. Als Punk spazierte man auf Londons Straßen besser nie allein. Das hätte ich beherzigen sollen, als ich im Roundhouse ein Ticket für *UB 40* kaufte. Nach den ersten Songs endete meine Begeisterung abrupt, da ich wahrscheinlich die falschen Doc Martens trug – Kindergröße, rot. Weil den Haaren der „richtige" Schnitt fehlte. Oder weil ich zu nah an der Band tanzte. Vielleicht fehlte auch einfach nur die eigene Gang? Jedenfalls kreisten Skinheadmädchen mich ein und wir schlugen uns. Glücklicherweise zog mich einer von der Security auf die

Bühne und brachte mich hinter den Boxen in Sicherheit. Später konnte ich das Konzert unbemerkt und nur leicht beschädigt verlassen.

Man of Stone

Im Januar 1978 feierte ich meinen 18. Geburtstag in einem Pub, und an jenem Abend lernte ich zufällig eine deutsche Lehrerin kennen, die an einer Gesamtschule in Braunschweig unterrichtete und mir empfahl, wieder zur Schule zu gehen, um einen Abschluss zu erlangen. Damals waren solche Gesamtschulen noch sehr neu und fortschrittlich. Und die jungen Lehrer:innen, die an der IGS Braunschweig unterrichteten, hatten mir gegenüber keine Vorurteile. Im Gegenteil: Sie hießen mich in der zwölften Klasse willkommen. Eine Lehrerfamilie stellte mir sogar ein Zimmer zur Verfügung und ließ mich unentgeltlich dort wohnen (ewiger Dank an Albrecht Ali Schultze).

An meiner neuen Braunschweiger Schule gründete ich mit Mitschülern sofort meine erste Band: *Schleim*. Wir coverten selbstverständlich die *Sex Pistols*. Ich schrieb meinen allerersten Song, „Man of Stone", halb auf Englisch, halb auf Deutsch. Bevor es aber zum Abitur kam, ging ich nach der zwölften Klasse schon wieder von der Schule ab, weg aus Braunschweig, zurück nach Hannover. Ausgerechnet. Mit *Schleim* war ich auf einem Punk-Festival im Jugendzentrum Hannover-Badenstedt aufgetreten. Dort hatten auch *Hans-A-Plast* gespielt. Ihre Musik war schnell und energiegeladen, nur leider saß deren Sängerin hinter dem Schlagzeug und wurde nicht so richtig wahrgenommen. Sie kam nach dem Auftritt zu mir und lud mich in den Übungsraum ihrer Band ein. Ich sollte ihre Frontfrau werden. Das erschien mir erstrebenswerter als eine langweilige Vorbereitung auf das Abitur.

Männer und Frauen gemeinsam in einer Punk-Band – das war auch damals schon recht ungewöhnlich. Mich erinnerten die vier *Hans-A-Plast*ler ein wenig an *ABBA*, weil sie untereinander Beziehungen hatten. Das schreckte mich aber nicht ab, sondern machte mich eher neugierig. Was erwarteten sie von mir? Die ersten Texte, die wir gemeinsam ausprobierten, waren „Rock'n'Roll Freitag" und „Lederhosentyp". Den Text von „Lederhosentyp" fand ich entsetzlich kitschig. Ich sang ihn sehr ironisch, fast abfällig, und wartete auf die Reaktion der Schlagzeugerin. Immerhin war dieser Song ihre Liebeshymne an den Gitarristen. Es war aber niemand beleidigt. Im Gegenteil: Der Ausdruck passte zum Song, und auch mein Song „Man of Stone" fand seinen Weg ins Repertoire.

Ein erster Auftritt stand uns am 3. Februar 1979 im UJZ Kornstraße in Hannover bevor. Die Korn hatte sich damals gerade zum Treffpunkt der Punks entwickelt, und dort wollte jeder unbedingt mal auftreten. Unser Credo: geballte Weiblichkeit. Die coole schlaksige Bassistin Renate, das Powerpaket Bettina an den Drums und ich. Wir fühlten uns sehr stark! Unseren Gitarristen war alles recht.

In der Korn war die Stimmung aggressiv, was mich nicht wunderte. Wir hetzten durch unser kleines Set und wussten plötzlich: Wir sind gut. Vielen Punks war neuerdings die „Authentizität" wichtig. Sei ein echter Straßenpunk – hab bloß keinen studentischen Hintergrund! Zwei Mitglieder unserer Band wurden deshalb angefeindet. Ich fand diese Klassifizierungen schon immer absurd, weil in England ja viele *art school students* Bands gegründet hatten. Meinen englischen Squaddie-Freunden aus der Roten Kuh in Hannover war es ebenfalls total egal, aus welchem Umfeld die einzelnen Leute kamen. Hauptsache sie spielten gute Musik. Und hey, ich hatte von Poly Styrene gelernt, dass auch Punk nicht gefeit ist vor dem bösen „I am a cliché".

Für 'ne Frau ganz gut

Juni 1979. Markthalle Hamburg. Nächster Auftritt. „Into the Future". Ab dem Moment, wo ich auf der Bühne stand, machte ich mir keine

Gedanken mehr, wie ich auf andere wirkte. Ich vergaß alles um mich herum. Während des Singens nahm ich mit den ersten Reihen Kontakt auf, und es kam zu einem permanenten Austausch mit den Fans. Ich bewegte mich und schrie meine Gefühle heraus. Von nun an war ich ständig heiser. Ohne In-Ear-Verkabelung – mit unhörbaren Monitorboxen – half auch keine Gesangstechnik. Aber das war egal. Es zählte nur, was ich zu erzählen hatte.

Ich begann, deutsche Texte zu schreiben. Das war mir wichtig. Alle sollten sofort direkt verstehen, was ihnen an den Kopf geworfen wurde, absurde ebenso wie sehr konkrete Gedanken. Wir experimentierten freudig mit neuen Sounds. Alle Bandmitglieder entwickelten sich technisch und entfachten ein kreatives Feuerwerk. Der Gitarrist Micha kommunizierte seine Gefühle durch die Gitarre, obwohl er eher ein schweigsamer Typ war und ein eingefleischter Fan von *Roxy Music*. Kein Vergleich zum damaligen deutschen Rockgeplänkel.

Und immer wieder traten wir live auf. Wir waren süchtig danach. Erst einzelne Gigs, dann Auftritte im Rahmen von Tourneen. Wir spielten überall: auf Festivals, in Clubs, in Jugendzentren, in besetzten Häusern. Wir kamen gar nicht mehr zum Üben oder Songschreiben. Gefühlte 15 bis 20 Auftritte hintereinander in Deutschland, Österreich und der Schweiz. Konzerte ersetzten das Proben. Bloß nicht im Übungsraum versauern.

Wir spielten nie perfekt, es war uns nicht wichtig, dafür hatten wir Spaß und mussten nicht diese unsäglichen Rock-Macho-Posen einnehmen, wie man sie von den *Scorpions* aus Hannover kennt. Dafür war der weibliche Anteil unserer Band zu hoch. Die neue Punk/New-Wave-Szene gab uns die Möglichkeit, uns völlig gegen den Mainstream zu stemmen.

Anfang der 1980er wuchs man/frau wie selbstverständlich in einer „Macho-Welt" auf. Männliches Dominanz- und Ego-Verhalten wurde sehr selten hinterfragt. Der Text „Für 'ne Frau (ganz gut)" beschreibt die Art und Weise, wie wir uns darüber lustig machten. Eine Art Feminismus keimte vor sich hin. Die weibliche Emanzipation wurde von mutigen Menschen immer weiter in die Gesellschaft getragen, aber 1979 war es in Hannover eine eher kleine Bewegung. Viele Frauen und Männer trugen lila Latzhosen und tanzten raumgreifend in den Discos: Hippies. Grausig. Und stylingtechnisch Welten entfernt von dem grünen Lurexkleidchen der Bassistin oder meiner besprühten Lederjacke.

In unseren Songtexten machten wir uns die männliche Sicht auf die Welt zu eigen und führten sie dann ad absurdum. Wir spielten mit Klischees und hielten den sogenannten Spießern den Spiegel vor. Dominantes Gebaren wurde von uns lächerlich gemacht. Früher konnten Männer tun und lassen, was sie wollten. Das wollten wir auch, in jeder Hinsicht. Wir ermächtigten uns selbst. Gleiche Rechte, gleiche Freiheiten. Aus damaliger Sicht waren wir aber keine feministische Band. Feministinnen hörten eher Joni Mitchell.

Babypause

Und dann war plötzlich unsere Schlagzeugerin schwanger. Vom Lederhosentypen an der Gitarre. Wir hatten inzwischen zwei LPs rausgebracht und planten eine dritte. Ich verstand nicht, wie man das mit einem Kind vereinbaren wollte. Es brachte mich aber zum Nachdenken, ob es nicht doch wichtig sei, ein funktionierendes Privatleben außerhalb des Rock'n'Roll zu haben.

Wir pausierten ein Jahr vom Herbst '81 bis '82. Ich ging nach England, schrieb mich an einem College in Swindon ein, um doch noch einen Schulabschluss hinzukriegen. Nach einem Jahr kehrte ich mit zwei A-Levels, einigen Song-Ideen und einem potentiellen Ehemann nach Hannover zurück. Aus unseren Ideen entstand unsere dritte LP *Ausradiert*. Wieder ohne Produzenten und ohne Plattenfirma, weil die *WEA* unsere Forderung nach einem goldenen Fressnapf für den Bandhund nicht erfüllen wollte.

Die Tour zu unserem dritten Album sollte unsere letzte sein. Auch die Rote Fabrik in Zürich stand auf dem Programm. Einige Nazi-Skinheads hatten einen toten Fisch mitgebracht, wie wir vor dem Auftritt erfuhren. Deshalb kamen wir mit Gummihandschuhen auf die Bühne, und als es Krawall gab und eine Forelle auf die Bühne flog, hauten unsere Schlagzeugerin und/oder ich sie einem Skinhead um die Ohren. (Meine genaue Erinnerung daran ist aber – ausradiert.) Als die Skins die Bühne entern wollten, stand *Hans-A-Plast* in einer Front, um sich zu verteidigen. Seltsamerweise passierte nichts mehr. Das Konzert endete friedlich.

Annette von *Bärchen und die Milchbubis* hat mal gesagt: „Wir planten nie, als Legenden zu enden." Und als wir Ende 1983 auseinandergingen, dachten wir, das war's jetzt. Wir hatten eine super Zeit gehabt und viele tolle Erinnerungen. Vier Jahre lang hatten wir dank unserer Platten von der Musik leben können. Dass sie bis in die heutige Zeit nachhallen würden, hätten wir damals nie angenommen. Die intensivsten Momente ergaben sich für mich aber auf den Konzerten. Konzerte waren damals eben viel wichtiger als deren Konservierung auf Schallplatten oder Tapes.

Nach wie vor finde ich, dass Frauen und Männer gemeinsam in Bands gehören. Tatsächlich gibt es immer noch zu wenig Musikerinnen auf der Bühne. *Hans-A-Plast* hat eine Zeit lang als gemischtes Team super funktioniert. Und wenn man sich weiterhin untereinander vernetzt, wird das viel verändern. Ich bin sicher, dass das bereits passiert und auch bei Festivalveranstaltern ein Umdenken stattfindet. Festivals, auf denen rein männliche Acts spielen, finde ich sehr langweilig. Machos wird es wohl auch weiterhin geben, aber sie wirken inzwischen ewiggestrig.

Musik ist auch nach der Auflösung von *Hans-A-Plast* ein wichtiger Teil meines Lebens geblieben. Meine Tochter stellte mir 2005 die Band *Bloody, Dead and Sexy* vor, die zur Gothic-Szene gehört. Sie besuchten mich zu Hause, und in unserem Wohnzimmer wurde mein *Hans-A-Plast*-Song „Monstertanz" neu produziert. Und auch eigene Musik gibt es weiterhin. Mit den Bands *Drangsal, Beatsteaks, Die Nerven* und Charlotte Brandi bin ich nicht nur freundschaftlich, sondern auch musikalisch verbunden. Ob Punk oder klassischer Gesang: Musik inspiriert mich noch immer, Hauptsache Gefühle. Oder wie es in unserem Song „Spielfilm" hieß:

„Ich will nicht glücklich sein, weil der Film noch nicht zu Ende ist. Ich will nicht glücklich sein, weil das Glück kommt immer erst am Schluss: Das Glück, die Umarmung, der Kuss ..."

Hans-A-Plast

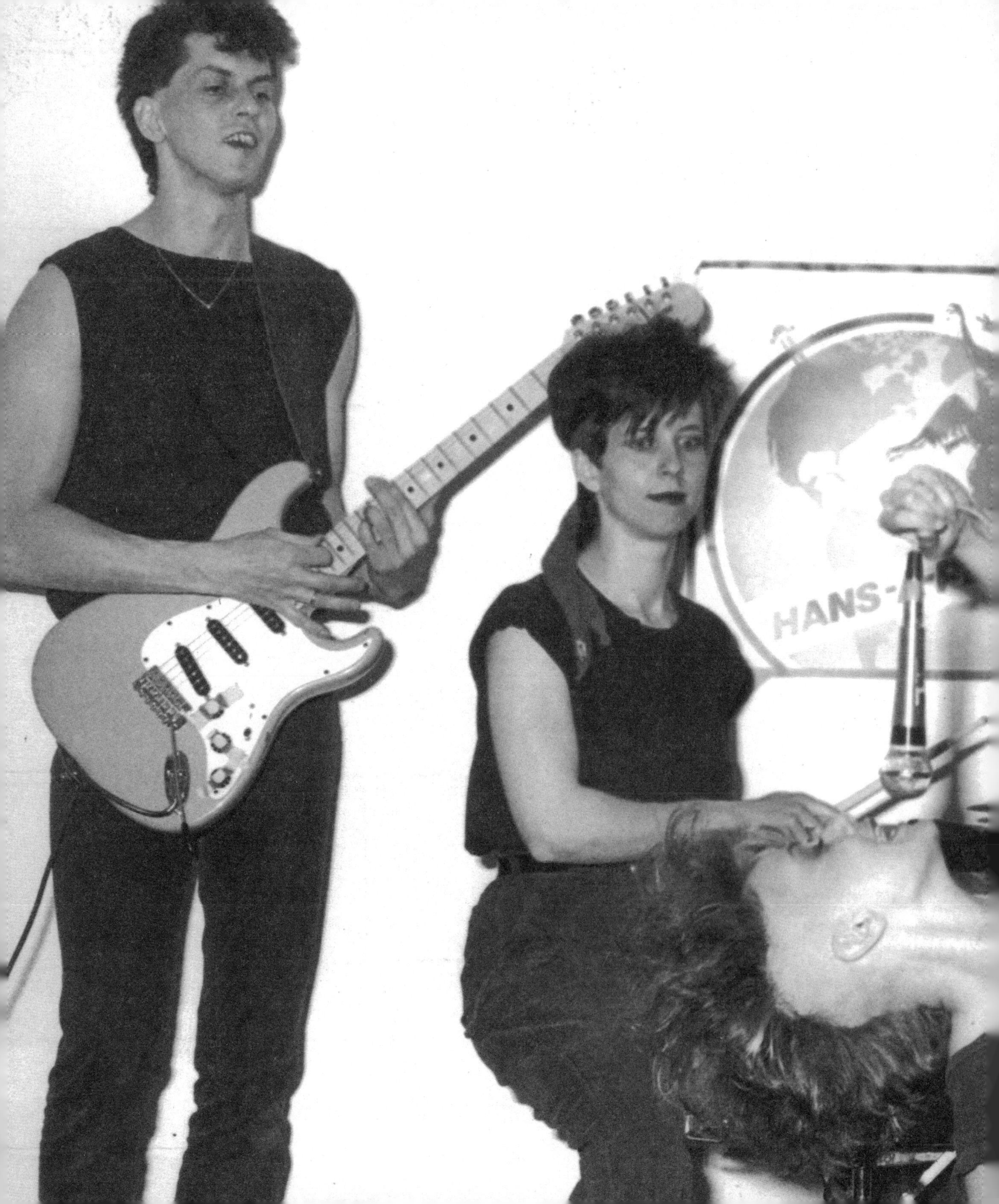
HANS-

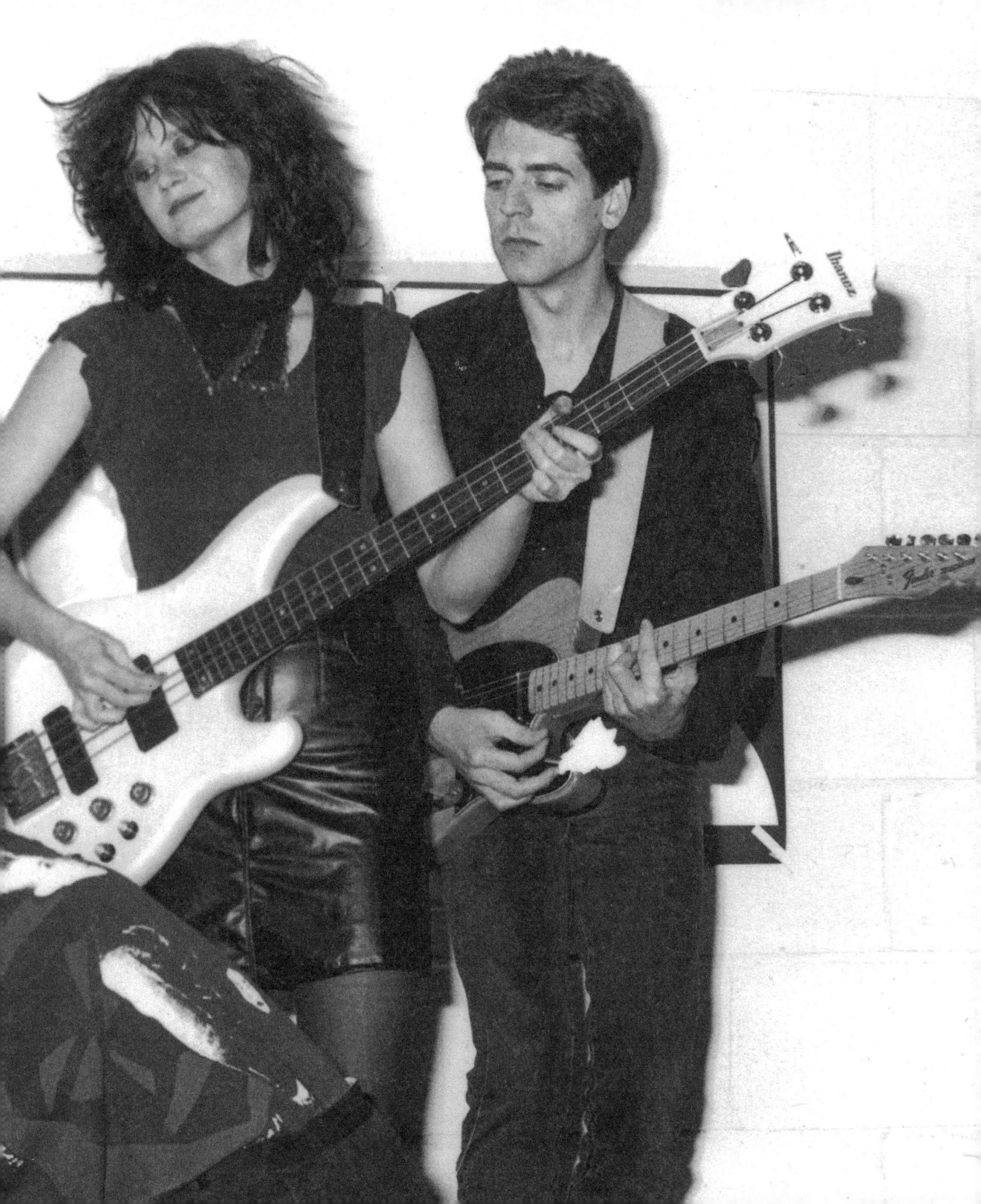
Ibanez
Fender

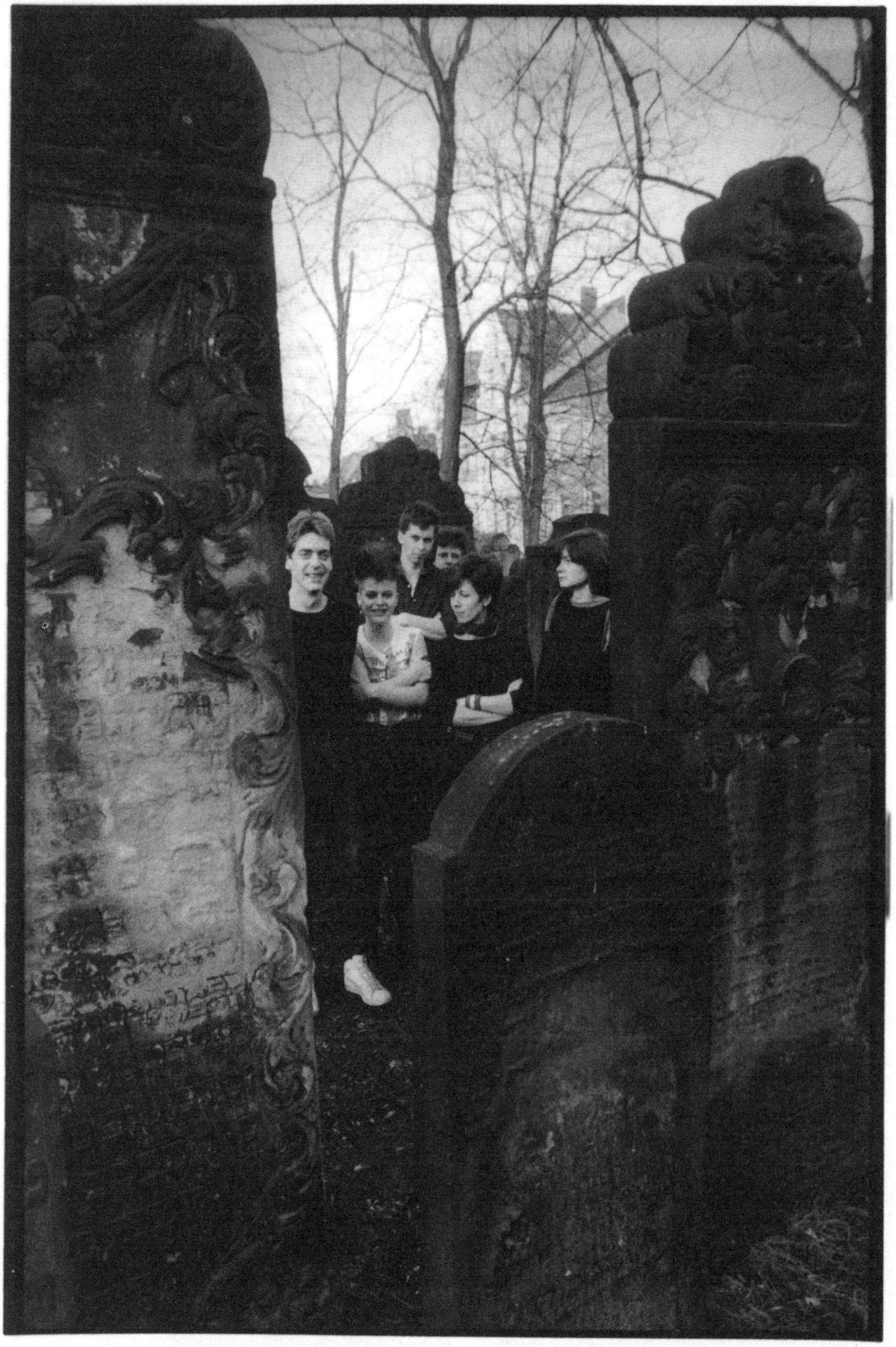

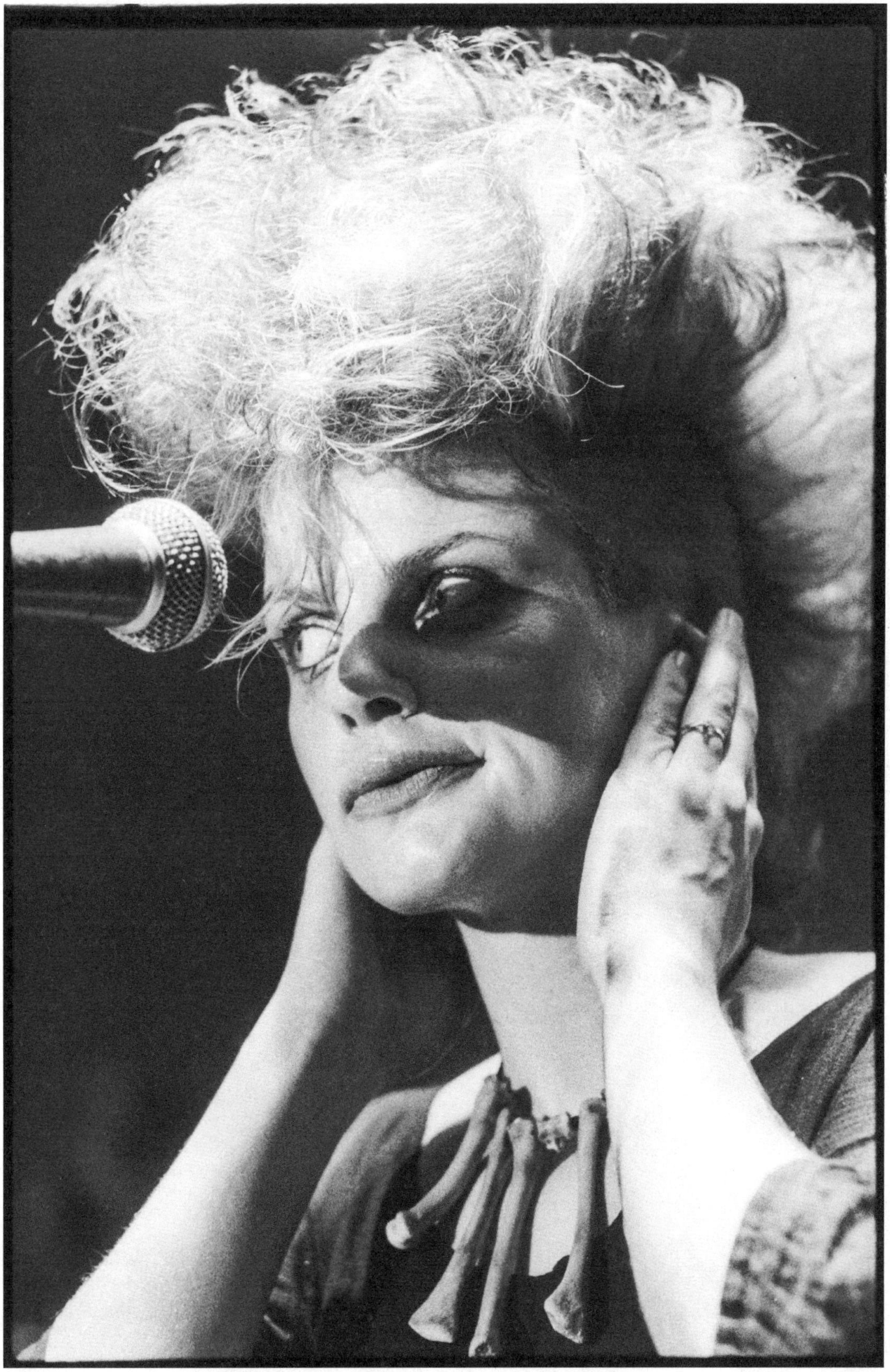

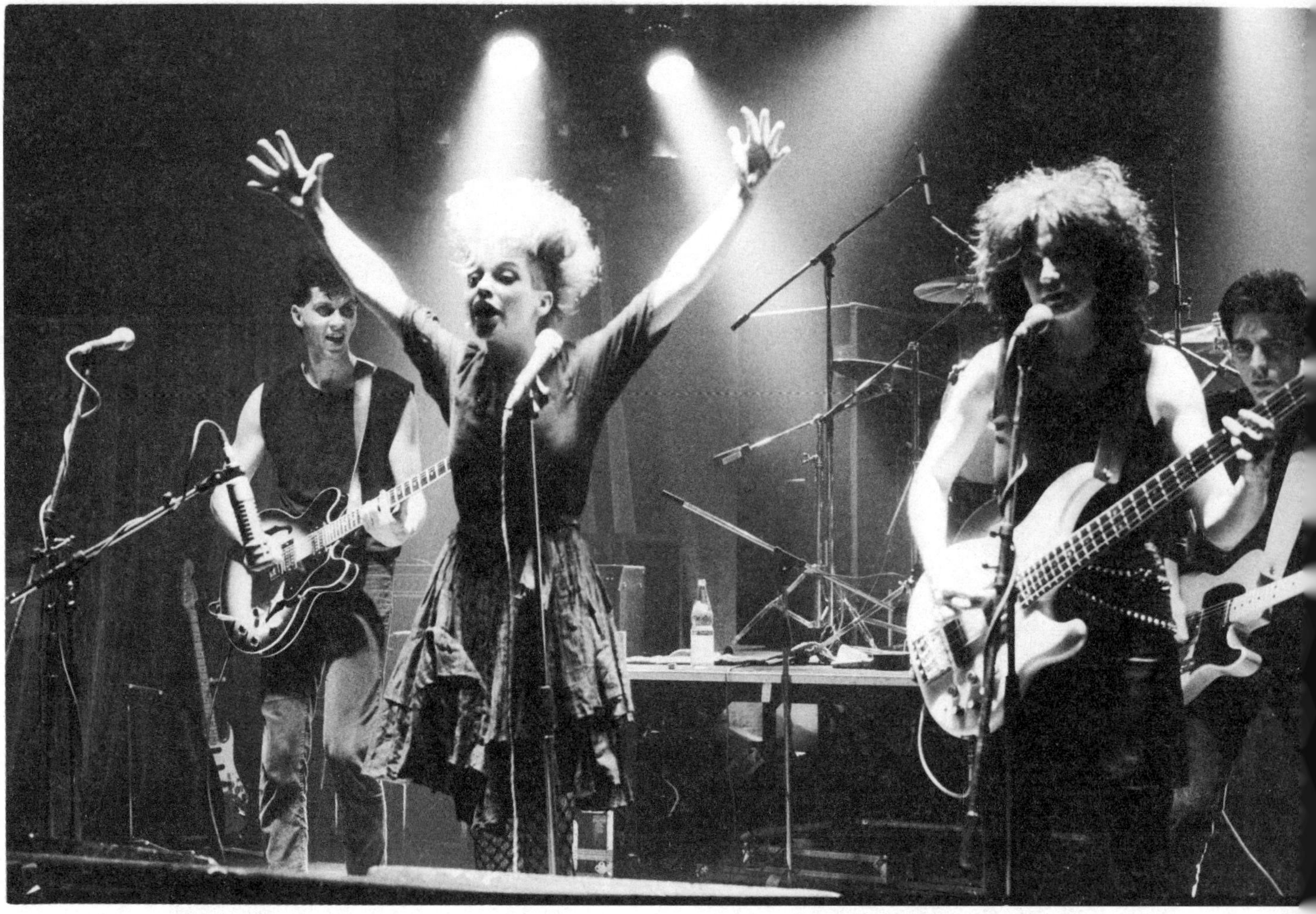

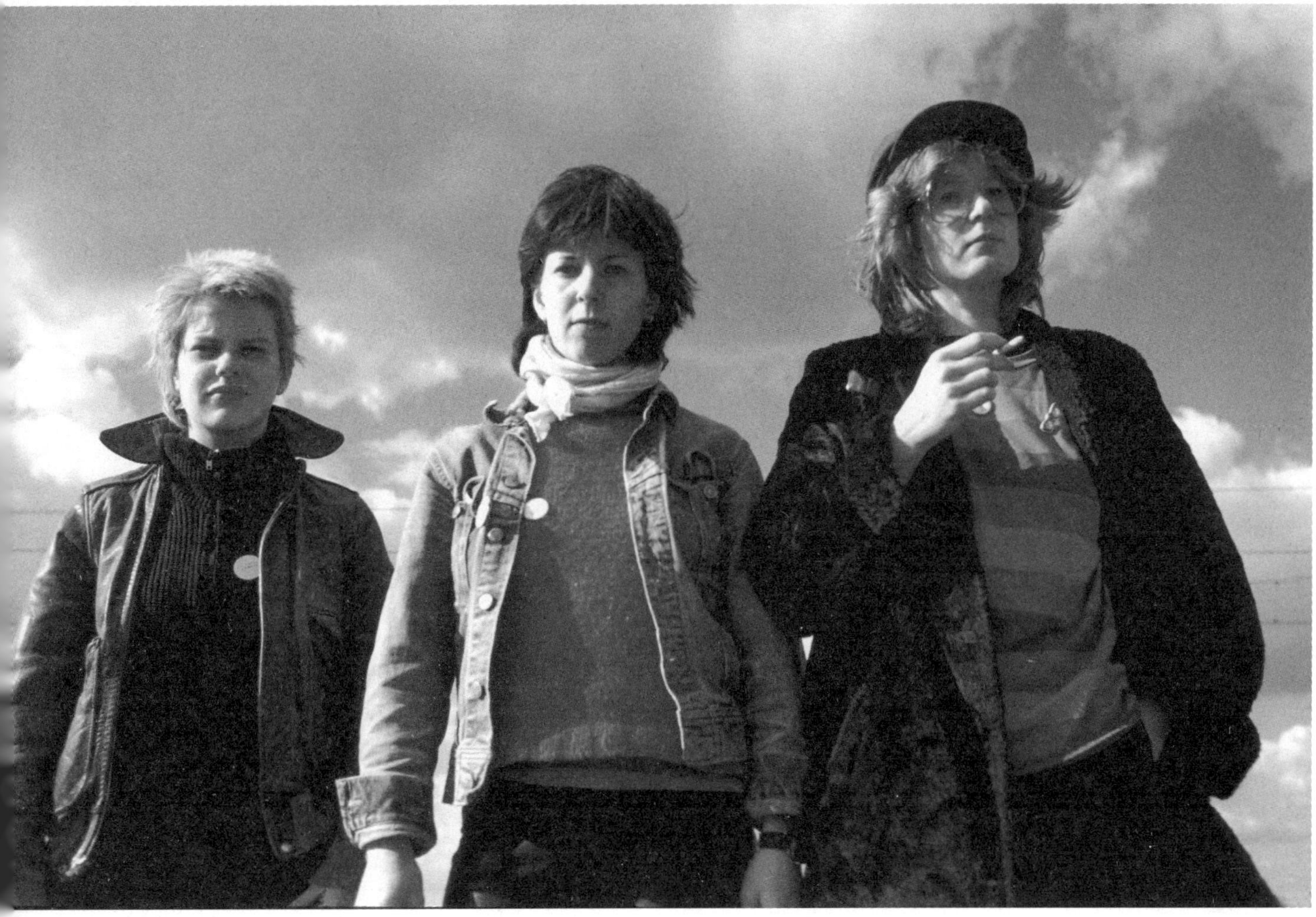

Bettina Schröder von Hans-A-Plast

Annette Benjamin und Renate Baumgart von Hans-A-Plast

Bild
HÖRZU
Das Fernsehmagazin
FUNK UHR
mot
auto motor sport
auto katalog 1980
IAA 1979
Alle neuen
Audi 200
Ford Taunus
das da
8,80 DM

INTERNATIONALES 1.-MAI-FEST am
ΔΙΕΘΝΗΣ ΓΙΟΡΤΗ ΤΗΣ 1η ΜΑΙΟΥ
FIESTA INTERNATIONAL DEL 1 DE MAYO

Blitzkrieg Bop
Soundtrack zum Untergang

Peter Ahlers

Ende 1977 entstanden in Hannover erste kleine Keimzellen einer Punk-Szene, die 1978 beständig wuchs. Die erste Punk-Disco, die Rote Kuh, machte in der City auf. Und die ersten Gruppen wie die großartigen *Rotzkotz*, die *Automats* (aus denen später die *39 Clocks* hervorgingen) oder *Hans-A-Plast* (noch ohne Sängerin Annette) wurden gegründet.

Ende '77 lernten sich aber auch die Punk-Fans Bärbel & Face kennen. Sie träumten von einer eigenen Gruppe, in der Face Bass und Bärbel Schlagzeug spielen sollten. Das war die Geburtsstunde von *Blitzkrieg*. Den passenden Gitarristen fanden sie, als sie auf dem hannoverschen Altstadtfest 1978 Wixer trafen. Zunächst wurde allerdings mehr Energie darauf verwandt, die Innenstadt mit gesprayten Slogans wie „Vernichtet die alten Fürze" oder „Blitzkrieg – Energie aus der Gosse" zu verschönern, als auf die Musik.

Als Wixers (Ex-?) Freundin Dussel als Sängerin dazustieß, entstand das erste Stück: „Weg mit den Bullen". Die ersten beiden chaotischen Gigs im Jugendzentrum Colosseum wurden absolviert, sobald sich das Repertoire etwas erweitert hatte.

Die Bassisten

Ich habe den ersten Bassisten Face kaum gekannt, obwohl ich ihn oft erleben konnte. Manche, die meinten ihn besser zu kennen, haben mir erzählt, er sei ein ganz Lieber und auch Kluger gewesen. In jedem Fall funktionierte er nicht so, wie es die Gesellschaft – oder auch seine Band – von ihm erwartete. Mir schien es immer so, als würde er in seiner Totalverweigerung („Üben ist kein Punk") dem ollen Sid Vicious nacheifern, obwohl jener keine alten grauen Wintermäntel trug (in denen man viele Bierflaschen hier und dort einschmuggeln konnte).

Ich sah die Band zum ersten Mal bei ihrem dritten Auftritt am 16. März 1979 im Zomby in Wennigsen, mit *Rotzkotz*-Uli am Bass, da Face einmal mehr im Knast war. Der Gig versprühte eine derartig mitreißende Energie – Wixer brach zum Beispiel beim Pogo mitten im Song durch die Bühnenbretter –, dass ich schlagartig zum Fan wurde.

Das nächste Mal sah ich die *Blitzkrieger* am 7. Mai im Leine-Domicil. Face spielte erneut nicht mit, da er gerade erst aus dem Knast gekommen war. Sie spielten also zu dritt, und Face saß in der Ecke neben der Bühne und bewarf sie mit sämtlichen verfügbaren Gläsern und Aschenbechern. Alle Gläser, die das überlebten, wurden später von uns im Publikum kollektiv eliminiert. Domi-Typ: „Sagt mal, schmeißt ihr hier mit den Gläsern rum?" Der Pöbel: „Was, wiiir???" Domi-Typ dreht sich um. Zehn Gläser fliegen durch den Raum. Der Pöbel: „Wir doch nicht!!!"

Dann kam der Auftritt auf dem Altstadtfest 1979, diesmal mit Face. Dussel machte bei der Ansage zum antifaschistischen Song „Auschwitz" einen unfassbar dämlichen, wohl ironisch gemeinten Spruch. In den Zeitungen wurde *Blitzkrieg* am nächsten Tag deshalb als faschistische Band verrissen. Den eigentlichen Text des Stückes hatte dank des Mixers, der die Band augenscheinlich nicht mochte, niemand verstehen können.

Mit Face kamen dann noch zwei Auftritte in Hamburg und Kiel, wo die Gruppe eigentlich zwei Sets à 45 Minuten spielen sollte, die Manager der dortigen Disco auf den zweiten Durchgang aber konsterniert verzichteten. Dann trennten sich die anderen von ihm, da er nach einem Jahr (Nicht-)Üben immer noch nicht richtig Bass spielen konnte und das wohl auch gar nicht wollte.

Ich habe Face in den Jahrzehnten danach nur gelegentlich Bier trinkend in Grünanlagen gesehen. Er war, so erzählte man sich, stolz darauf, nie gearbeitet zu haben. Folgerichtig starb er irgendwann um 2010 herum, nachdem man ihn zu einer gärtnerischen Arbeitsmaßnahme verdonnert hatte. Damals habe ich ihn zum letzten Mal gesehen, im grünen Overall, einen Laubbesen in der Hand und mit einem sehr unglücklichen Ausdruck im Gesicht.

Erste Kontakte

Mich hatte das Album Never Mind the Bollocks von den *Sex Pistols* schon sehr früh beeindruckt. Ich war 1976 und 1977 in Großbritannien, auch in London, und habe dort, recht fasziniert, Punks gesehen, ohne jedoch größere Berührungen mit ihnen zu haben. In Hannover ergaben sich später erste Kontakte zu den frühen Punks hier, wie Wixer und Bärbel. Dass ich von der gerade entstehenden, kleinen Szene angezogen wurde, lässt sich einerseits durch den Reiz der absolut neuen, spannenden, provokanten, „vibrierenden" Bewegung erklären, andererseits aber auch durch profane Phänomene der Adoleszenz – auch wenn das ein wenig entzaubernd sein mag. Wir waren eben schlicht jung und gierig auf Leben, Abenteuer und Action wie Generationen vor und nach uns.

Ich hatte mir irgendwann Ende der 1970er von einem Freund einen billigen alten Bass gekauft. Ich besaß zunächst keinen Verstärker, wenn ich aber das Instrument an meine Jugendzimmerschrankwand drückte, machte er beeindruckende Töne (wie ich fand). Ein kleiner Amp kam dazu, dann ein größerer. Ich lernte die Bassläufe von Alben der *Ramones*, *Lurkers* und anderen und begann, auch eigene Songs zu schreiben (die nie an die Öffentlichkeit gelangten, aber noch irgendwo bei mir auf alten Tapes rumgammeln). Ich mochte es, wie die tiefen Töne körperlich zu spüren waren. Auch fand ich den Bass einfach zu spielen; ich hatte nie Gitarre gelernt. Dann fragten mich die *Blitzkrieger*, ob ich nicht bei ihnen einsteigen wollte.

Zu jenem Zeitpunkt hatte die Band keinen Übungsraum. So startete ich meine glorreiche Laufbahn als Punkrocker, indem ich begann, mit Wixer in der *Blitzkrieg*-Wohnung in der Oststadt über ein altes Radio zu üben. Bärbel sollte eigentlich auch mitmachen, es war ihm jedoch entschieden zu blöd, in Ermangelung eines Drumsets auf alten Stühlen herumzutrommeln. Wixer erkannte mich übrigens damals beim Kommen immer schon daran, dass ich mir als Einziger an der Tür die Füße abputzte – was nicht nötig sei, da es draußen ja sauberer sei als in der Wohnung ...

Bald fingen wir an, im JZ Colosseum wieder richtig zu üben. Am 30. November 1979 hatte ich dort meinen ersten Auftritt mit der Band.

Der Name

Natürlich war der Name vom „Blitzkrieg Bop" der *Ramones* abgeleitet. Im Nachhall der (damals noch jüngeren) deutschen Geschichte klang er aber auch recht zweideutig und damit standesgemäß „gefährlich" – damals spielten ja nicht nur englische Punk-Bands mit Nazi-Symbolik herum, aus der reinen, naiven Freude an der Provokation und ohne jeden rechten Hintergrund oder entsprechendes Gedankengut. Das ist heute für Jüngere wohl wenig nachvollziehbar – eine Political Correctness hatte damals absoluten Nachrang gegenüber dem Affront und Skandal. Damals ließen sich im Rahmen „künstlerischer Freiheit" viele Grenzen sehr weit ausloten, ohne sofort einen Shitstorm loszutreten und dass man entschuldigend zu Kreuze kriechen musste.

Neben den *Ramones* beeinflussten mich insbesondere die frühen britischen Punk-Bands und jene der zweiten Generation wie *The Vibrators* und *The Lurkers*. Tatsache ist jedoch, dass wir unseren eigenen Sound vor allem selbst kreiert haben. So viele mögliche Vorbilder gab es eben noch nicht, auch hatten wir mangels Virtuosität nicht deren musikalische Möglichkeiten.

Allein die kräftezehrende, alle Lehrbücher vernachlässigende Technik des Schlagzeugspiels von Bärbel war einzigartig. Dazu die aggressiven Gitarrenakkorde von Wixer, der diese live durch eine entsprechend agile

Performance untermalte, und die von Sängerin Dussel rau und ruppig herausgebrüllten Vocals. Wir haben so tatsächlich etwas sehr Eigenes erschaffen. Aus heutiger Sicht mag diese Musik für manchen stümperhaft klingen, sie hatte seinerzeit jedoch für sehr viele eine große Anziehungskraft und ihren eigenen Reiz, da am Anfang kaum jemand so klang und der Sound eine krasse und mitreißende Radikalität besaß.

Die Proberäume

Wir hatten Räume in verschiedenen hannoverschen Jugend- oder Kulturzentren; zuletzt haben wir mit anderen Bands leerstehende Kellerräume auf dem Gelände der Glocksee in Hannover-Linden besetzt, eingerichtet und Nutzungsverträge dafür ausgehandelt. Im Stadtteil Badenstedt wurde das Haus des Jugendtreffs Colosseum trotz massiver auch von uns mitgetragener Proteste geschlossen und umgebaut; heute sind dort Wohngruppen für Menschen mit Autismus zu Hause.

Unser Übungsraum dort war riesig gewesen; wir teilten ihn mit einer Metal-Band, aus der später die kurzzeitig erfolgreichen *Viva* wurden. Dann zogen wir in einen kleinen Raum im Keller der IGS Mühlenberg – ein problematischer Stadtteil, weil die dortige Jugend Punks nicht so mochte (ich bin mal mit dem Basskoffer in der Hand *sehr* schnell davongelaufen). Wir mussten dort zum Proben jedes Mal den Schlüssel beim Hausmeister abholen. Um den Raum zu bekommen, hatte ich den Namen unserer damals in Hannover durch Presseberichte, unsere Edding- und Sprüh-Schmierereien sowie Mundpropaganda recht verrufenen Band mit *Blumenbeat* angegeben; dafür unterschrieb ich jedes Mal mit innerlichem Grinsen. Dann ging es ins UJZ Glocksee.

Getroffen haben wir uns ein-, zweimal die Woche, und vor Auftritten und Plattenaufnahmen auch öfter – und meistens haben wir sogar tatsächlich geprobt. Unser Übungsraum war allerdings immer und überall auch Treffpunkt von allerlei Volk, sodass oft eher Partystimmung als Arbeitsatmosphäre angesagt war.

Die Punk-Treffpunkte

Die legendäre Disco Rote Kuh und die Kneipe darunter gab es schon sehr früh, und in Hannover-Linden das Punkrock-Café Anderes Ufer. Später verlagerte sich die Punk-Szene vorwiegend in das UJZ Kornstraße. Die dortige linke und autonome Szene vermischte sich in Teilen auf kreative Art mit den neu hinzugekommenen Punks. Ich selbst habe dort lange Zeit Konzerte mitorganisiert und durchgeführt. Am liebsten erinnere ich mich an *Black Flag, Minutemen* oder die *Bad Brains,* das war aber schon kurz nach dem Ende von *Blitzkrieg,* die dort zuvor eine Art Hausband waren; wir haben immer wieder dort gespielt, selbst organisiert.

Bei den Gigs anderer Bands habe ich oft beim Aufbau geholfen, Kasse oder Ordner gemacht, nach dem Konzert aufgeräumt und Scherben weggefegt etc. Von nachgewachsenen kleinen Punkies, die sonst nix in der Szene bewegten oder arbeitsmäßig mittrugen, musste ich mir dabei immer wieder anhören, was für „Kommerzschweine" wir doch wären, weil wir ein paar D-Mark Eintritt nahmen. Andere Punks hingen eher schnorrend, saufend und herumprollend am Bahnhof ab; wofür diese Szene stand, war mir schon damals unklar. Wenn man sich allerdings damals im Punk-Outfit (und entsprechend „lässigem" Verhalten) in der Stadt, Straßenbahn etc. bewegte, reagierten Ältere durchaus oft erwartungsgemäß schockiert und angstvoll. Mir hat das ganz am Anfang auch Spaß gemacht, hauptsächlich habe ich mich aber immer für die Musik, den Bandkram und die Organisation von Konzerten interessiert.

Alkohol und andere Drogen

Wäre damals in der Punk-Szene nicht der Konsum diverser legaler und illegaler Substanzen

BLITZKRIEG & DER MODERNE MANN

spielen am 26.1.1980 im UJZ Kornstr. um 20 Uhr

COMMANDER COLLAPS PRODUCTION

NEW WAVE + PUNK

leine domicil

Karmarschstr. 50
3000 Hannover
Tel.: 322217
U-Station Markthalle

aus Hannover — MO. 7. MAI 21 UHR

39 CLOCK
– NEW WAVE –

BLITZKRIEG
– PUNK –

LEINE-DOMICIL
Karmarschstr. 50 U-Bahn

"DIE SUPERGRUPPE DES HARD...

Das westlichste Deutschland, das es je gab

"...CHAOS" AUS HANNOVER

BLITSKRIEG

denn das Leben ist viel zu kurz für schlechte Musik!

UND

"..MELODISCHES" AUS DÜSSELDORF

ZK

des Volkes in seinem Kampf gegen Feudalherrschaft, Ausbeutung und Unterdrückung

AM: 5.6.'81

ORT: KORN STR.

EINTRITT 3,- DM

in Mode gewesen, dann könnte ich mich heute wohl wesentlich besser an viele Kleinigkeiten erinnern. Zunächst wurde nur viel getrunken – Kiffen war ja was für Hippies! Sehr schnell jedoch kiffte auch ein großer Teil der Punks. Ebenfalls beliebt war der Konsum verschiedener Medikamente wie Ephedrin oder Percoffedrinol, die man damals noch ohne große Probleme in Apotheken erwerben konnte. Einige Spezialisten klauten auch Rezeptblöcke aus Arztpraxen, um damit den „richtig guten Stoff" zu besorgen. Manche haben diesen Weg weiter beschritten, über Speed und Koks bis zu Heroin, nicht alle haben das unbeschadet überstanden oder überlebt. Besonders krass wirkten auf mich die Pattex-Punx mit ihren Schnüffeltüten – sich in Nullkommanix das Hirn mit Lösungsmitteln zu zersetzen, da musste man es mit „No Future" schon echt eilig haben.

Ich selbst habe vieles ausprobiert. Aber das ist lange vorbei. Die Kontrolle zu verlieren, war mir eigentlich immer verhasst. Trotzdem ist es mir passiert. Immer wieder einmal. Ein krasses Beispiel war ein großes im UJZ Korn angesetztes Treffen diverser Bands mit Hollow Skai, bei dem das Festival, auf dem dann der erste *No-Fun*-Sampler aufgenommen wurde, geplant werden sollte. Eigentlich war vorher alles weitgehend klar und besprochen gewesen, nur hatte unser Gitarrist Wixer in unserer und einigen befreundeten Bands Bedenken geschürt, ob die „echten" Punk-Bands (wir) mit den „Kommerzschweinen aus der Nordstadt" wirklich gemeinsame Sache machen sollten; wir würden doch eh nur über den Tisch gezogen werden und dabei auch noch an unserem Gossenpunk-Image kratzen. Dann machte kurz vor Beginn der Veranstaltung meine Freundin D. auf heftige Weise mit mir Schluss. Ich hatte damals leider echt null Ahnung von Frauen. D., eine coole Szenebraut und Ex-Groupie, die zu der Zeit als junge Mutter in einem angesagten Plattenladen arbeitete, hatte mich so lange immer wieder bezirzt, bis ich völlig wuschig war und meine erste große Liebe verlassen hatte, um mit ihr zusammen zu sein. Sobald sie das allerdings geschafft hatte, verlor sie schlagartig das Interesse an mir. Was sie mich an jenem Abend auch schonungslos wissen ließ. Meine Welt fiel in Trümmer. Und ich trank. Ich trank viel. Ich trank schnell. Und ich war voller Wut, Verzweiflung und Selbstmitleid. Und wohl auch voller Percoffis. In einem verbalen Amoklauf brüllte ich auf dem Nebenkriegsschauplatz der Festivalplanungsversammlung Argumente heraus und würgte Bedenken hervor, die nur begrenzt meine eigenen waren, mir aber gerade zum Austoben sehr gelegen kamen. Am Ende stieg unsere Punk-Fraktion aus dem Projekt aus.

Oft hat es allerdings auch schlicht Spaß gemacht, sich ein wenig aus der Realität wegzuballern. Mit Anfang 20 hat man vermeintlich eine schiere Unendlichkeit an Leben in sich, man ist unverwundbar, unsterblich. Das auszuloten ist ein sehr intensiver Kick. Kann aber eben auch schiefgehen. Aus heutiger Sicht würde ich niemandem raten, diesen Weg zu beschreiten. Mein 20-jähriges Ich würde jedoch nicht auf mich, den alten bürgerlichen Spießer, hören.

Mit 'ner kaputten Fresse geht's ab in die Presse

Blitzkrieg fand um 1980 herum hier und da in lokalen Zeitungen, überregionalen Musikmagazinen und natürlich unzähligen Fanzines Erwähnung. Vieles war nicht schmeichelhaft, anderes schlicht unwahr, alles trug jedoch zu unserer Legendenbildung bei.

So schrieb Martin Fuchs in seinem *Brotbeutel*-Blog 2006: „*Blitzkrieg* waren das Flaggschiff der Gossenszene aus Hannover." Und am 28.8.1979 titelte die *Neue Presse* über einem sensationsheischenden und schlecht recherchierten Artikel über den Altstadtfestauftritt: „Blitzkrieg an der Leine". Am 10.09. ein weiterer *NP*-Titel: „Punk-Rocker prügelten sich mit der Polizei!":

„34 Punk-Rocker haben die hannoversche Polizei am Sonnabend stundenlang in Atem gehalten … Die jungen Leute, unter ihnen auch Mitglieder der hannoverschen Punkrock-Gruppe *Blitzkrieg*, schlugen wüst aufeinander ein. Als die Beamten dazwischengingen, bekamen auch sie Schläge ab."

In diesem Artikel steckte herzlich wenig Wahrheit, er verstärkte jedoch das Erschauern der Allgemeinheit bei Nennung des Bandnamens.

Das Stadtmagazin *Schädelspalter* berichtete im Oktober 1979 durchaus kritisch, aber fundiert über *Blitzkrieg* und die hannoversche Punk-Szene. Als Titel wurde ein Zitat aus unserem Song „Ohne Zukunft" benutzt: *„Drum leben wir heute so, wie wir es wollen."* Alfred Hilsberg schrieb in der *Sounds* 5/81: „*Blitzkrieg*, sagenumwobene Gruppe aus Hannover, verstanden sich wohl schon immer als Dead-End-Street-Band." Bereits im November 1979 hatte Hilsberg einen Artikel über die unterschiedlichen Facetten des Punk in Deutschland mit „Dicke Titten und Avantgarde" überschrieben. Das Zitat unseres werten Gitarristen, welches Teilen dieser Zeile zugrunde lag, mag ich hier nicht wiedergeben; denn leider war es ein weiteres Beispiel dafür, warum *Blitzkrieg* von vielen nicht eben als besonders smarte Band betrachtet wurde.

Die Texte

Die frühen Texte der Band stammten von den anderen beiden Jungs, meistens von Wixer. Mit meinen späteren Beiträgen habe ich damals versucht, mich in Haltung und Wortwahl daran zu orientieren. Es sollten eben *Blitzkrieg*-Texte sein und nicht die eines Frank-Zappa-Fans mit gymnasialer Bildung. So betrachte ich die textlichen Inhalte, auch meine, heute als rotzig auf den Punk(t) gebrachte Momentaufnahmen damaliger Befindlichkeiten und Gedanken und weniger als lyrische Weisheiten für die Ewigkeit.

In meinem Song „Hass", der später von den *Boskops* noch einmal aufgenommen wurde, ging es grob zugespitzt darum, dass man sich ohne kritisches Feedback oder Input von Andersdenkenden in seiner Szene-, Weltanschauungs- oder politischen Blase nicht verbessern oder weiterentwickeln kann. Wie sehr diese Lager sich heute durch das Internet verselbstständigt haben und durch Abkapselung vom Rest der Welt ihre „Wahrheit" so extrem glorifizieren, dass dafür ohne Reue auch gemordet wird, das war damals kaum zu erahnen. Über den stumpfen Text von „Erst Ma' Eins Auf Die Fresse" habe ich vor meinem Einstieg bei der Band mit Wixer diskutiert und ihm erläutert, warum ich damit Probleme hätte. „Erst schlagen, dann fragen", war nun wirklich nicht meine Welt. Trotzdem haben wir den Song noch sehr lange gespielt. Den Text von „Pillen Dur" hatte Bärbel weitgehend von den *Vibrators* („Sulphate") „entliehen".

Andere Songs handelten von Polizeigewalt, politischen und sozialen (Fehl-)Entwicklungen, vom Leben am unteren Rand der Gesellschaft, dem Einfluss der *BILD*, Teenagerträumen, gescheiterten Beziehungen, Nachbarn, Prostitution, Politikern usw. So sind viele Inhalte durchaus aktuell geblieben. Die eher albernen und verspielten Texte von „Pogo, Pogo – Patz, Patz" und „In Spiritus Sancti" mag ich noch; sie entstanden mit den Songs in Übungsraum-Sessions, an denen alle vier Bandmitglieder sich kreativ beteiligten, und sie sind nicht so verbissen ernsthaft wie viele andere Lieder, sondern ließen auch mal ein wenig Lebensfreude durchscheinen. „In Spiritus Sancti" hatte dabei auch einen guten Groove – *den* Song würde ich gerne noch einmal professionell aufnehmen!

„Frisch aus England" ist ein eingängiger Song, der deswegen ja auch noch oft im Netz aufgerufen wird. Ich mag „Hass" immer noch, egal ob von *Blitzkrieg* oder den *Boskops*. „Ohne Zukunft" bringt die Gedanken von vielen aus unserer Generation gut auf den Punkt, und obwohl er musikalisch auch nicht herausragend ist, transportiert er den damaligen Spirit für mich perfekt.

Ohne Zukunft - die EP

Nach diversen Schwierigkeiten und mit immenser Verzögerung veröffentlichen und vertrieben wir 1981 endlich selbst unsere EP *Ohne Zukunft*. Es hatte vorher durchaus Interesse von Labels gegeben; auch verschiedene Gespräche, zum Beispiel mit „Typhus" (Manfred Schütz) vom *boots*-Plattenladen (später SPV). Insbesondere Wixer hatte jedoch große Vorbehalte, von anderen vereinnahmt, verbogen oder über den Tisch gezogen zu werden. So nahmen wir das Projekt selbst in die Hand. Was eine wertvolle Erfahrung, aber auch sehr viel Arbeit war.

Wir nahmen die Platte in einem Übungskeller irgendeiner Rockband in einem Hinterhof eines gutbürgerlichen hannoverschen Stadtteils auf. Mischpult und Bandmaschine befanden sich in der zweiten Etage des Hinterhauses. Zum Abhören mussten wir jedes Mal über den Hof und durch die dunklen Keller hochlatschen in die kleine Wohnung unseres Mischers, dem Kumpel eines Kumpels, der uns als kompetent präsentiert worden war. Die beiden, die für ihre Bemühungen nur schlecht bezahlt wurden (wenn überhaupt), nahmen mit uns die ganze Platte unter diesen „erschwerten" Bedingungen komplett auf, nur um dann festzustellen, dass die Aufnahmen aufgrund „technischer Probleme" unbrauchbar waren. So nahmen wir alles ein weiteres Mal auf.

Als wir endlich die finale Version unserer Bänder in den Händen hielten, fuhren Bärbel und ich zum Mastering nach Frankfurt. Damals gab es nur wenige Adressen, wo man „independent" mastern lassen konnte. Die unsrige, bei Frau Brüggemann, entpuppte sich beim Ankommen als schlichtes Einfamilienhaus, wo die Dame des Hauses, nachdem sie uns den Weg durch die unerledigten Kleinigkeiten des Haushalts gebahnt hatte, sich mit uns in ihr kleines Masteringstudio-Zimmerlein im Keller zurückzog.

Ich erinnere mich noch sehr präzise daran, wie Frau Brüggemann beim ersten Anhören nach Einfädeln der Tapes das Gesicht verzog und sinngemäß verkündete, „so was" könne sie ja wohl nicht mit gutem Gewissen bearbeiten, das könne sie ja „ihren guten Ruf kosten". Entgeistert zeigte sie ein ums andere Mal auf irgendwelche Pegel-Anzeigen und stöhnte entnervt: „Schauen Sie doch mal, keine Bässe, keine Höhen, DAS kann ich doch nicht machen, wo haben Sie DAS denn aufgenommen, wer hat DAS denn gemacht?" Wir kauten ihr jedenfalls ein Ohr ab, zuerst eher bettelnd, später quasi auf Knien dankend. Aus verschiedenen Erzählungen erfuhr ich später, dass es anderen Punk-Bands dort nicht besser ergangen war.

In gemeinsamer Bandanstrengung bastelten wir das Textheft zur Platte. Die Original-Bleistiftzeichnung für das Cover und die Tuschezeichnung für das Backcover entwarf nach unseren Ideen ein Schulfreund von mir, Guido Wandrey, später freier Künstler und Illustrator, vorwiegend für Kinderbücher. Seltsam: Das *Blitzkrieg*-Cover wird in seiner Bio verschwiegen.

Soundtracks zum Untergang

Durch unsere vielen Berliner Kontakte und Konzerte kannten wir Karl Walterbach von *Aggressive Rockproduktionen* schon länger; wir hatten sogar gelegentlich in seinem Loft in Kreuzberg gepennt. So auch 1980 für die Live-Aufnahme des Konzerts im KZ 36, unsere erste jemals erschienene Plattenaufnahme. Das KZ 36 lag im selben dritten Hinterhof und war von ihm mitgegründet worden. Karl war sehr umtriebig und zunehmend geschäftstüchtig. Der Vertrag über Produktion und Auswertung der ausgewählten Songs (von drei aufgenommenen kamen von uns nur zwei auf den Sampler *Soundtracks zum Untergang 2*) war nicht eben günstig für die Bands. Wir haben ihn aber unterschrieben, insofern wurden wir auch nicht abgezogen oder was auch immer andere später über Karl geäußert haben.

Der erste *Soundtracks*-Sampler war ein absoluter Meilenstein gewesen, daher waren die Bands auf dem zweiten gerne dabei. Für die Aufnahmen stand nur wenig Zeit zur Verfügung, auch war das damals von Karl dafür ausgesuchte kleine Studio in Berlin nicht zu vergleichen mit dem *Musiclab*. Der Mischer von der Band 1. *Futurologischer Kongress* brachte nicht das rechte Herzblut für unsere Mucke mit. Trotzdem kann ich persönlich nichts Negatives über Karl sagen, ich habe später auch noch die Gigs von *Black Flag* und *Bad Brains* in der Korn mit ihm vertraglich abgewickelt.

Punker-Kartei und Chaostage

Die ersten Chaostage 1982 waren eine lustige und anarchische Demo/Aktion in der City gegen die hannoversche Punker-Kartei; damals waren wir *Blitzkrieger* von dieser illegalen Datensammlung ja selbst betroffen. So waren wir auch in großer Besetzung in eine Ratssitzung marschiert. Wir wurden vom legendären hannoverschen OB Herbert Schmalstieg jedoch mit überkippender Stimme des Saales verwiesen und vom Wachpersonal hinauseskortiert.

Über die Chaostage gibt es tonnenweise Material im Internet, sodass es meiner Worte nicht bedarf. Ich konnte mich damit aber schon bald nicht mehr identifizieren und musste immer an den Song „Riot" von den *Dead Kennedys* denken, wenn Horden von zugereisten Prolls (zunehmend keine Punks) mein Stadtviertel verwüsteten, vollpissten und vollkotzten.

Die weitere Entwicklung in den 1980ern

Ende der 1970er fühlte es sich für mich gut an, den Beginn einer so starken und bis heute existenten musikalischen (Jugend-) Bewegung mitzuerleben und aktiv mitgestalten zu können.

Anfang/Mitte der 1980er wurde die Szene zwar immer größer, aber auch immer uniformer und gleichförmiger. War es einige Jahre zuvor noch völlig egal gewesen, wie man sich stylte (oft kreativ und individuell, mit selbst umgestalteten Altkleidern), so brachten die späteren Jahre die Leder-und-Nieten-Punks hervor. Ähnlich verhielt es sich mit der Musik: Unterschiedlichkeit und anarchisches Aufbrechen von Hörgewohnheiten (bis zur Schmerzgrenze …) wichen der Gleichförmigkeit und Formelhaftigkeit eines immer schnelleren Geknatters – was am Anfang mit Bands wie *Discharge*, *Exploited* und *Charged G.B.H.* noch viel Spaß machte, sich dann aber zunehmend abnutzte.

Ohne Zukunft - die CD/LP

Über Szenekontakte kam 1993/94 Bernd Granz von *Lost and Found Records* auf uns zu. Er wollte zehn Jahre nach dem Ende der Band aufgrund des immer noch großen Interesses alles veröffentlichte und anderweitig relevante (bzw. hörbare) Material der Band auf CD herausbringen.

Masterbänder gab es von uns nicht mehr, die waren verschollen. Das Kaufen der mehrfach benutzbaren Mehrspurbänder hatten wir uns damals nicht leisten können, sie wurden also später vermutlich gelöscht und weiterverwendet. So wurden als Ausgangsmaterial für die CD Vinyl-Platten von mir verwendet, die ich mit dem Vermerk „ungespielt" aufbewahrt hatte. Ergänzend hörte ich mich tagelang durch die Vielzahl alter Übungsraum-Tapes, um spielerisch und auditiv präsentable Versionen möglichst vieler weiterer Songs aufzuspüren. Für die CD-Beilage tippte ich die *Blitzkrieg*-Story aus einem alten Fanzine ab; auch wurde ein weiterer Beitrag von mir aus dem Textheft der EP verwendet. Die Fotos trugen wir aus unseren jeweiligen Sammlungen zusammen, für das Cover wurde die Zeichnung der EP farblich verfremdet wiederverwendet.

Die Idee für die Wiederveröffentlichung auf Vinyl als Doppel-LP 2020 hatte Tobias Behle von *Twisted Chords* gehabt. Auf der Suche nach uns wurde ihm ein Kontakt zu Wixer vermittelt, der das Projekt von Bandseite aus allein

Wixer, Peter Ahlers und Dussel von Blitzkrieg

5 Bärbel von Blitzkrieg

begleitete. Dass Tobi andere Erwartungen hatte, möchte ich hier gerne aussparen.

Die LP wurde jedenfalls ein schönes Produkt – angehört habe ich sie allerdings noch nie. Das Cover enthielt Fotos, die schon im Textheft der EP zu sehen waren, und das Bild vom Backcover der CD wurde zum Frontcover. Es war an meinem 22. Geburtstag in Frankfurt entstanden. Dort hatte eine damals nur lokal bekannte junge Band eine Reihe von Konzerten im JUZ Bockenheim organisiert, bei denen sie als Vorgruppe bekannterer Deutsch-Punk-Bands auftrat; an jenem Tag spielten sie erst ihr viertes Konzert. Ihr Name: *Böhse Onkelz*.

Punk damals und heute

Es ist schwierig, heute jemandem, der damals nicht dabei war, die Faszination der damals noch neuen und offenen Bewegung zu beschreiben (und ein wenig klingt es sicher auch, als würde Opa vom Krieg erzählen …). Alles war möglich. Oder schien zumindest so. Konventionen wurden gebrochen. Einerseits war es ein Aufräumen mit dem Nachkriegsmief der Elterngeneration, und musikalisch wurde der verquasten Schwurbelmusik der mittleren 1970er der Stinkefinger gezeigt. Für mich schloss es sich logischerweise an die von mir in meiner frühen Jugend gehörten Glam-Rock-Bands an – mein erstes Konzert war etliche Jahre zuvor eins von *Slade* gewesen, und auch *The Sweet* und Suzi Quatro hatte ich Anfang der 1970er gesehen.

Als Haltung oder Lebenseinstellung bedeutet(e) Punk für mich, Regeln, Glaubenssätze und Vorgaben nicht als gegeben hinzunehmen, sondern sie kritisch zu hinterfragen, bei Bedarf zu verändern, sie weiterzuentwickeln, damit kreativ zu spielen, sich Freiheit und Freiheiten zu erarbeiten. Wobei ich es heute mehr als damals beherzige, dass die Freiheit auch immer die Freiheit der anderen meint. Damals, so fürchte ich, habe ich im jugendlichen Überschwang andere hier und da in verbalen Disputen arg abgebügelt.

Band-Reunion?

Äh … nein. Nachdem ich 1989 Vater wurde, habe ich nach dem Ende meiner letzten Band *Rat's Got The Rabies* Anfang der 1990er mit dem aktiven Musikmachen aufgehört. Meinen Sohn habe ich später weitgehend allein erzogen und war damit viele Jahre gut ausgelastet und glücklich. Alle Bandangebote aus diesen Jahren waren nie attraktiv genug, um noch mal loszulegen, ich wollte auch nie ein Feierabendmucker werden. Erst das überraschende Angebot einer hannoverschen Streetpunk-Band elektrisierte mich vor ca. 15 Jahren wieder; ich legte mir sogar einen Fender Precision Bass zu und übte ihr komplettes Album ein – doch dann entschieden sie sich für jemanden, der (wie sie) zehn Jahre jünger, kurzhaarig und tätowiert war, bevor ich überhaupt die Chance erhielt, bei ihnen vorzuspielen. Da diese Band dann nicht mehr lange existierte, war es wohl so am besten.

Eine Reunion von *Blitzkrieg* wird es mit 99,99-prozentiger Wahrscheinlichkeit nicht geben. Aus meiner Sicht ist diese Musik nicht besonders gut gealtert. Auch die Texte und das Gesamtkonzept der Band sind doch sehr mit der damaligen Zeit und mit unserem Alter verbunden. Ich schäme mich weder dafür, noch bin ich sonderlich stolz darauf, ich erinnere mich aber gerne daran als Teil meiner Jugend in einer spannenden Zeit, in der viele Dinge in Bewegung gesetzt werden konnten. Mit Mitte 60 werde ich mich damit aber kaum wieder auf eine Bühne stellen; zumal ich mit anderen Bands (z. B. *Klischee*, insbesondere aber *RGTR*) später wesentlich interessantere und handwerklich bessere Musik gemacht habe.

Mit Bärbel (den ich immer noch sehr mag) stehe ich seit einigen Jahren wieder in Verbindung; wir sehen uns vorwiegend auf Partys und Konzerten. Zu Wixer, der mich schon lange so gar nicht mehr mag, haben wir beide keinen Kontakt mehr, was für alle Seiten wohl das Beste ist. Unsere Sängerin Dussel habe ich vor etwa 15 Jahren zum letzten Mal gesehen, bei einer Party von Karl Nagel. Was wirklich nett war; wir haben uns herumalbernd dort zusammen ablichten lassen. Zu ihr hatte ich aber auch schon früher kaum einen Draht gehabt: Sie kam zu den Proben, den Auftritten und ins Studio, und das war's. Weder trug sie darüber hinaus etwas zur Band bei, noch hing sie mit uns ab. Was für alle Seiten stets okay schien und nie diskutiert wurde. Ich weiß heute tatsächlich nicht einmal mehr, wie sie wirklich heißt.

Frauen- und Männerrollen
Die frühe hannoversche Punk-Szene war sehr facettenreich und letztlich bildeten sich sämtliche gesellschaftlichen/sozialen Haltungen und Strömungen dort ab. Ich habe dort viele starke, anpackende, kluge und kreative Frauen kennengelernt; anderen reichte es, die Freundin eines angesagten Szene-Muckers (oder -Mackers) zu sein. Es gab schlaue, nachdenkliche, witzige „emanzipierte" Männer und einige üble Machos. Es gab Schwule und Lesben. Nichtbinäre Geschlechtsidentitäten waren damals noch kein Thema.

Aus meiner Sicht war die damalige Annahme vieler, „anders" und „besser" zu sein als die „Spießer" und „Bürger", recht naiv. Die Punk-Szene bot natürlich zu Beginn viele Möglichkeiten zum Einreißen von Grenzen, entwickelte dann jedoch selbst einengende Strukturen, die in eine eigene Spießigkeit führten. Ich persönlich hoffe sehr, dass es mir möglichst oft gelungen ist, mit Menschen jedweden Geschlechts angemessen offen und fair umzugehen.

Ute Wieners hat in ihrem Buch *Zum Glück gab es Punk* ein Konzert von *Blitzkrieg* im UJZ Kornstraße Anfang 1980 als „Erweckungserlebnis" für sich als junge, unsichere Frau beschrieben und dies auch in Interviews zur Veröffentlichung immer wieder ausgeführt. Sie schildert, wie es ihr Anstoß, Mut und Raum für ihre eigene weibliche Selbstverwirklichung gab, als sie unsere Sängerin dort auf der Bühne agieren sah. Dass man uns auch auf diese Art erleben und verstehen konnte, finde ich sehr bewegend.

FUN - MUSIK mit

Blitzkrieg

Klischee

39 Clocks aus Hannover

CRASH

SO 36

18. Sept. Freitag
20 UHR

EINTRITT 8 DM

Dussel von Blitzkrieg

Ulli, Giovanni, der Staatsschutz + ich

Als Punk plötzlich Terror wurde

Klaus Abelmann

1980 war das Jahr, in dem Punk in Hannover als gefährlich erachtet wurde, und ergo ungemütliche Zeiten für Hannovers Punks anbrachen. Es war also eine sehr schlechte Idee, ausgerechnet in diesem Jahr einen „Liedtext" der Polit-Punk-Band *P 38* in der von mir herausgegebenen „Druckschrift" *Gegendarstellung* (GDS) abzudrucken und mich wenig später auch noch zur Mitgliedschaft in dieser „Musikgruppe" (alle Anführungen aus der Anklageschrift) zu bekennen.

Nach heutigen Maßstäben war *P 38* ein Hoax in Vor-Social-Media-Zeiten, ein veritabler Fake. Bis auf Bandleader und Wortführer Ulrich H. aka Micha Militant beherrschte niemand der vorgeblichen Mitmusiker ein Instrument. Und ich erst recht kein Schlagzeug. Lediglich ein Kurzauftritt im Zoo Hannover von *P 38* ist belegt, mit wem auch immer an Bass und Drums. Aber es wurde dennoch „mit Kanonen auf Spatzen geschossen", so mein damaliger Anwalt.

Ulrich H. (Foto links), Sohn eines Berufssoldaten, gutaussehend, durchaus mit Sinn für Humor, stets mit kerzengerader Haltung, war vor seiner Punk-Zeit in der Ortsgruppe der maoistischen KPD/ML – Hammer, Sichel und Gewehr auf dem Banner – aktiv, hatte aber nun vor, mit 21 Jahren die revolutionäre Praxis in einer undogmatischeren Szene zu leben. Und er war als Speed-Freak mit Appetit auf alles, was schnell macht, äußerst mitteilungsbedürftig. In einem Haftbefehl des Jahres 1980 stellt die zuständige Strafverfolgungsbehörde fest, er habe sich „in einer Reihe von Briefen an die *Hannoversche Allgemeine Zeitung* sowie an Personen des politischen und wirtschaftlichen Lebens sowie an Konsulate mit den Zielen der RAF und der Revolutionären Zellen identifiziert und Druck ausgeübt."

Und auch der Edding sitzt lose: In Hannovers Nordstadt werden Verteilerkästen, Kneipenwände und Telefonzellen mit P-38-Parolen getaggt. Die hinterlassene Aufforderung „Knieschuss für Verräter" ist dabei dem terroristischen Repertoire der italienischen Roten Brigaden entlehnt. Mit der deutschen (Wehrmachts-)Pistole des Typs P 38 werden den Zielobjekten auf offener Straße Schussverletzungen beigebracht. Als Verursacher der Schmiereien ist – zwei Jahre vor dem offiziellen Bekanntwerden der hannoverschen „Punker-Kartei" – H. ausgemacht. Kein Zufall.

Giovanni di Lorenzo, damals als Pauschalist im Ressort Kultur, TV und Unterhaltung der *Neuen Presse* tätig, fasst seine Recherchen für einen am 14. Mai 1980 erschienenen Artikel unter der Überschrift „Polit-Polizei, Punker & Parolen" so zusammen:

„Wir können mit einer Vielzahl von Zeugenaussagen dokumentieren, dass Teile der hannoverschen Punk-Szene systematisch und mit großem Aufwand observiert wurden."

Ulrich H. ist eine der Zielpersonen des Staatsschutzes. Lange bevor öffentlich wird, dass die Polizeidirektion Hannover personalisierte Daten sammelt, um „einen Überblick über die Punk-Szene in Hannover zu gewinnen und einer befürchteten Gefährdung für die öffentliche Sicherheit und Ordnung entgegenwirken zu können".

Ein bescheidener Straßenkleinkrawall nach einem Konzert oder die Übernahme des Unabhängigen Jugendzentrums Kornstraße durch die Punk-Szene bei gleichzeitiger Fusion mit den – äußerlich inzwischen angeglichenen – Autonomen der Altbesatzung mögen Auslöser für den staatlichen Aktionismus gewesen sein.

Am 6. Februar 1980 beschlagnahmen jedenfalls bei einer morgendlichen Hausdurchsuchung bewaffnete Zivilbeamte Flugblätter, Zeitungen und Broschüren in der elterlichen Wohnung von Ulli H. Eine Woche später bekommt auch die örtliche Niederlassung von Govi-Schallplatten in Hannovers Innenstadt Besuch – ein kurzer Weg für die Beamten der zuständigen Kriminalinspektion. Geschäftsführerin Kerstin S. („orangefarbene Handfegerfrisur, Lederjacke, zerrupfte Bundeswehrhose" – so die Personenbeschreibung der *Neuen Presse*) muss mit auf die Dienststelle auf der anderen Straßenseite. Die Ausgabe Nr. 4 der *Gegendarstellung* wird ihr vor die Nase gehalten: „Ich wurde gefragt, was sich hinter den Punk-Bands verbirgt. Als ich sagte, die machen doch Musik, erwiderte der Beamte, er denke, das seien terroristische Vereinigungen."

Ulrich H. ist da ganz bei ihm. „Punk ist für uns Widerstand und Rebellion. Wir scheißen auf die Tabus der Müslifresser und Pazifisten. Wir schlagen zurück!", lässt er sich in einem Interview mit der *Gegendarstellung* im November 1979 zitieren. Und stellt der Redaktion den Text des *P-38*-Songs „Gute Ziele" zur Verfügung, in dem es heißt: *„Gebt den Schweinen endlich den Rest!"*

Infolge der sichergestellten Schriftstücke und der dokumentierten „Werbesprüche" erlässt das Oberlandesgericht Celle Haftbefehl wegen Verdachts auf Verstoß gegen Paragraph 129a des Strafgesetzbuches („Gründung einer kriminellen Vereinigung"). Im April 1980 beginnt die Staatsanwaltschaft in Hannover auch gegen mich zu ermitteln – wegen Vergehen nach § 90a StGB. Inkriminiert werden der Abdruck eines „Liedtextes, in dem unter anderen die Bundesrepublik Deutschland mit den Ausdrücken ‚Schweinestaat', ‚Schweinestall' und ‚Schweinesystem' belegt wird."

NP-Leser wissen mehr

Es wurde Zeit, die anderen Medien einzuschalten, zumindest den Menschen, der in jenen Tagen immer mal wieder Lesbares in der Rubrik „Pop in Hannover – *NP*-Leser wissen mehr" veröffentlichte: Giovanni di Lorenzo. Ich kannte ihn über gemeinsame Freundinnen seit meiner Schulzeit. Auch die Lektüre des fiktiven Sex-Tagebuchs *Schweine mit Flügeln* der italienischen Autorin Lidia Ravera war seinem Zutun geschuldet.

Der heutige Chefredakteur der *Zeit*, Talkshow-Host und Co-Herausgeber des *Tagesspiegels* lebte seit seinem elften Lebensjahr mit seinem Zwillingsbruder in Hannover. Davor: Rom. Giovanni hatte nach dem Abitur bei der in Hannover erscheinenden *Neuen Presse* 1978 zunächst als Praktikant angefangen. In einem 2008 veröffentlichten Gespräch mit dem späteren Chefredakteur Bodo Krüger bezeichnete er den Stil des Blattes als „sozialverträglichen Boulevardjournalismus". Als „echter" Redakteur wurde er allerdings bei der *NP* nicht eingestellt. „Die damaligen Chefredakteure und der Geschäftsführer haben mich, wenn überhaupt, dann nur als Weichei wahrgenommen."

Der 21-jährige Nachwuchsjournalist (bei mir reichte es erst Monate später zum ersten Zeilengeld) besuchte mich, den gleichaltrigen Zivildienstleistenden, in meiner Behausung in der hannoverschen Oststadt zum Interview über die *P-38*-Causa. Das Thema: „Was hatte Abelmann verbrochen?" Meiner Meinung nach nichts, zumindest wenig, was den Staat in echte Bedrängnis gebracht hätte. Denn – so Zitat K. A.: „Ich halte die Sprüche von Ulli H. für albern und beschissen. Er ist ein Maulheld, den politisch niemand ernst nimmt." Der Abdruck des „Terror-Songs" sei überdies der journalistischen Sorgfaltspflicht geschuldet gewesen. Oder wie mein Anwalt in seiner Anklageerwiderung schrieb:

„Herr Abelmann hat den Liedtext veröffentlicht, um zu dokumentieren, was in der sogenannten Punk-Szene vorgeht. Das gehört zu seinem Selbstverständnis als Herausgeber der *Gegendarstellung*. Das Fanzine vermittelt den Zusammenhalt innerhalb der Punk-Szene und fördert die kritische Auseinandersetzung. Das war als dringend notwendige Gegenreaktion zur *BILD*-Zeitung gedacht, in der die Punker als gewalttägige und stupide Menschen dargestellt werden."

Giovanni di Lorenzo sprach für seinen Bericht mit vielen Beteiligten – den Verfolgern wie den Verfolgten, Zeuginnen und Zeugen im Verfahren. Das knackigste und musikhistorisch informierteste Statement kam vom Staatsschutz:

„Wir ermitteln nicht gegen die Punk-Szene. Denn es sind ja Gruppen, die sich gebildet haben, um Musik zu kreieren, die vielleicht neu ist in der Rockmusik, die irgendeine Weiterentwicklung darstellt. Oder irgendwie so etwas."

All dies und mehr verarbeitete Giovanni auf einer Doppelseite! Sieben Spalten Text – nicht einmal den *Rolling Stones* wurde bei ihrem ersten Open-Air im Niedersachsenstadion mehr Platz im Blatt eingeräumt. Für den Fototermin auf Hannovers Güterbahnhof organisierte ich die Banddarsteller – neben Ulli H. und mir lauter Bekannte aus der Szene, die um die Uhrzeit schon wieder stehen und posen konnten.

Doch weder der *NP*-Doppelseitenschlag noch Giovannis gefühliger Kommentar („Sind Punker nicht die Einzigen, die den natürlichen und generationsbedingten Protest nach außen tragen? Ich bin inzwischen überzeugt.") fruchteten. Das Landgericht Hannover kassierte den Beschluss des Amtsgerichts, die Eröffnung des Hauptverfahrens gegen mich abzulehnen, samt der Begründung, die da lautete:

„Der Liedtext hat keine primär politische Bedeutung, sondern ist Ausdruck aggressiver Verzweiflung junger Menschen, die ihren Platz in unserer komplizierten Gesellschaft noch nicht gefunden haben."

Eingestellt wurde das Verfahren in der „Strafsache Abelmann wegen Verunglimpfung des Staates" schließlich auf Kosten der Landeskasse und gegen Zahlung eines geringen Bußgeldes nebst den Auslagen für meine Verteidigung. Eine Bierdusche kam dazu von Ulli H.

Monate später war *P 38* passé und der als „Maulheld" Verunglimpfte gründete die Band *Klischee*. Hannover erlebte im November 1980 Krawalle im Umfeld eines öffentlichen Rekrutengelöbnisses, die tatsächliche Existenz der „Punker-Kartei" wurde 1982 öffentlich.

Nicht ohne Folgen. Karl Nagel hat es 2007 für *Spiegel Online* in einem Beitrag zur Geschichte der Chaostage auf den Punkt gebracht:

„Punk war das ideale Werkzeug, um die paranoide Fantasie insbesondere von Medien, Polizei und Politik auf Hochtouren laufen zu lassen."

Jung kaputt spart Altersheime

Punk, Pop und die Power der Pyramiden

Annette Simons

Das Zimmer in meiner ersten Wohngemeinschaft war für mich Freiheit und Verheißung. An meinem 18. Geburtstag zog ich ein. Ab jetzt würde alles so werden, wie ich es wollte, auch wenn ich noch nicht wusste, was das sein könnte. Die Bewohner:innen meines neuen Zuhauses kannte ich aus der Anti-Atom-Bewegung. Uns verbanden endlose Kilometer, die wir auf Demos in ganz Norddeutschland zusammen marschiert waren. Wir mochten die gleiche Musik, und ob eine Mettwurst ein korrektes Lebensmittel ist oder bereits der Feind, durfte jeder für sich selbst entscheiden, denn wir sahen die Welt recht undogmatisch.

Mein Vormieter hatte mir ein Hochbett hinterlassen, ein Sofa und einen Schreibtisch. Einen Schrank würde ich nicht brauchen. Für die wenigen Klamotten, die ich mitgebracht hatte, reichten ein paar Haken an der Wand. In der Waschmaschine meiner Eltern hatte ich meterweise Nessel in unterschiedlichen Lila-Tönen gefärbt. Nachdem ich sie ausgebreitet hatte, war es mein Raum. Endlich. Ich ließ mich auf mein Sofa fallen und atmete auf.

Ich hatte Mittelfeld hinter mir gelassen. In diesem Teil Hannovers war ich aufgewachsen. Mittelfeld liegt hinter dem Friedhof, vor den Messeparkplätzen. An der einen Seite verlaufen die ICE-Gleise, an der anderen der Messeschnellweg. Ich hatte nie das Gefühl, dort würden glückliche Menschen leben.

Ein Thema, das mich, seit ich 16 war, sehr bewegte, war der Protest gegen den Bau von Atomkraftwerken. In der Schule hatte ich sogar einen Physikkurs belegt, um auch die technischen Details zu verstehen. Je tiefer ich in das Thema einstieg, umso wütender wurde ich. Eine scheinbar saubere Lösung wurde von der Industrie und der Regierung propagiert. Die Risiken wurden verschwiegen und das Problem der Lagerung von Abfällen ins Ausland oder in die Zukunft verlegt.

Mit der Zeit wurde die Anti-Atom-Bewegung mein Zuhause. Die Wochenenden verbrachte ich meistens auf Demos, die Ferien im Anti-Atom-Dorf in Gorleben. Ich versuchte auch bei den *Atommusikanten* mitzumachen, die Folksongs zu Anti-Atom-Liedern umdichteten. Leider konnte ich kein Instrument spielen. Aber ich hatte eine kräftige Stimme und Spaß daran, herumzuhüpfen, weshalb sie mich manchmal mitnahmen.

Einmal pro Woche trafen sich alle Bürgerinitiativen im Unabhängigen Jugendzentrum Kornstraße. Das Plenum geriet oft zu einer nervtötenden Veranstaltung, weil sich die diversen kommunistischen Gruppen ständig als Speerspitze der Bewegung aufspielten. Freunde von mir waren wiederum mit Leuten aus Hamburg befreundet, die zum Schwarzen Block gehörten. Diese wilde Truppe faszinierte mich. Für sie schien es keine Grenzen zu geben.

Auf einer Demo beobachtete ich begeistert, wie die Leute vom Schwarzen Block eine Polizeisperre einfach mit einem kleinen Anker, einem Tau und gemeinsamer Muskelkraft aus dem Weg räumten. Wir schwadronierten über die Weltlage und kannten so ziemlich jede Ungerechtigkeit auf der Nord- sowie der Südhalbkugel. Den ganzen Tag saßen wir zusammen und regten uns auf.

Meine Eltern waren aus Angst um mich und vor eventuellen Schäden, die ich anrichten könnte, fast durchgedreht, als ich noch bei ihnen gewohnt hatte. Je mehr sie versuchten, mich zu disziplinieren, um so störrischer war ich aber geworden. Wenn sie verlangten, dass ich zu einer bestimmten Zeit zu Hause sein sollte, blieb ich gleich tagelang weg. In ihrer Verzweiflung wandten sich meine Eltern sogar an das Jugendamt, um die Verantwortung für mich loszuwerden. Da dämmerte selbst mir, dass ich dabei war, mein Leben zu ruinieren. Dass mein Gefühl der Unverwundbarkeit trog. Schließlich handelte ich mit meinen Eltern einen Kompromiss aus. Ich würde regelmäßig in die Schule gehen und an Schultagen vor 22 Uhr zu Hause sein. Diese Vereinbarung sollte gelten, bis ich das Abitur hatte und endlich 18 Jahre alt sein würde. Dafür durfte ich die restliche Zeit machen, was ich wollte, solange es legal war.

Dass wir mit Liedern und lustigen Aktionen im Widerstand gegen die Atommafia nicht weiterkamen, realisierte ich auf der Großdemo gegen den Bau des AKW Grohnde. Wir waren mehr als 20.000 Menschen aus allen gesellschaftlichen Gruppen. Nachdem ich erlebt hatte, wie die Regierung die Apokalyptischen Reiter auf dem Acker vor Grohnde in Form von Polizisten mit Hubschraubern, Pferden, Panzerwagen und zu Fuß auf uns losgelassen hatte, war ich fertig mit dem Staat. Das hieß nicht, dass ich die nächste Generation der RAF aufmachen würde, ich wollte vielmehr nichts mehr mit dem System zu tun haben. Die Schlacht vor dem Bauzaun, angesichts dieses Aufmarsches von Polizeigewalt, verfolgt von einer gnadenlosen Justiz, die alle, die sie aus der Menge fischen konnte, anklagte und kriminalisierte, war für mich ein Wendepunkt. Diese Gewalt, die wir entfesselt hatten, war mir zu heftig. Sie hatte sich zu etwas Eigenem entwickelt. Völlig losgelöst von unserem Anliegen und unseren Inhalten. Ich wusste nicht, in welcher Form wir den Widerstand gegen die Atomkraft fortsetzen sollten. Vielen anderen in den Bürgerinitiativen ging es ähnlich. Auch sie waren verunsichert, wie der Protest weitergehen sollte, und viele begannen für sich nach einem neuen Weg zu suchen.

So kehrte der Alltag auch bei mir ein. Und die Frage: Wovon soll und möchte ich leben? Das einzige berufliche Angebot, das ich bekam und auch leichten Herzens annahm, machte mir mein ehemaliger Gemeinschaftskundelehrer, Herr Dr. Lippelt. Mit den unsortierten Resten der Anti-Atom-Bewegung, konservativen Naturfreunden, linksalternativen Umweltschützer:innen und Graswurzelrevoluzzer:innen versuchte er eine politische Partei zu gründen, die Grüne Liste Umweltschutz (GLU, später Die Grünen). Meine Aufgabe war der Aufbau und die Pflege der Adressenkartei sowie das Tippen, Kopieren, Eintüten und Verschicken der Rundbriefe. Ich verbrauchte massenhaft Tipp-Ex, aber meine Post kam an.

„Ich bin keine Superfrau, ich bin auch nicht berühmt, ich habe keinen tollen Freund, niemand der mich liebt"

Das Beste an meinem Job war der regelmäßige Besuch eines Copyshops in der Nordstadt. Seit Rank Xerox 1977 den ersten Laserdrucker auf den Markt gebracht hatte, war das Kopieren in diesem Umfang überhaupt erst machbar. Der Xerox 9700 schaffte 120 Seiten pro Minute. Die neuen Möglichkeiten zogen Künstler:innen und Verrückte an, die mit diesem Equipment experimentierten. Eigene Zeichnungen oder die eigene Meinung zu vervielfältigen, mit Fundstücken zu mischen, alles wieder durch die Kopie auf eine gemeinsame Ebene zu bringen, wurde als neue Ausdrucksform gefeiert, wenn nicht sogar als Kunst.

Im Copyshop waren alle entzückend zu mir. Während ich auf meine Kopien wartete, las ich den *Pflasterstrand* und quatschte mit jedem, der halbwegs nett aussah. So lernte ich Emilio Winschetti kennen, einen sehr charmanten, exzentrischen Typen, den ich schlecht einordnen konnte. Mir gefielen seine dunklen Augen und seine geschmeidige Art, sich zu bewegen.

Er hatte irgendetwas mit einem Handwerkerkollektiv zu tun, verstand sich aber auch als Künstler. Die Welt, in der er unterwegs war, schien auf einem anderen Planeten zu sein als meine. Emilio textete mich mit Marcel Duchamps und der Kraft der Pyramiden zu. Weil er mir gefiel und wenig Geld hatte, nahm ich seine Kopien mit auf die Rechnung der GLU. Zum Dank lud er mich zu einer Pyramiden-Party in den Holzmarkt ein.

Das Haus gehörte zu den ältesten Gebäuden in der Altstadt. Bis zu seiner Sanierung lebten in den verwohnten und verwinkelten Etagen hauptsächlich Künstler:innen und Freaks. Der Holzboden war abgenutzt, die Wände unverputzt. Die vergangenen Jahrzehnte hielten sich mit unterschiedlichen Resten von Kleister und Farbe auf dem Mauerwerk fest. Von der Pyramiden-Power war jedoch wenig zu sehen. An alle vier Wände eines Raumes war jeweils ein großes Dreieck mit Kreppband geklebt. In einem anderen Raum hielt jemand einen Vortrag. Vereinzelt standen kleine Pyramidenmodelle aus unterschiedlichen Materialien herum. Es gab welche aus Plexiglas, aus Alufolie, aus Holzscheiten.

Mir war die ganze Szene fremd. Ich kannte keine einzige Nase. Die Menschen trugen dunkle Sakkos. Und auch wenn sie versuchten, ungestylt und schlampig zu wirken, sah man doch, dass sie sich dafür lange vor dem Spiegel aufgehalten hatten. In meinen selbstgenähten hellblauen Pumphosen mit weißen Blümchenmustern fühlte ich mich fehl am Platz. Bei meinem letzten Haarschnitt war ich etwas abgerutscht, und mit dem zu kurzen runden Pony sah ich total bescheuert aus. Immerhin hatte mich Emilio eingeladen, so gehörte ich für diesen Abend dazu.

Immer wieder sah ich zur Tür, ob nicht vielleicht doch noch jemand, den ich kennen würde, hereingeschneit käme.

Schließlich betraten zwei Typen den Raum und schauten sich gut gelaunt um. Noch bevor meine Augen einen von ihnen, seine blonden Locken und die große Nase richtig wahrgenommen hatten, hörte ich eine Stimme in meinem Kopf: „Da drüben steht dein Mann, hol ihn dir." Ich hatte noch nie Stimmen gehört. Diese war weder besonders laut noch besonders leise. Ob sie männlich oder weiblich war, konnte ich nicht sagen. Sie war völlig neutral, und was sie sagte, war klar. Der Typ, der gerade den Raum betreten hatte, wäre der Mann meines Lebens. Ich war mir ganz sicher, diesen Satz gehört zu haben, und ich wusste auch sofort, wer gemeint war. Sicherheitshalber sah ich mich um, ob sich nicht doch reale Menschen einfach unterhalten hatten.

Anscheinend stand ich voll unter dem Bann der Pyramiden-Power. Na, super, dachte ich, und wie soll ich mir den bitte holen? Aber da war nichts als Schweigen. Anscheinend hatte die Stimme nicht zu ihm gesprochen, denn er bemerkte mich nicht mal.

Emilio kam und begrüßte die beiden. Das erhöhte meine Chancen, meinen zukünftigen Mann kennenzulernen. Abgesehen von seinem legendären Aussehen trug er knallrote, sehr angesagte Worker-Jeans und ein zerrissenes weißes Unterhemd. Seine Augenfarbe konnte ich nicht erkennen, irgendetwas mit viel Grau drin. Das lag aber vielleicht an dem schummerigen Licht.

„Das ist Mattus", stellte Emilio ihn mir vor. Ich strahlte ihn erwartungsfroh an. Irgendetwas musste doch an diesem magischen Ort passieren. Aber Mattus nickte mir nur höflich zu.

„Das ist Uli, die beiden wohnen zusammen", setzte Emilio seine Vorstellung fort.

Die Pyramiden interessierten mich plötzlich brennend. Mattus stellte die Frage in den Raum, wer denn wohl diese Wunderwerke gebaut haben könnte, wenn nicht fremde Götter oder Außerirdische.

„Wenn es tatsächlich Sklaven gewesen wären, hätten die Ausgrabungen, die es bislang gab, Spuren einer gigantischen Siedlung zu Tage fördern müssen", führte er aus.

Die Debatte war eröffnet. Jeder hatte schon mal was gehört:

„Die Bewohner von Atlantis bauten die Pyramiden. Später versank Atlantis im Meer, sodass wir keine Spuren mehr finden."

„Warum ging Atlantis eigentlich unter?", fragte ich.

„Wegen der Sintflut", sagte Uli.

„Nein, wegen der Dummheit", warf Bettina, seine Freundin, ein.

„Also, ich habe gehört, die Steine der Pyramiden wurden jeweils an ihren Platz gesungen!"

Mit einem sehr süßen Augenaufschlag näherte sich eine Frau meiner neuen Obsession. Mattus ließ sie ziemlich abblitzen:

„Wo hast du denn den Scheiß her?"

Enttäuscht zog sie davon.

Wir spekulierten weiter über die Wunderwelt der Pyramiden.

„Uli, hast du nicht sogar mal auf der Spitze der Cheopspyramide gesessen?", fragte Emilio.

„Ist das nicht verboten?"

„Ja, ist es, das hat aber niemanden gekratzt, als ich da hochgeklettert bin."

„Und, irgendwas gespürt?"

„Nö, schöne Aussicht von da oben."

Als wir bei dem Phänomen angekommen waren, dass Messer unter einer Pyramide scharf werden, erzählten Uli und Mattus von einem Hasen, den sie fachgerecht zubereitet hatten.

„Richtig mit Fell abziehen und allem", berichtete Uli stolz. „Es ist noch ziemlich viel übriggeblieben. Aus den Resten koche ich Sonntag ein Hasenpfeffer, magst du nicht auch kommen, Emilio?"

Die ganze Zeit hatte ich überlegt, wie ich Mattus wiedersehen könnte – hier war mein Stichwort, auf das ich gewartet hatte:

„Kann ich auch kommen?"

Nach langem Zögern und der Suche nach einer halbwegs höflichen Ausrede siegte seine Nächstenliebe.

Uli und Mattus wohnten Im Moore 27 in der Nordstadt. In diesem Haus lebten außer dem Hausbesitzer mit seiner Familie nur Wohngemeinschaften. Die Zimmer von Mattus' und Ulis Wohnung waren einzeln vermietet worden. In den beiden vorderen Zimmern der Wohnung wohnten zwei türkische Männer. Sie durften nur die Toilette, aber nicht das Bad benutzen; das gehörte, wie die Küche, zu dem Teil, den Uli und Mattus gemietet hatten.

Die Wohnung sah komplett anders aus als alle, die ich bisher gesehen hatte: Im Flur hing ein Buckminster-Fuller-Objekt, das Mattus aus den rot-weiß-gestreiften Strohhalmen von McDonalds gebastelt hatte. Die Strohhalme waren zu Dreiecken verbunden und diese wiederum zusammengeheftet, bis sie eine große Kugel bildeten.

Das Wohnzimmer am Ende des Flurs war mit nur vier Gegenständen eingerichtet: einem Plattenspieler, einem Spiegel, einem Sofa und einem Ofen. Die einzigen Farben in dem Zimmer waren weiß (Wände), hellbraun (Holzboden, Sofapolster) und hellblau (damit waren die Seitenteile des Sofas angepinselt). Von diesem Raum führte eine Tür zu einem kleinen, leeren Arbeitszimmer, eine auf den großen Balkon und eine weitere zu einem Schlafraum für alle drei Bewohner. Dort stand nur ein riesiges Bett, in dem locker fünf Personen schlafen konnten. Das Bett war so hoch, dass man auf einer Höhe mit den Fenstern war und direkt in die Bäume des Georgengartens hinter dem Haus schauen konnte. Statt Kacheln waren im Badezimmer unterschiedliche Scherben zu einem riesigen Mosaik an die Wand geklebt. Die Wände waren in unterschiedlichen Grüntönen bemalt.

Die Einrichtung in der Küche hatten die Typen aus Holz selbst gebaut und mit pastellfarben gestrichenen Gartenmöbeln vom Sperrmüll eingerichtet. Einer der Bewohner, Dieter, lebte gerade in New York. Er war zweiter Gitarrist der hannoverschen Punk-Band *Rotzkotz*. Ich hatte einen ihrer Auftritte gesehen. Bei diesem trug Dieter ein Tigermusterleibchen und ein Hundehalsband. Für mich war das Poser-Stil. Untragbar. Unfassbar peinlich. Aber er war ja abwesend.

„Von heute an will ich nicht älter werden"

In diesem Sommer explodierte Punk in der norddeutschen Tiefebene. Ich besuchte alle Konzerte. Ich fuhr nach Kiel zum „No Horizon"- und nach Hamburg zum „Into the Future"-Festival. Mochte Musik bisher Sex gewesen sein, war Punk der Orgasmus: laut, schnell und kurz.

Länger war diese Intensität auch nicht zu ertragen. Pogotanzen war pure Ekstase. Wildes Hüpfen, Aufeinanderspringen. Schwitzen. Es war wunderbar, ein Teil der Meute zu sein. Zu einem großen organischen Haufen zu verschmelzen, nicht darüber nachzudenken, wie man aussieht und was passieren wird, sondern einfach den Verstand zu verlieren. Verstärkt wurde der Wahnsinn durch allerlei Mittelchen, von denen keiner wusste, was genau darin enthalten war. Vermutlich Speed. Aber Drogen, Pillen und was es an illegalen Stimulanzien so gab, war nicht meine Tasse Tee. Sobald ich sie nur sah, war ich weg, als könnte mir bereits der Anblick die Lichter ausschießen. Das heißt nicht, dass ich nüchtern war.

Wegen unterschiedlicher Auffassungen über den Gebrauch harter Drogen löste sich auch meine Wohngemeinschaft auf. Auf der Suche nach einem Zimmer lernte ich die Frauen der Lesben-Rockband *Unterrock* kennen, die mich für ein paar Wochen bei sich aufnahmen. Der größte Hit von *Unterrock* war eine Hymne für Lesben: „Wir sind keine Kellerasseln!" „Ich finde Kellerasseln super", bemerkte eine Zuhörerin bei einem ihrer Konzerte, „sie werden den Atomkrieg überleben, im Gegensatz zu uns."

In der Wohngemeinschaft galt ein strenges Männerverbot. Hetero-Männer durften noch nicht mal anrufen. Das war sehr erholsam. Die Frauen waren wilder und selbstbewusster als alle, die ich sonst kannte. Sie diskutierten viel über die Möglichkeiten, ein selbstbestimmtes Leben zu führen. Ein Thema, an dem auch ich ernsthaft interessiert war.

Wir gingen viel aus. In die Frauenkneipe, aber auch auf alle Konzerte, die versprachen, laut und wild zu werden. Auf Frauenfesten tanzten wir zu Patti Smith: *„Because the night belongs to lovers."* Manche Tage begannen erst abends.

In Hannover machte eine neue Kneipe auf. Chris, der Wirt, hatte sie nach dem Fillmore East in New York und dem Fillmore West in San Francisco benannt, zwei zentralen Plätzen der Rockmusik. Und sein Fillmore List wurde tatsächlich zum Treffpunkt der Hannoveraner Musik-Szene, zumindest von ihren jüngeren Vertreter:innen. Der Laden vereinfachte die Ausgehchoreografie enorm, denn es fanden sich alle ein, die Lust auf neue Musik hatten.

Auch Mattus und Uli standen hier rum. Mattus hatte sein Studium beendet. Jetzt musste er zum Zivildienst. Dabei sah er gar nicht nach Diakonischem Werk aus. Frisch zurück von einem Besuch bei *Rotzkotz*-Dieter in New York trug er eine weiße Plastikjeans und einen schwarzen Mohairpullover von Vivienne Westwood, in den ein abstraktes Farbmuster in Grün, Türkis und Pink gestrickt war. Am nächsten Tag kaufte ich mir buntes Acrylflauschgarn und strickte mir auch so ein Teil.

Ich fragte Mattus und Uli, ob sie ein freies WG-Zimmer wüssten.

„Bei uns ist kein Zimmer frei", wies mich Mattus ab.

„Einer der Türken ist ausgezogen. Den Raum haben wir jetzt auch noch gemietet. Wir renovieren ihn gerade. Mattus will dort einziehen. Für den Übergang kannst du bei uns wohnen", bot mir Uli an, „bevor du in ein Kinderheim musst."

Wie konnte jemand nur so nett und gleichzeitig so gemein sein?

Die Frauen von *Unterrock* kannten auch die Frauen der Gruppe *Hans-A-Plast*. Die hatten noch ein Zimmer in ihrer riesigen Altbauwohnung zu vermieten. Mit den besten Empfehlungen wurde ich zu ihnen geschickt. Es wohnten zwar auch noch ein paar andere Gestalten in der Wohnung in der Oststadt, entscheidend aber würde sein, ob Renate und Betty mich mochten. *Hans-A-Plast* war von den angesagten Bands in Hannover die erfolgreichste. Renate spielte Bass, Betty Schlagzeug. Ihre beiden Boyfriends Jens und Micha Gitarre.

Sie hatten alle so ziemlich die gleiche Frisur. Eine Art Stufenschnitt bis auf die Schulter. Jede in einer anderen Farbe. Bettys Haarfarbe

Martin Simons von Der Moderne Man

Annette Benjamin, Annette Simons und Bettina Schröder

+ Mila

SKINS

Der legendäre No-Fun-Chor 134

Annette Simons von Bärchen und die Milchbubis

war dunkelbraun bis schwarz. Ein hübscher Kontrast zu ihren hellblauen Augen. Sie war nicht sehr groß, aber sehr durchtrainiert. Kraftvoll und präzise drosch sie auf die Toms und Becken ihres Schlagzeugs ein. Für ihren Freund Micha schrieb Betty das Stück „Lederhosentyp". Seine lässige Art, sich zu bewegen, wurde in der Zeile *„Geh doch noch mal für mich hier lang, mit deinem herrlichen Django-Gang"* treffend besungen. Micha war eher schweigsam. Er war ein Profi in diesem typischen Männerschweigen mit einer Flasche Bier in der Hand, und ab und zu wird gelacht, ohne dass irgendjemand was gesagt hat. Er betrachtete dabei die Umgebung und nichts schien ihn aus der Ruhe zu bringen.

Renate arbeitete sich mit ihren Haarfarben durch das komplette Polycolor-Rot-Segment. Spielte sie zunächst über einen zu ihrer Haarfarbe passenden Bassverstärker, wechselte sie später zu einem Ampeg, einem mördermäßig schweren Teil, das – eine Frage der Ehre – von den Frauen selbst geschleppt wurde. Ihr Freund Jens sah leicht zerknautscht und grantelig aus. Dass er ein gutmütiger Mensch war, sah man bereits an seiner himmelblauen Fender-Gitarre.

Annette, die Sängerin und Saxofon-Spielerin von *Hans-A-Plast*, war fantastisch. Man merkte, dass sie sich auf der Bühne wohlfühlte, egal, wie heftig sie von den Punks aus lauter Liebe bespuckt wurde. Zu jeder noch so blöden Anmache fiel ihr ein guter Spruch ein. Annette trug immer stilsichere Klamotten. Kurze karierte Röcke, zu große Jacketts oder sogar eine Krachlederhose. Sie wohnte allerdings nicht in der WG und kam auch nur sehr selten zu Besuch.

Endlich hatte ich mal Glück. Das freie Zimmer gehörte mir. Das neue Jahrzehnt konnte kommen. Sogar meine Frisur passte perfekt. Wir hatten den Tipp bekommen, dass die Haare grün oder blau würden, wenn man blondiertes Haar mit Polycolor blauschwarz nachfärbte. Das probierte ich voller Begeisterung aus. Zuerst schnitt ich sie raspelkurz, dann färbte ich los. Das Ergebnis waren zwei große grüne Kreise auf meinem Kopf und ein paar türkisfarbene Fransen, die mir in die Stirn hingen.

Silvester luden mich meine neuen Vermieter:innen ein, mit der Band zu feiern. Sie hatten einen Auftritt in Hagen. Außer ihnen spielten noch stundenlang andere Bands. Als *Hans-A-Plast* endlich am Start war, waren alle total betrunken. Jens krabbelte auf der Suche nach seinem Plektrum über die Bühne. Und Micha saß auf dem Boden und produzierte nur noch Rückkopplungen.

Die 1980er hatten begonnen. Würden wir am Herzinfarkt beim Pogotanzen sterben? Würde ein Atomkraftwerk explodieren und die Erde unbewohnbar machen? Würden wir nur noch akustische Musik hören können, weil es keinen Strom mehr gab? Egal, solange die Musik laut genug war, würden wir nicht merken, dass die Welt zusammenbricht.

Wenige Tage später gehörte auch ich zu einer Band.

„Jeden Morgen fünf Alka Seltzer, doch mir fehlt jede Erinnerung, irgendwann hab ich auf dem Tisch getanzt, und dann lag ich irgendwann drunter"

Hans-A-Plast kannten drei Jungs, die Punkrock machen wollten. Sie besaßen Instrumente, einen Übungsraum und sogar eine Gesangsanlage, kannten aber niemanden, der singen mochte. Wir trafen uns direkt im Übungsraum. Ich erwartete ein paar total wilde, harte Typen. Stattdessen fand ich drei sehr brave, sehr niedliche Oberschüler vor. Sie waren nur ein, zwei Jahre jünger als ich. Der Bassist, Martin, hatte ganz lustige Punk-Prosa verfasst. Mein Favorit war „Sid klebt". Das ließ sich wunderbar grölen: *„Ich hab Sids Lederhose angefasst, er hat mir ins Gesicht gespuckt, das war mein schönster Tag im Leben, ich wasch mir nie mehr mein Gesicht"*, schrammel,

schrammel, schrammel, schrammel, Wiederholung und Schluss. Besser ging es wirklich nicht.

Ab da gehörten Rudolf, Andreas, Martin und ich zusammen. Schon rein von der Körpergröße waren wir ein ideales Gespann. Martin war der Kleinste, dann folgte ich, darauf Andreas. Rudolf war mit 1,96 Metern der Längste. Zwischen jedem von uns lagen ungefähr zehn Zentimeter Abstand. Allerdings bei gleichem Körpergewicht.

Rudolfs Haare waren kurz geschnitten und zeigten bereits leichte Ausfallerscheinungen an den Ecken. Er wirkte freundlich und sehr fröhlich. Doch er war auch extrem intelligent und eigensinnig. Er trug eigentlich immer Jeans und gerne ein Hemd mit V-Pulli. Andreas blickte immer etwas verträumt in die Gegend. Er trug am liebsten Army-Hosen, deren Seitentaschen so vollgepackt waren, dass sie immer abstanden. Martin gehörte zur Hemden-mit-V-Pulli-Fraktion. Er besaß eine Lederjacke. Natürlich keine Bikerjacke, sondern eine hellbraune im Blousonschnitt. Allerdings wurde sie mit einem Sticker aufgepeppt. Damit hatte er von allen dreien die heftigste Punker-Attitüde.

Rudolf und Andreas waren totale Technik-Freaks. Sie hatten nicht nur Teile der Anlage selbst zusammengelötet, sondern besaßen bereits einen Atari, einen der ersten Computer. Beide hatten jeweils ein Programm für das japanische Brettspiel Go geschrieben. Nun ließen sie ihre Rechner gegeneinander spielen, um herauszufinden, wer das bessere Programm entwickelt hatte. Mit Rudolf und Andreas verstand ich mich vom ersten Moment an, denn sie liebten *Blondie* fast noch mehr als Punkrock. Nachdem wir uns dieses Geständnis gemacht hatten, war unser Vertrauen ineinander unverbrüchlich.

Unsere Sorgen, Ängste und Probleme spiegelten sich in den anderen, aber da wir uns mochten, fiel es uns schon viel leichter, diese ungeliebten Seiten zu akzeptieren. Wir überlegten sogar, ob wir die Band nicht *Komplexe* oder *Angstneurose* nennen sollten.

Mit Martin kam ich nicht so leicht klar. Er hatte bislang die Texte geschrieben und den Beat vorgegeben. Meine Vorschläge fand er nicht so toll, vielleicht waren sie ihm zu mädchenhaft? Von den anderen wurde er aber überstimmt.

Wir brauchten ein paar neue Songs. Ich versuchte auch Texte zu schreiben. Irgendwo sah ich den Spruch „Jung kaputt spart Altersheime". Das war ja praktisch mein Alltag, denn wenn ich so weitermachen würde mit dem Ausgehen und dem Alkoholmissbrauch, würde ich nicht das Stadium der Altersweisheit erreichen. Renate witzelte gern über unsere letzte Hirnzelle, die unsterblich sei, da sie in Alkohol konserviert in unserer Hirnschale herumschwimme.

Wir konnten nun schon fünf Stücke. *Hans-A-Plast* meinten, das reiche für einen Auftritt. Uns fehlte nur noch ein Name. Ein richtig böser Punk-Name wie zum Beispiel *Daily Terror* passte nicht zu uns. Der war ja auch schon vergeben an die wirklich harten Kerle aus Braunschweig. Renate fiel schließlich unser Bandname ein: *Bärchen und die Milchbubis*. Eigentlich eine Beleidigung. Besonders schmerzhaft, weil alle anderen im Fillmore List sich ausschütteten vor Lachen. Aber wir wurden den Namen nicht mehr los. Auch weil niemandem ein besserer einfiel.

Um erste Bühnenerfahrungen zu sammeln, nahmen *Hans-A-Plast* uns mit nach Offenbach. Dort spielten wir zum ersten Mal vor Publikum in einer besetzten Lederwarenfabrik. Ich fand es schrecklich, auf der Bühne zu stehen und angeglotzt zu werden. Es war mir nicht möglich, mich zu bewegen. Ich klammerte mich ans Mikrofon und hoffte, die Zeit würde schnell vorbeigehen.

Eine Woche später spielten wir mit *Hans-A-Plast* im Bebop in Hildesheim. Bereits am Morgen flatterte mein Magen, weil alle Leute, die mir etwas bedeuteten, mich sehen würden.

Ich hielt es für einen guten Plan, ihn mit Jägermeister zu beruhigen. Es half tatsächlich. Ich musste nur die Dosis konstant halten. Da wir sehr unsicher waren, schlugen *Hans-A-Plast* vor, dass wir nicht als Vorgruppe, sondern während ihrer Pause spielen sollten. Annette, Betty und Renate studierten eine kleine Choreografie ein, um mich als Tänzerinnen zu unterstützen. Ich bat Micha, der unseren Ton mischte, auf mich aufzupassen. Er sollte mir das Mikrofon abstellen, wenn ich peinlich würde. Wir hatten bei diesem Auftritt so viel Spaß, dass wir nach *Hans-A-Plast* noch mal auf die Bühne wollten, um ein weiteres Mal unsere fünf Stücke zu spielen. Ich mochte gar nicht mehr aufhören. Micha ruderte mit den Armen, winkte und wedelte. Ich fragte mich, warum er sich dahinten so zum Affen machte, bis ich endlich begriff, dass ich längst ohne Ton war. Ich stürzte von der Bühne und lief nach draußen. Scham mischte sich mit Adrenalin und Alkohol. In meinem Magen rumorte es. Mein Bauch begann, sich rhythmisch zusammenzuziehen, und dann ejakulierte ich, das heißt: Ich kotzte eine riesige Fontäne. Genauso stellte ich mir die Ejakulation bei einem Typen vor. Man ergießt sich in einem schönen warmen Schwall. Fasziniert von dieser Vorstellung genoss ich das wohlige Gefühl, das sich in mir breitmachte. Super, der Auftritt war zwar voll peinlich gewesen, aber dafür kannte ich jetzt den männlichen Orgasmus.
Etwas verwirrt von dieser After-Show-Erektion schaute ich auf die Lichter Hildesheims zu meinen Füßen. Auf einmal stand Mattus neben mir und ich versank in einer Welle aus Scham.

„Hey, wie geht es dir? Ich wollte mal nach dir gucken. Alles in Ordnung?"

„Hast du mich eben gesehen?", fragte ich beklommen und dachte an meine Kotzerei.

„Ja, klar, ihr wart super. Hat mir gut gefallen. Du warst wirklich toll auf der Bühne!"

Ich klopfte die Worte ab und versuchte sie zu verstehen. Offensichtlich sprach er von unserem Auftritt.

„Danke, das bedeutet mir echt viel", stammelte ich verlegen und schämte mich noch abgrundtiefer. Nie wieder würde ich betrunken auf die Bühne gehen. Am besten trank ich überhaupt nicht mehr. Schon gar nicht, wenn Mattus in der Nähe war. Dass er mich so sehen könnte, mit den Spuckefäden und wie eine Pfütze stinkend, war eindeutig zu viel für mein Selbstwertgefühl.

„Komm, lass uns zurückgehen", schlug Mattus vor. „Die anderen sind bestimmt schon mit dem Abbauen der Anlage fertig."

Verwirrt über seine Fürsorge und verzweifelt über meinen Zustand stakste ich neben ihm zurück ins Bebop. Vor dem grellen Licht der Saalbeleuchtung flüchtete ich mich aufs Klo, um mich zu waschen und noch gründlicher zu schämen. Die *Milchbubis* fanden mich schließlich:

„Hey, hier bist du also. Warum versteckst du dich auf dem Klo? War doch super."

Gut gelaunt quatschten sie durcheinander. Mattus war schon nach Hannover zurückgefahren. Ich war erleichtert, dass er nicht auf mich gewartet hatte, und wärmte mich an dem Gedanken, dass er mir gefolgt war, aus Sorge, es könnte mir nicht gut gehen.

Die wirkliche Mutprobe für unsere Band kam aber erst noch. Nach einem Auftritt bei den Ruhrfestspielen in Recklinghausen vor tausend Leuten sollten wir auf einem Festival im UJZ Kornstraße spielen. Dieses Jugendzentrum war mir aus der Anti-Atom-Bewegung bestens vertraut. Aber hier würden wir nicht vor gutmütigen Studis spielen, hier waren die echten, die Gossenpunks zu Hause. Die meisten von ihnen trugen als modisches Accessoire einen Arschlappen. Ich hatte lange gebraucht, um hinter die Bedeutung dieses Stoffteils zu kommen. Es symbolisierte die Einheit im Geiste mit den streikenden Bergarbeitern in England. Untertage schützen diese ihre Klamotte mit einem Stück Leder am Rücken, eben dem Arschlappen. Über Tage tut es auch ein Stück altes Bettlaken, das, liebevoll mit einem Edding bemalt, mit ein paar Nadeln an die Hose getackert wird.

Einige von den Punks kannte ich. Außer endlosen Anpflaumereien hatten wir die perfekte Methode diskutiert, um die Haare zum Abstehen zu bringen.

„Ey, Seife ist geil", lautete ein Vorschlag.

„Die muss aber parfümfrei sein, sonst wird's eklig."

„Bier oder Nivea-Creme bringen einen super Stand."

So ging das hin und her, bis Wixer von *Blitzkrieg* sich einmischte:

„Den besten Halt gibt Abtönfarbe. Rauf auf die Haare, trocknen lassen, fertig."

Damit war die Diskussion beendet.

Doch das war Schnee von gestern, an diesem Abend ging es um die Bühnenhoheit, denn wir waren hier nicht beim Luftgitarren-Wettbewerb. Den Punks bereitete es das größte Vergnügen, anderen Bands die Instrumente auszustöpseln. Ein Typ mit der Gitarre um den Hals kam einfach auf die Bühne, zog den Stecker aus dem Verstärker und versuchte, sein Instrument anzuschließen. Als Sängerin musste ich wahnsinnig aufpassen, dass mir nicht das Mikrofon geklaut wurde. Ich war nur einen Moment unaufmerksam, und zack war das Mikro weg. Etwas Demütigenderes als diese Situation gibt es kaum. Entsprechend groß war das Gejohle. Aber noch größer war mein Ansporn, mir das Teil zurückzuholen. Ich kämpfte mich durch die ersten drei Reihen. Nach einer kurzen Rauferei hatte ich das Mikro zurückerobert, konnte es wieder einklinken und weitersingen. Der Vorteil dabei war für mich, dass ich mir nicht überlegen musste, wie ich mich auf der Bühne bewegen sollte. Ich musste schließlich um meine Existenzberechtigung als Sängerin kämpfen.

Die Stimmung unter den Punks war bei unserem Auftritt sehr freundlich. Noch waren sie einigermaßen nüchtern. Bei den schnellen Passagen hüpften sie fröhlich mit. Das änderte sich im Laufe des Abends, als die lokalen Helden von *Blitzkrieg* auftraten. Wir standen eng an die Wand gepresst, als sich die Pogo-Meute wie ein einziger großer Klops am Boden wälzte, in einer Mischung aus Scherben, Urin und Kotze.

„Wenn mich schon keiner mag, warum soll ich euch mögen?"

Seinen Namen und den seines Fanzines hatte Hollow Skai aus Iggy-Pop-Songs gecovert. Auf den kopierten Schwarz-weiß-Fotos seines Fanzines sah er allerdings deutlich besser aus als im echten Leben. Seine Haare waren zu lang, zu lockig und gleichzeitig zu schütter, um angesagt zu sein. Wahrscheinlich war er randvoll mit inneren Werten. Ich vermutete, dass er unglücklich verliebt war, denn um ihn herum waberte eine zarte Wolke aus Miesepetrigkeit. Gemeinsam mit den *Hans-A-Plast*-Gitarristen hatte er ein Plattenlabel gegründet: *No Fun Records*. Jetzt brauchten sie Platten, um die sie sich kümmern konnten.

No Fun Records bestand hauptsächlich aus Hollows Küchentisch, an dem die Musiker:innen mit ihm über die goldene Zukunft, Gema-Gebühren, Vertriebsrechte, Musikverlage und was eine Platte sonst noch so braucht, um auf den Plattenteller zu kommen, schwadronieren konnten. So weit kamen wir noch nicht mal. Als wir wieder mal im Fillmore herumstanden, fragte uns Micha, ob wir am Dienstag schon was vorhätten, denn da wäre bereits die Toncooperative für uns gebucht. Wir waren viel zu geschmeichelt, um uns zu wehren.

Die Toncooperative war wie die unabhängigen Jugendzentren ein Erbe aus den 1970ern zur Politisierung der Jugendlichen. Auf einem alten Werkstatthof in der Südstadt hatten es sich ein paar zottelige Typen in einem Backsteinhäuschen gemütlich gemacht. Damit wir alle hineinpassten, wurden große Flightcases voller Kram auf den Hof gerollt. Es gab ein Aufnahmestudio und einen Raum mit einem riesigen Mischpult. Unser Platz war die durch-

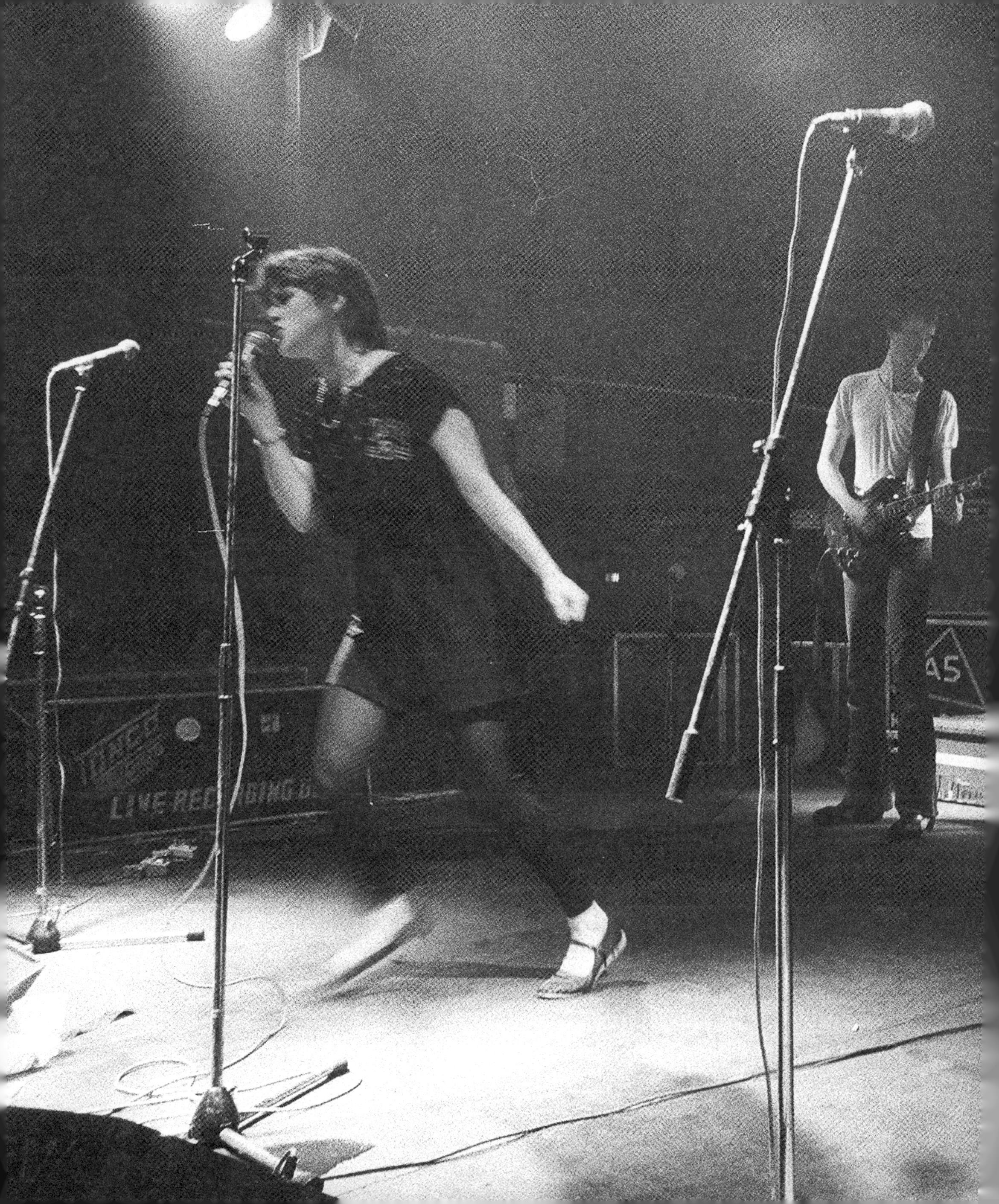

Bärchen und die Milchbubis

The 39 Clocks

Fillmore List

gesessene Couch, auf der offensichtlich schon Generationen von Musiker:innen darauf gewartet hatten, dass die Profis der Toncooperative eine Million Kabel verstöpselt bekamen. Wir waren im echten Musikerhimmel angekommen. Als Beweis dafür stand eine Flasche Jack Daniel's auf dem Tisch.

Wir waren entzückt. Geduldig warteten wir, bis das Schlagzeug eingestellt war: „Bum, bum, bum, bum." Noch mal: „Bum, bum, bum, bum." Und nun die Toms. Das dauerte endlos. Micha passte auf, dass nichts aus dem Ruder lief.

Unsere Stücke waren keine große Herausforderung. Endlose Gitarrenspuren mussten nicht übereinandergelegt werden. Der Sound sollte eher nach Mülltonne klingen, und auf gar keinen Fall durfte er glatt werden. Wir spielten die Stücke schnell und ohne Komplikationen ein. Zum Chor von „Jung Kaputt" kam die halbe *No-Fun*-Familie vorbei. Hollow Skai natürlich als Chef des Labels. Renate, Betty und Jens von *Hans-A-Plast*, die ganz studioerfahren mit dem Mixer fachsimpelten. Emilio Winschetti, der in seinem weißen Anzug einfach fantastisch aussah und dessen bloße Anwesenheit mich mit Stolz erfüllte. Sogar Uli, Bettina und Mattus waren gekommen und machten ihre Scherze mit mir. Mattus war mittlerweile Sänger der Band *Der Moderne Man*, die auch zur *No-Fun*-Familie gehörte. Es dauerte aber nicht länger als eine halbe Stunde, um alle zu begrüßen, den Refrain einzusingen und die Bande wieder zu verabschieden.

Auf „Jung Kaputt" verwendeten wir die meiste Sorgfalt. Als es fertig abgemischt war, setzten wir uns in Andreas' Auto vor die Toncooperative. Per UKW wurde uns das Lied auf das Autoradio gefunkt. Das war die finale Soundabnahme. Erst wenn wir mit diesem Ergebnis zufrieden wären, sollte Schluss sein mit dem Geschiebe an den Reglern.

Unser Vertrauen in den Mixer wuchs dadurch ins Unendliche. Die anderen drei Stücke ließen wir ihn allein abmischen. Als wir das fertige Band bekamen, war Rudolf mit den Nerven am Ende. Der Mixer hatte ihm einen ganz fiesen Phaser-Effekt auf die Gitarre gelegt, ausgerechnet bei „Sid klebt".

„Was sollen die Leute von mir denken? Die halten mich doch alle für einen scheintoten Sack!", rief er empört.

Mich erinnerte der Sound an „Silver Machine" von *Hawkwind*, aber auch das konnte Rudolf nicht trösten.

Für das Covermotiv bot sich einiges an sozialromantischer Tristesse an. Betrunkene Jugendliche, Sensenmänner, Kneipenstillleben. Wir entschieden uns für ein Kinderfoto meiner Mutter, das sie als einziges Mädchen zwischen den Jungs aus ihrem Dorf zeigt. Es war Ende der 1930er Jahre von einem Fotografen, der über die Dörfer zog, aufgenommen worden. Ich dachte, meine Mutter würde sich darüber freuen. Aber sie meinte nur, falls ich glauben würde, sie würde die liegen gebliebenen Platten aufkaufen, wäre das ein Irrtum. Aus Kostengründen durften wir nur eine Druckfarbe verwenden. Die Auswahl fiel uns leicht. Unsere gemeinsame Lieblingsfarbe war hellblau.

Allerdings brauchten wir schon bald einen neuen Bassisten, denn Martin verließ die Band, um in einer anderen Stadt zu studieren. Die Rolle des Bassisten ist innerhalb einer Band extrem wichtig und schwierig, denn der Bass verbindet die beiden Egozentriker, den Schlagzeuger, der den Rhythmus vorgibt, mit dem Gitarristen, der die Melodie beisteuert. Bassisten sind meistens stille, zurückhaltende Arbeiter, keine Poser. In einer Band gehören sie zu den intelligentesten Vertretern.

Auf der Party zum 17. Geburtstag meines Cousins lernte ich Kai kennen. Er fiel mir durch sein freches, dreckiges Lachen auf. Wahrscheinlich kann Kai auf mehr Arten lachen, als es Begriffe dafür gibt. Er war etwas größer als ich und kräftiger. Obwohl Kai erst 16 war, wirkte er doch schon männlich und sehr sexy. Wir verstanden uns so gut, dass wir die letzte Bahn in die Stadt verpassten. Ich war mit dem Fahrrad unterwegs, aber Kai hatte einen Gipsarm und musste nach Hause laufen. Er wohnte auch in der Oststadt. Wir gingen also von Mittelfeld aus durch die Südstadt bis in die Oststadt und waren stundenlang unterwegs. Genug Zeit, um sich endlos über Vorlieben, Abneigungen und Leidenschaften zu unterhalten. Kai verehrte *Blondie*. Er bekam seit Jahren Gitarrenunterricht. Lust, in einer Band zu spielen, hatte er auch. Während ich mein Rad neben ihm herschob, wünschte ich mir, er würde bei *Bärchen und die Milchbubis* mitmachen. Als wir uns trennten, schenkte er mir zum Abschied einen Button. In weißer Schrift auf hellblauem Grund stand: „I'm a loveable Loser". Spätestens diese Einstellung zum Leben qualifizierte ihn zum *Milchbubi*.

Auf den Bandfotos, die *No Fun Records* brauchte, um unsere Platte zu promoten, war bereits Kai statt Martin zu sehen. Hollow, Micha und Jens gaben sich eine Wahnsinnsmühe mit uns. Die EP war in allen kleinen Plattenläden zu bekommen. Alle guten Radiomoderator:innen waren versorgt und motiviert worden.

„Jung Kaputt" schaffte es 1980 zum meistgespielten Stück im Bayerischen Jugendfunk.

Es ist ja bekannt, dass Sänger einen an der Waffel haben müssen, um überhaupt auf die Bühne zu kommen. Schlimmer als die Nervosität vor dem Auftritt war aber das riesige Loch, das mich danach zu verschlucken drohte. Nach jedem Gig betrank ich mich. Mal, weil ich mich schämte, mal, weil ich es nicht ertrug, dass die Leute jetzt jemand anderem zujubelten. Die *Milchbubis* verpissten sich dann an eine Spielekonsole, um Kometen zu zerstören.

Ihrer Meinung nach war es überhaupt nicht Punk, sich voller Zweifel und Selbsthass von der Bühne aufs Klo zu verziehen, um sich zu schämen. Sie warteten, bis unser Kram abgebaut werden konnte, dann suchten sie mich, kratzten mich vom Fußboden unter irgendeiner Bank hervor und brachten mich ins Bett. Allein ihnen zuliebe wollte ich wieder klarer werden und etwas mehr Selbstachtung bekommen.

„Erzähl mir keine Geschichten, ich will dich nicht so kalt, wie du bist"

Die Idee der Tour „Jubel 81" war, dass die *No-Fun*-Bands, die sonst nur von Clubs und Jugendzentren gebucht wurden, einmal zusammen mit einem ordentlichen Equipment auf größeren Bühnen spielen konnten. Die ganze Aktion war superprofessionell von Hollow Skai und Hage Hein vorbereitet worden. Es gab einen Bus, in den außer uns noch *Hans-A-Plast, Rotzkotz*, die *39 Clocks, Der Moderne Man* und *A5* gestopft wurden. Wir trafen uns nachts um halb eins, und los ging es nach München zu unserem Auftritt in der Alabama-Halle.

In dem Bus war natürlich die Hölle los. Es gab auf alle Fälle mehr Bier als Sauerstoff. An jeder Raststätte musste angehalten werden, weil entweder Bier nachgekauft oder gepinkelt werden musste. Die *Milchbubis* saßen vorne beim Busfahrer, den sie für den einzigen vernünftigen Menschen hielten. Ich blieb immer schön in ihrer Nähe.

Der erste Auftritt war ein unglaubliches Erlebnis. Bevor das Konzert begann, war im Umkleidebereich kein einziges Klo mehr frei, weil alle vor Aufregung nur einen sicheren Ort kannten. Dort saß ich, stocknüchtern, wie ich es mir vorgenommen hatte, und in meinem Hirn hämmerte nur ein Satz: „Ich kann da nicht raus", während die *Milchbubis* bereits das Intro spielten. Wahrscheinlich ist es wie beim Bungee-Jumpen. In dem Moment, wo man fällt, wird alles ganz einfach. Kaum kam ich auf die Bühne und registrierte die ersten Arme, die nach oben flogen, riss mich ein wahnsinniges Glücksgefühl von den Füßen. „Hey, hallo München" oder was für einen Scheiß man dann sagt, und München machte „Wahhhh". In der Halle standen bestimmt 1.500 Leute, das war schon echt groß.

Die dritte Station war Stuttgart, die Mausefalle. Kaum dass der Bus gehalten hatte, stürmten alle Sänger:innen in die Fußgängerzone. Die dort herumlungernden Punks erkannten uns.

„Hey, hallo, was macht ihr denn hier?", begrüßten sie uns fröhlich.

„Könnt ihr uns sagen, wo hier die nächste Apotheke ist?", fragte Mattus.

„Alter, was brauchst du, ich kann dir alles besorgen?"

Eine große Lederjacke baute sich vor Mattus auf.

„Äh, wir möchten eigentlich nur Emser Halspastillen kaufen."

Die Punks schmissen sich weg vor Lachen, brachten uns aber gutgelaunt zur nächsten Apotheke. Sie warteten, bis wir unsere Lieblingsdroge gegen die rauen Stimmbänder eingeworfen hatten, und quatschten noch ein bisschen mit uns.

„Ey, Bärchen, kannst du mir ‚Blutrache' widmen, wenn ihr heute Abend spielt", fragte mich ein kleiner, dicker Punk, „das ist mein Lieblingslied."

„Ja, klar, wie heißt du denn?"

„Volker Votze."

„Was?", fragte ich nach und prustete schon los, „Volkes Votze?"

Volker und seine Freunde bemerkten meinen Fehler und brüllten nur noch: „Ey, geil ey, Volkes Votze, super."

Na, für Stimmung war schon mal gesorgt. Wir spielten auch als Erste an diesem Abend, als alle noch jung und frisch waren.

„Das nächste Stück spielen wir für Volkes Votze", kündigte ich „Blutrache" an. Volker legte erst mit seinen Freunden einen schönen Pogotanz hin, um dann beim langsamen Teil mit ausgebreiteten Armen tränenüberströmt vor mir zu knien.

Die *Milchbubis*, die bis zur Tour nur wenige Menschen ernstgenommen hatten, entdeckten ihre Liebe zu Christian und Jürgen von den 39 *Clocks* und ihren seltsamen Angewohnheiten. Die beiden trugen nur schwarze Klamotten. Aus Prinzip auch nachts dunkle Sonnenbrillen. Jürgen war dazu noch riesengroß und sehr dünn. Kai fand, er ähnele einem wunderschönen großen, schwarzen Vogel. Die *Milchbubis* beobachteten die *Clocks*, wenn sie morgens loszogen, um Erdbeersekt für ihr Frühstück, oder nachmittags Whiskey für ihr Abendessen zu holen. Weil sie die Sonne meiden wollten, sprangen sie tatsächlich von Schatten zu Schatten.

Die *Milchbubis* verstanden sich genau wie die *Clocks* als totale Antithese. Sie wollten auf keinen Fall so werden wie die Leute, die sie doof fanden. Sie hatten das Gefühl, alle Menschen um sie herum zu durchschauen. Deren ganzes armseliges Bemühen. Dieser Blick auf die Welt verband die äußerlich vollkommen unterschiedlichen *Milchbubis* mit den *Clocks*. Natürlich mochten wir auch den Psycho-Beat, den die *Clocks* spielten: eine dunkle, knarzige Musik, zu der Jürgen und Christian schwer philosophische Texte nuschelten.

An dem Tag, als die *Sounds*, das für uns wichtigste Musikmagazin, mit der Rezension unserer LP erschien, war ich mit den *Milchbubis* verabredet. Sie wollten sich von mir die Haare schneiden lassen und als Gegenleistung die Getränke mitbringen. Unsere Plattenkritik hatte Alfred Hilsberg unter dem Pseudonym „J. Pech und A. Schwefel" verfasst. Sobald ich den Namen las, wusste ich, dass es ein Verriss war. Hilsberg betrieb das unabhängige Label *ZickZack Records*, das Hamburger Pendant zu *No Fun Records*. Darauf waren so wunderbare Platten wie *Amok Koma* von *Abwärts* erschienen.

Ich schlug die *Sounds* auf und überflog den Artikel. Den Schmerz über die Bedeutung der einzelnen Worte würde ich nicht ertragen können, also schaute ich wirklich nur kurz darauf und klappte das Heft wieder zu. War das bitter. Was wohl die *Milchbubis* dazu sagen würden? Ich war froh, sie an diesem Abend zu sehen. Die drei wollten von mir tadellose Rattenfraß-Frisuren verpasst bekommen. Dafür werden einzelne Haarsträhnen schräg angeschnitten, sodass sie fünf bis sieben Zentimeter lang sind. Kais Haare erschienen mir unverwüstlich. Mit ihnen begann ich meine Aktion. Die ersten Bierflaschen wurden geöffnet.

„Mögen wir eigentlich Alfred Hilsberg?", fragte ich in die Runde.

„Bist du irre?"

„Hilsberg ist ein Vollidiot."

„Der einzig vernünftige Mensch bei *Sounds* heißt Diedrich Diederichsen."

„Wenn der uns verrissen hätte, wäre ich jetzt echt geknickt, aber bei Hilsberg weiß doch jeder, dass der keine Ahnung hat." „Wenn der uns gut gefunden hätte, dann hätten wir ein Problem."

Die *Milchbubis* schienen tatsächlich bester Dinge und ich schnippelte schon etwas vergnügter an Kais Haaren herum. Es klingelte an der Tür. Hollow Skai kam zu Besuch. „Hey, schön, dass ich euch alle zusammen treffe. Gebt mir ein Bier und ratet, wer mich angerufen hat?" Aus unserem nahezu unerschöpflichen Biervorrat reichten wir ihm eine Flasche rüber.

„Hage Hein, der sich über unser kindisches Verhalten beschweren wollte?"

„Hilsberg, um sich zu entschuldigen? Es war alles nur Spaß?"

„Ihr seid ganz nah dran. Aber ihr kommt nicht drauf. Es war Diedrich Diederichsen. Er lässt euch ausrichten, dass ihm der Text von Hilsberg wahnsinnig leidtut. Eure LP gefällt ihm richtig gut. Nun schlägt er vor, eine Geschichte über euch zu machen. Mehr als eine Seite ist aber nicht drin."

Weiter kam er nicht. Wir jubelten los: „Auf die ausgleichende Gerechtigkeit!"

Vor unserem Auftritt im Ratsgymnasium übten wir besonders eifrig. Der Tag kam und aus Hamburg traf Diedrich Diederichsen ein. Wir hatten keine Ahnung, was uns erwartete, außer dem klügsten Menschen des Musikjournalismus, den einzigen, den Rudolf, Kai und Andreas ernstnahmen. Optisch passte er perfekt zu ihnen. Er sah überhaupt nicht nach Punk, New Wave oder neuer Musik aus. Offensichtlich gehörte Diedrich zur Antithesen-Fraktion der *Milchbubis*.

Hollow nahm ihn in Empfang. Mit so einem wichtigen Menschen konnte nur der Chef persönlich reden. Wir hatten sowieso keine Zeit. Wir mussten unsere Verstärker in die Schule bringen, beim Aufbau helfen und versuchen, einen vernünftigen Sound hinzubasteln.

Das Konzert war ein echtes Heimspiel. Das Publikum bestand zum großen Teil aus Kais ehemaligen Mitschülern, die einfach nur eine tolle Party erleben wollten. Die Pausenhalle platzte aus allen Nähten mit jungen, übermütigen Teenagern. Sie grölten alles mit und feierten uns gründlich ab. Diedrich soll begeistert gewesen sein, auch wenn er auf mich nur wie jemand wirkte, der ganz dringend zum Bahnhof wollte, um nicht seinen Zug zu verpassen.

„Radioactivity makes me spring and dance"

No Fun Records gab zusammen mit dem Label von *Ton Steine Scherben* einen Sampler heraus. Wir durften in einem 32-Spur-Studio mit einem Superprofi von Tontechniker ein Stück einspielen. Weil uns keins unserer eigenen gefiel, coverten wir einen Titel unserer Helden, den *39 Clocks*.

„Ist euch eigentlich schon mal aufgefallen, dass eure Sängerin nicht singen kann?", fragte der Tontechniker die *Milchbubis*. „Ich persönlich habe damit kein Problem, aber es hört sich natürlich scheiße an." Dann begann er den *Milchbubis* zu erklären, welches technische Repertoire ihm zur Verfügung stehen würde, um zu retten, was seiner Meinung nach gerettet werden musste.

The 39 Clocks

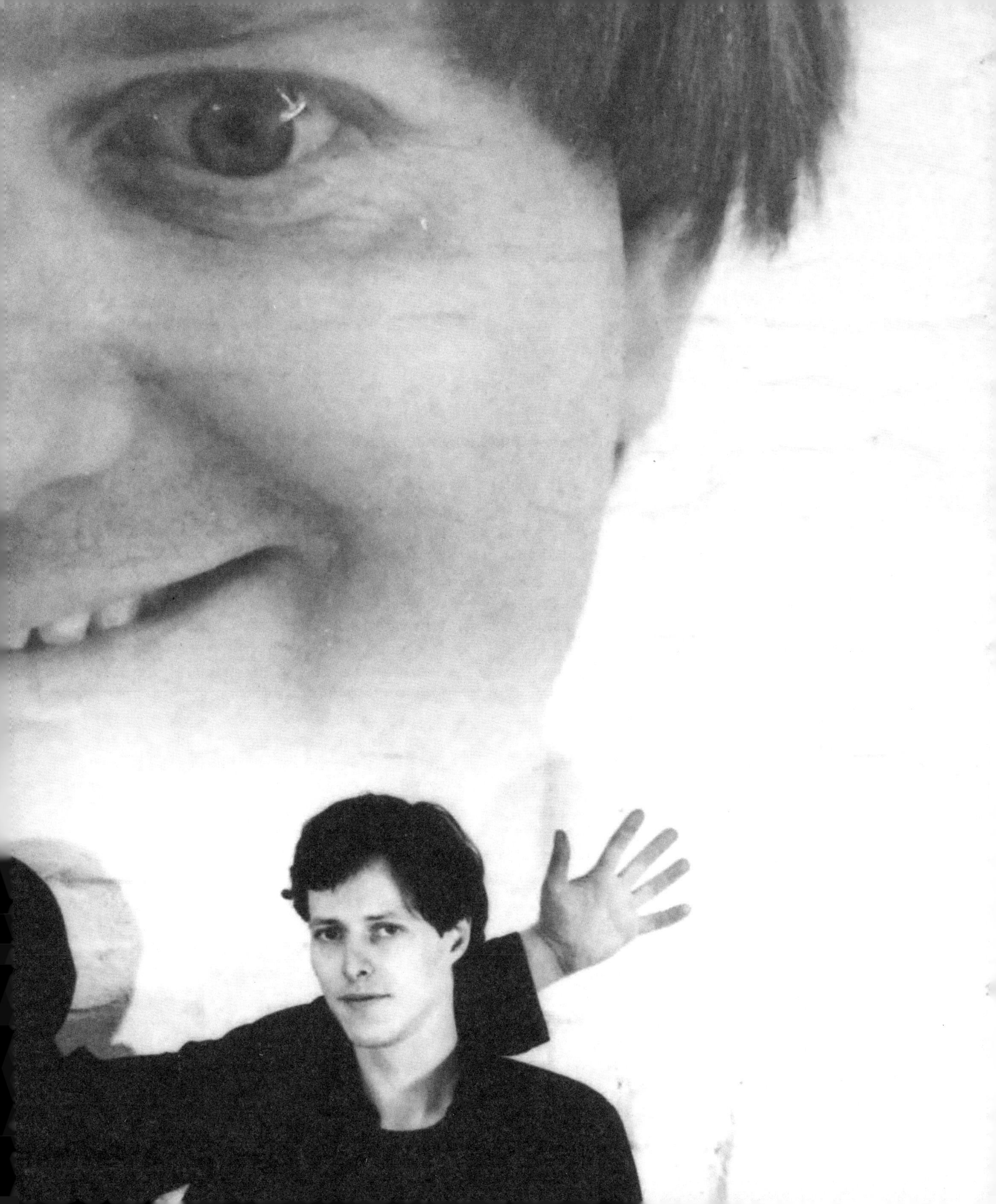

„Guter Mann", erklärte ihm Kai, „unsere Sängerin singt harmonische Interferenzen. Das ist absolut perfekt, wie sie singt. Genau das macht unseren Sound aus. Da wird überhaupt nichts dran gedreht."

Die *Clocks* waren von unserer Version ihres Stückes „DNS" begeistert. „Das ist ja ein echter Pop-Song geworden. Wer hätte gedacht, dass so viel Schönheit in unseren Songs steckt. Wir haben ja tatsächlich Pop-Qualität", freuten sie sich. Aus Übermut und gegenseitiger Sympathie beschlossen wir einen gemeinsamen Auftritt, bei dem die *Clocks* unsere Stücke und wir ihre spielen würden. Das denkwürdige Ereignis fand in der Werkstatt Odem statt. Uns machte es großen Spaß, aus den intelligenten Psycho-Beat-Stücken der *Clocks* kleine Pop-Perlen zu machen, aber es war auch super, unsere eigenen Sachen als abgründigen Psycho-Beat zu hören. Es endete alles in Krach, Lärm und bester Laune. Der Abend erinnerte uns daran, warum wir überhaupt Musik machten: für uns, unsere Freunde und um eine gute Party zu haben.

Aber dann rief das Management von *Siouxsie and the Banshees* an und fragte, ob wir bei der nächsten Tour als Vorgruppe spielen wollten. Das haute uns noch mal richtig von den Füßen. Das war ja nun eine ganz andere Geschichte als eine gute Party mit Freunden. Wir wären raus aus dem ganzen schrecklichen Neue-Deutsche-Welle-Brei. Wir drehten völlig durch vor Glück. Für einen Moment genossen wir das Gefühl, unserer Göttin, der wunderbaren Siouxsie, ganz nah zu sein. Wir fühlten uns wie in einem Teilchenbeschleuniger aus Rudolfs physikalischen Experimenten.

Es dauerte ein wenig, bis die Realität in unser Bewusstsein tropfte. Es waren Micha und Hollow, die uns mit ein paar bitteren Wahrheiten vertraut machten.

„Ich glaube nicht, dass dies ein sauberes Angebot ist", überlegte Hollow. „Selbst wenn ihr nicht pro Auftritt bezahlen müsst, was bei Acts dieser Kategorie üblich ist, bleiben für euch noch die Kosten für Hotel und Fahrt."

„Vorgruppen bekommen einen miesen Sound, die werden richtig scheiße abgemischt. Ihr werdet den Fans zum Fraß vorgeworfen. Das steht ihr nicht durch", prophezeite uns Micha.

Wir wären gern davon überzeugt gewesen, dass niedere Beweggründe sie dazu brachten, uns die Freude zu verderben. Aber so waren die beiden nicht. Wir konnten uns an keine Unkorrektheit in Geschäftsangelegenheiten erinnern. Für *Bärchen und die Milchbubis* hatten beide immer alles gegeben. „Sie haben recht", gestanden wir uns ein, als wir wieder allein waren. „Das sind wir nicht, jedenfalls nicht im Moment. Wenn ich auf ein *Siouxsie*-Konzert gehe, möchte ich auch nicht *Bärchen und die Milchbubis* im Vorprogramm sehen."

Ich versuchte mit den *Milchbubis* an unserer zweiten LP zu arbeiten. Micha lud uns ein, im *Hans-A-Plast*-Studio ein paar Probeaufnahmen zu machen. Aber wir traten auf der Stelle. Und noch schlimmer: Aufgrund seiner physikalischen Erkenntnisse wollte Rudolf nur noch einen Ton auf der Gitarre spielen:

„Doch Leute, glaubt mir, es ist super, die Strukturen immer weiter zu vereinfachen. Letzten Endes ist alles in einem Ton enthalten, wenn er perfekt ist."

„Ja, Rudolf, das mag sein, aber wir machen Musik", redeten wir auf ihn ein, „Spaß, Party, Wimmergitarre, Brettgitarre, Sologitarre, Rückkopplungen, all das."

Aber Rudolf blieb stur. Sein einziges Kompromissangebot lautete: einen Ton pro Song und nicht mehr einen Ton für alle Stücke.

„Okay Leute, das war es mit uns. Hören wir auf."

Ich weiß nicht mehr, wer es ausgesprochen hatte, aber es war vorbei mit unserer Band. Es war ziemlich viel zusammengekommen, was nicht mehr funktionierte. Vielleicht waren wir einfach nicht mehr so unbedarft wie am Anfang.

„Was haben wir denn noch für Auftritte auf dem Plan?", fragte Andreas.

„Das Festival in Passau, unseren ersten und damit letzten Auslandsgig in einem Dorf in Österreich und vielleicht noch den im Juni in Hannover", fasste ich unsere Verpflichtungen zusammen.

„Der im Juni ist doch an deinem Geburtstag", stellte Rudolf fest. An diesem Tag waren wir die letzten Jahre immer aufgetreten.

„Na, das passt doch", meinte Kai, „beenden wir also an deinem 23. Geburtstag die Geschichte von *Bärchen und die Milchbubis*. Dann wärst du eh zu alt für uns."

Der große Nordstadt-Schwindel

Von Kurt Schwitters über DADhAnova zu Mythen in Tüten

Emilio Winschetti

Kurt Schwitters begegnete ich zum ersten Mal 1969 – im Museum. Damals sah ich seine MERZ-Bilder, Collagen und Assemblagen und entdeckte sein berühmtestes Gedicht „An Anna Blume", das erstmals in Heft 5 von *Der Sturm* im August 1919 veröffentlicht worden war. Die Liebeserklärung „An Anna Blume" war eine Liebeserklärung an eine Kunst, die das Schlichte, Verachtete, vermeintlich Schäbige aufgreift und für kostbar erklärt.

Und dann war da natürlich auch seine Ursonate oder Sonate in Urlauten. Hier ein kleiner Auszug:

Fümms bö wö tää zää Uu,
        pögiff,
              kwii   Ee. 1

Oooooooooooooooooooooo,   6
dll rrrrr beeeee bö
dll rrrrr beeeee bö fümms bö,   (A)

   rrrrr beeeee bö fümms bö wö,   5
     beeeee bö fümms bö wö tää,
       bö fümms bö wö tää zää,
         fümms bö wö tää zää Uu:

primera parte:

tema 1:
Fümms bö wö tää zää Uu,
        pögiff,   1
          Kwii Ee.

tema 2:
Dedesnn nn rrrrr,
     Ii Ee,
       mpiff tillff too,
         2

    tillll,
      Jüü Kaa?

tema 3:
Rinnzekete bee bee nnz krr müü?
              3
       ziiuu
ennze, ziiuu rinnzkrrmüü,

   rakete bee bee,   3
         a
tema 4
Rrummpff tillff toooo?   4

Das hatte Rhythmus, das hatte Drive. Im selben Jahr nahm ich an einem Schüleraustauschprojekt teil und war drei Wochen im englischen Bristol. Dort war der absolute Nummer-1-Hit Desmond Dekkers „Israelites" und man hörte den Song überall. Was war das für ein seltsamer Beat. Ich war durch zwei ältere Brüder mit den *Beatles*, den *Stones*, den *Kinks* und Co. aufgewachsen, aber das war neu. Ich war elektrisiert. Blues, Bluesrock, Rock, Hardrock – das war alles im 4/4-Takt, aber dieser Rhythmus, Vorläufer von Ska und Reggae, hatten einen ganz eigenen Groove.

Ein Jahr später hatte ich das große Glück, von einer Familie in Berlin eingeladen zu werden und zwei Abende bei den Jazztagen in Berlin in der Philharmonie zu genießen. Dort spielte Eubie Blake, ein kleiner schwarzer Pianist im zarten Alter von 87, original Ragtime aus dem frühen 20. Jahrhundert. Der haute dermaßen schnell und heftig in die Tasten, dass einem schwindelig wurde. Es spielten aber auch noch andere großartige Jazzmusiker, die meinen Horizont erweiterten: Gunter Hampel, solo, Garry Mulligan und Dave Brubeck („Take Five"), und Dollar Brand zusammen mit Don Cherry.

Aus kleinbürgerlichem Haus stammend, der Vater Finanzbeamter, war mir mit 16 klar, dass ich Künstler werden wollte. Bildender Künstler, Musiker … mal sehen.

Wann das erste Punk-Konzert in Hannover stattfand, weiß ich nicht mehr – das ist aber auch egal. Denn Punk war ja von Anfang an mehr als bloß ein Musikphänomen. Der Geist des Punk hatte seine Roots in Dada und Fluxus. Das war Anarchie, Auflösung von Ordnung und Ordnung zugleich.

Mein Einstieg begann so: 1974 Gründung der Gruppe *Der grüne Hirschkäfer* durch Till Wendt, Lutz Worat und mich (damals noch bürgerlich Reinhard Bennecke). Später kamen Ekkehard Lory, Henning Greve und Waltraut Streletz und als guter Freund des Hauses Rüdiger Klose dazu. Wir bezogen das ehemalige Noltehaus am Holzmarkt 6 in der hannoverschen Altstadt und eröffneten den Aktionsraum DADhAnova. Wir mieteten das dritte und vierte Obergeschoss zur Zwischennutzung vom Liegenschaftsamt für schlappe 300 D-Mark im Monat. Das Haus sollte später abgerissen werden und der Rekonstruktion des Leibnizhauses weichen. Dank der Zusammenarbeit mit einer Architekturhistorikerin kam es nie dazu, und das Leibnizhaus musste links vom Noltehaus gebaut werden. Ich kann mit einer gewissen Genugtuung sagen, dass wir das Noltehaus vor dem Abriss gerettet haben.

Rüdiger Klose war zu der Zeit Schlagzeuger der Band *Köhlers Ohrwurm*, die sogar in eigener Regie eine Single veröffentlicht hatte. Eine seltsame Mischung aus zappaesken Jazz- und Rockelementen sowie einer gehörigen Portion Free Jazz. Im Sommer 1974 hatten sie einen Auftritt bei einem Open-Air-Konzert rund um die Marktkirche an Land gezogen, und Rüdiger fragte mich, ob ich als Sänger mitmachen würde. Ich war vorher noch nie vor einem größeren Publikum aufgetreten und unsicher, ob ich zusagen sollte. Als mir Rüdiger sagte, dass das Konzept des Auftritts darin bestünde, dass alle Musiker permanent gegeneinander spielen, dachte ich mir – ja, das klingt interessant. Als wir dann vor 20.000 Leuten auf der Bühne standen und *Köhlers Ohrwurm* einen infernalischen Krach produzierten, fiel mir wieder Schwitters' Ursonate ein und ich rezitierte:

fümms bö wö tää zää Uu
pögifff,
Kwii Ee
mpifff tillfff too,
tillll,
Jüü Kaa?
Rinnzekete bee bee nnz krr müü
rakete bee bee, usw.

Zum Glück hatte ich dem Tontechniker vorher gesagt, dass er immer, wenn ich ans Mikrofon träte, die Band runterpegeln möge. Sonst hätte man von meinem Vortrag nichts gehört. Die Publikumsresonanz war extrem polarisiert. Wir wurden vorwiegend ausgebuht, aber es gab auch Applaus. Die portugiesische Fado-Sängerin, die nach uns auftrat, war begeistert, nahm mich in die Arme und gratulierte mir zu meiner Performance. Ich war gerührt und glücklich. War ich der rechtmäßige Erbe von Schwitters? Jedenfalls bin ich nie wieder annähernd vor so vielen Leuten aufgetreten (außer 1987 beim ersten polnischen Independent-Festival Marchewka in einem Sportpalast von Warschau mit meiner Band *Mint Addicts* vor 8.000 Zuschauer:innen, zusammen mit *Pere Ubu*, *Die Tödliche Doris*, *Wolfgang Press* aus dem Westen und Independent-Bands aus osteuropäischen Ländern, und im selben Jahr als eine der Vorgruppen von James Brown beim Open Air Festival in Bruchhausen-Vilsen).

Post-Dada, Post-Fluxus und Pre-Proto-Punk

DADhAnova erregte öffentliches Ärgernis und es gab öfter Begegnungen mit irritierten Vertretern der Staatsgewalt. So etwa bei der mit etlichen Kubikmetern feinsten Sandes verbundenen Aktion *Herr Ning kommt* am hannoverschen Hauptbahnhof. Oder bei einem Happening im belgischen Waregem, bei dem ich nackt auftrat. Es folgten Verhaftung und ein zehntägiger Aufenthalt im Zentralgefängnis in Yper. Wegen der damit einhergehenden Verschiebung unseres Tourplans machten sich zwischenzeitlich Feldjäger der deutschen Militärpolizei auf die Suche nach Lutz Worat, hatten sie doch Fahnenflucht gewittert. Doch was Recht war, musste Recht bleiben: Freispruch für alle; Stichwort Kunstfreiheit.

Was wir machten, bezeichneten wir als Multi-Media-Aktionstheater. Mit unserem Paketauto, das wir für 600 D-Mark bei einer Versteigerung der Post erstanden hatten, waren wir mobil und gingen auf Tour. Zuerst nach Dänemark und Schweden. Wir waren neben unseren lokalen Aktivitäten international in dem neuen Medium Mail Art gut vernetzt. Unter anderem mit der britischen Gruppe *Scoum*, die später musikalisch als *Throbbing Gristle* Pioniere der Industrial Music wurden.

In Hannover gab es zunehmend Kontakte zu anderen Künstler:innen, die später auch nach meinem Umzug in die Nordstadt wichtig werden sollten. So trafen wir Jürgen Gleue und Christian Henjes, Bruno Hoffmann und Detlef Gerlach zum ersten Mal bei einem Kurzfilm-Festival des Kommunalen Kinos.

Bei einer lokalen Aktion erklärte DADhAnova die Stadt Hannover zum Readymade (L@@k Marcel Duchamp): durch Überkleben des Wortes „Landeshauptstadt" durch den viel passenderen Begriff „Readymade" an allen Ortseingangsschildern. Mit dabei waren unter anderem Klose, Hoffmann, Heiner Kohne, Jochen „DadaFischnu" Schmidt und Mattus Simons. Die Aktion wurde gefilmt, doch leider wurde diese Dokumentation nie veröffentlicht.

DADhAnova machte auch als Ausstellungsraum von sich reden. Unter anderem durch eine Mail-Art-Exhibition (1975) oder die Ausstellung/Installation *Pyramid Power* (1977). Und DADhAnova war ein Experimentierfeld für Bands. Hier entwickelten die *39 Clocks* ihren Psycho Beat, und die erste Formation von *Hans-A-Plast* übte Punk-Akkorde à la *Ramones*.

Deutschland Mitte der 1970er-Jahre. Bonner Republik. Die linksdominierte Aufbruchstimmung nach 1968 radikalisierte sich. Stichworte: Baader-Meinhof, Bewegung 2. Juni (Peter-Lorenz-Entführung), Ermordung von Hanns Martin Schleyer, Deutscher Herbst 1977, der Tod von Holger Meins (Rudi Dutschke am Sarg: „Holger, der Kampf geht weiter!"), Mescaleros „klammheimliche Freude", Stammheim …

Bezüglich der Anti-AKW-Bewegung waren wir politisch. Natürlich fuhren wir nach Brokdorf und ließen uns von Tränengas einnebeln. Aber eigentlich waren wir eher Hedonist:innen. Wir wollten radikale Kunst und wir wollten Spaß dabei haben. Eine bürgerliche Existenz war nicht erstrebenswert. Mit 20 war ich sicher, dass ich nicht viel älter als 30 werden würde. Wenn ich gewusst hätte, wie alt ich werde, wäre ich vielleicht vorsichtiger gewesen.

Parallel zu den politisch aktiven Gruppen wie dem KBW oder der KPD/ML gab es auch die Heilsbringer wie Bhagwans Sannyasin-Bewegung oder den Wiener Otto Mühl mit seiner AAO-Kommune (Aktionsanalytische Organisation), die etwa zeitgleich auftraten; zur AAO hatte die Holzmarkt-Kommune eine besondere Beziehung. Mühl war zusammen mit den anderen Wiener Aktionisten Hermann Nitsch und Oswald Wiener natürlich ein Begriff durch seine antibürgerlichen Materialaktionen, bei denen Tierblut floss und nackte Frauen sich darin wälzten.

Es war im Sommer 1976, als wir zu einem überregionalen Treffen alternativer Gruppen in die Lüneburger Heide fuhren. Ebenfalls dabei Otto Mühl mit seinen AAO-Leuten. Wir alle hippiemäßig langhaarig und die mit raspelkurz geschnittenen Haaren, sowohl die Männer als auch die Frauen. Sie praktizierten eine besondere Form der Gruppentherapie, die sie Selbstdarstellung nannten. Man saß im Kreis, einer ging in die Mitte und sollte sich mit seinen Schwächen und seelischen Mängeln selbst entblößen. Je mehr jemand von seinen psychischen Schwächen preisgab, desto lauter wurde er oder sie umjubelt. Uns war diese Form völlig fremd und wir waren etwas verwirrt. Als unsere Marianne in den Kreis trat und nicht so recht rausrückte, was ihr Problem war, griff

Otto Mühl vehement ein, provozierte sie verbal, nannte sie Kleinfamilienwichtel und attackierte sie auch körperlich. Da reichte es mir.

Ich stand auf und beschwerte mich lautstark über diese Vorgehensweise. Mühl guckte mich wutschnaubend an. Gegenreden war er anscheinend nicht gewohnt, und so ohrfeigte er mich. Spontan klebte ich ihm auch eine. Da ging ein Jaulen durch seine Jünger. Dass jemand ihren Meister angriff, hatten sie wohl noch nicht erlebt. Als Mühl mir noch eine verpassen wollte, hob ich die Arme und brach den „Kampf" ab mit den Worten:

„Ich bin anerkannter Kriegsdienstverweigerer und ich verurteile Gewalt."

Das schien ihm nicht zu passen. Er hätte wohl gerne noch einmal zugehauen, aber bei jemandem, der signalisiert, dass er sich nicht verteidigt, ging das wohl nicht.

Interessanterweise übte die AAO auf einige unserer Kommunardinnen eine große Attraktivität aus. Sie schnitten sich die Haare kurz, besuchten den Stammsitz Friedrichshof in Österreich und luden Coaches ein, bei uns Selbstdarstellungsabende zu veranstalten. Bei einer dieser Veranstaltungen begaben sich auch Jürgen Gleue und Christian Henjes, die später als *39 Clocks* bekannt wurden, in den Kreis und verhielten sich überhaupt nicht so, wie es erwartet wurde.

Auf zu neuen Ufern

1978 hatte es sich ausgeDADhAnovat. Neue und alte Weggefährt:innen fanden sich in der hannoverschen Nordstadt. Eine WG in der Straße Im Moore wurde zum Epizentrum einer neuen Bewegung. Hollow Skais Fanzine *No Fun* war der mediale Anfang. Es folgten diverse Radiosender, zum Beispiel Roxy Cosmics Radio Starfuck, Hollow Skais Radio Fnordstadt, Ernst-August Wehmers Mußmanns Ghettosender und mein Reggae-Sender Radio Lambsbread – you know. Gesendet wurde nicht über den Äther, sondern über Kassetten, die man nach dem Hören weitergab. Mit Martin „Mattus" Simons' Radio 3K (Kwinis Kassetten Kreisel) gab es sogar einen Piratensender, der andere Sendungen teilweise überspielte und mit dem Slogan warb: „Hört A.U.F.".

Mythen in Tüten

Lutz Worat war unterdessen nach Westberlin abgewandert, doch ich war immer in Kontakt mit ihm geblieben. Ende der 1970er-Jahre wurden monofone Analog-Synthesizer allmählich erschwinglich; ohne voneinander zu wissen, kaufte er sich einen Moog Prodigy und ich mir einen Korg MS20, und wir begannen damit, uns unsere experimentellen Sounds und Songfragmente („Leerer Kopf", „Am Polarkreis längs") per Kassette zuzuschicken. Als Lutz 1979 reumütig nach Hannover zurückkehrte, gründete ich mit ihm und Angelika Maiworm, Bettina Follenius und Heiko Idensen die Band *Mythen in Tüten*. Ursprünglich als Free-Form-Jazz-Crossover-Projekt gedacht, entwickelte sich das Konzept Metaschlager. Nach einer Wohnungseinweihungsfeier in der Oberstraße, in der ich mit Idensen und Maiworm wohnte, entstand im Gespräch mit Hollow Skai die Schnapsidee, einen Song über die bevorstehende Hochzeit von Lady Diana und Prince Charles zu schreiben. Kaum gedacht – schon gemacht. Drei Monate später war die erste *Mythen*-Single „Lady Di" mit der Rückseite „Sansibar" draußen. Zwei Monate vor der royalen Hochzeit. Prinz Ernst-August, der Stammgast in Plinkys Basement war, das unterhalb des hannoverschen Raschplatzes lag, gab ich eine Single als Geschenk an das Hochzeitspaar mit. Ob es angekommen ist, weiß ich nicht. Charles dürfte jedenfalls not amused gewesen sein. Denn es war ja ein Liebeslied an Diana und beginnt mit der Zeile „*Lass doch Charly wieder sausen – das sind doch alte Flausen*".

Werkstatt Odem

Ein weiterer Glücksfall in den frühen 1980ern waren Gesine Weise und die von ihr in einem ehemaligen Pferdestall eröffnete Galerie Werkstatt Odem in der ebenfalls in der Nordstadt gelegenen Warstraße. Als *spiritus rector* hatte Gesine den Künstler Bruno Hoffmann im Boot: ein hochenergetisches Urviech, über das auch Absolvent:innen der Hochschule für Bildende Kunst Braunschweig, unter ihnen Job Crogier und Harald Inhülsen, ihren Weg in die Nordstadt fanden. Legendär war Brunos Vortrag über Marcel Duchamps *Das große Glas/The Bride Stripped Bare by Her Bachelors, Even*. Er war ein gnadenloser Performer, der mit seiner Ausdruckskraft alle in seinen Bann zog.

Die Werkstatt Odem wurde zum Hotspot für Performance-Kunst (*M.Raskin Stichting, Reindeer Werk*, Kees Mol, Mike Hentz, Padeluun und viele andere) und ebenso für die neue, unabhängige Musik-Szene. 1980 traten dort die *Deutsch-Amerikanische Freundschaft (DAF)* aus Düsseldorf zusammen mit der Berliner Frauenband *Mania D.* auf. *Der Plan* aus Wuppertal kam zusammen mit dem US-Industrial-Musiker Boyd Rice. Auch *Sprung aus den Wolken* (Berlin), *Die Radierer* (Limburg), die *Bush Tetras* (New York), *Surplus Stock* (Quakenbrück) zusammen mit Otto Kentrol (New York) traten in der Werkstatt Odem auf, und das Debütkonzert von *Mythen in Tüten* fand dort ebenfalls statt.

Nicht unerwähnt bleiben dürfen natürlich all die lokalen Acts, die in der Werkstatt Odem auftraten. Unvergessen die Record-Release-Party der *39 Clocks* zur Veröffentlichung der Debüt-LP *Pain it dark* auf *No Fun Records* (1981). JG39 und CH39 wurden von zwei bärtigen Rockern auf schweren Motorrädern in den Hof gefahren. Wie immer schwarz gekleidet, die Köpfe mit Mullbinden umwickelt, verschwanden sie sofort im ersten Obergeschoss. Das Publikum konnte im Erdgeschoss die Performance lediglich über einen Videomonitor verfolgen. Dann verschwanden sie. Von wegen „Shake Hands with your local Pop Stars", wie es vollmundig in der Ankündigung geheißen hatte – das Ganze war wieder mal eher ein Happening als ein Konzert im herkömmlichen Sinn.

Besonders gefreut hat mich der Besuch der britischen Band *Thee Milkshakes*. Der Kontakt war zustande gekommen über *Rotzkotz*, die auf Vermittlung der *Milkshakes*-Vorgänger-Band *Pop Rivets* in England ihre erste LP aufgenommen hatten. Der *Milkshakes*-Sänger und Gitarrist Wild Billy Childish erwies sich im Gespräch nach dem Konzert als ausgewiesener Kenner des Dadaismus und der deutschen Expressionisten, und ich musste ihm am nächsten Tag die Sammlung seines Heroen Kurt Schwitters im Museum zeigen. Da schloss sich wieder ein Kreis.

MinT-Studios, Asternstraße

In Erinnerung an die Idee des Aktionsraums gelang es mir, mit anderen ein desolates Industriegebäude inmitten der Nordstadt zu einem extrem günstigen Preis zu mieten. Hier entstand der Übungsraum von *Mythen in Tüten* und wir nannten die Räume MinT-Studios. Parallel zur Werkstatt Odem fanden darin Veranstaltungen im Bereich performativer Kunst statt, zum Beispiel der legendäre Abend mit Lutz Worat unter dem Motto „Sofa und Gürkchen". Oder die erste (!) Ausstellung von Keith Haring in Deutschland. Wir trafen ihn in einer kleinen Galerie in Downtown Manhattan, wo er eine Gruppenausstellung zum Thema Copy Art kuratiert hatte. Natürlich war er auch mit einer eigenen Arbeit dabei. Wenig später präsentierten wir sie in den MinT-Studios. Leider haben wir damals von ihm kein Original für 150 Dollar gekauft.

Out of Hannover

1979 kam die in New York von Brian Eno produzierte Compilation *No New York* bei uns an. An der LP waren die Bands *DNA* (mit Arto Lindsay), *Teenage Jesus & The Jerks* (mit Lydia Lunch), *The Contortions* und *MARS* beteiligt. Diese LP war eine Initialzündung für mich. Ich wollte unbedingt nach New York City. Vorher war schon Dieter Runge (ehemals *Rotzkotz*) dorthin ausgewandert, und auch Detlef „Roxy Cosmic" Gerlach war dort gewesen. Er brachte eine halbakustische Gretsch mit, die er günstig in einem

Pawn Shop erstanden hatte, woraufhin er in Hannover unter dem Namen Frank Frei die Band *In Schönheit Sterben* gründete (mit Ernst-August Wehmer von *Rotzkotz* am Schlagzeug).

Als Angelika Maiworm und ich im September 1980 in New York ankamen, mieteten wir uns für 75 Dollar die Woche im Hotel 17 in der 17. Straße in Downtown Manhattan ein. In dem Hotel wohnte eine bunte Mischung aus Alkis, Drogis, Transsexuellen und sonstigen Outsidern. Den Kühlschrank öffnete man besser nicht. Er war schwarz von Küchenschaben, die den Kühlschrank aber nie verließen, wenn wir im Raum waren.

New York war eine wundervolle Erfahrung. Wir interviewten Lydia Lunch, die *Bush Tetras* und das Filmemacher-Paar Scott & Beth B. und sahen Bands der Pre- und Post-No-New-York-Szene live: *Suicide* (ich kriege heute noch eine Gänsehaut, wenn ich an Alan Vega denke, wie er während seiner Performance ein Cognac-Glas auf den Bühnenboden haute, in einer kreisförmigen Bewegung die Glassplitter mit der Hand aufnahm und durch sein Gesicht zog und blutüberströmt ungerührt weiter deklamierte). *The Raybeats* (mit dem *Contortions*-Drummer Don Christensen, a class of his own) und, und, und. Die Interviews und Berichte konnten wir in Magazinen wie *Sounds* und *tip Berlin* veröffentlichen und damit im Nachhinein einen Großteil der Reise finanzieren.

Nach einem Konzert mit *Mythen in Tüten* im Römer in Bremen, das von Radio Bremen mitgeschnitten wurde, sprach mich Peter Schulze, der Chefredakteur Pop und Jazz an. Ich war ihm wohl sympathisch, und er fragte, ob ich nicht mal eine einstündige Radiosendung namens *Mittagspause* über die aktuelle Szene in New York machen wolle. Das ließ ich mir nicht zweimal sagen, und kurz darauf lief die New-York-Special-Sendung, die ich zusammen mit Angelika ausgearbeitet und moderiert hatte, auf der Hansawelle. Kurz darauf dann eine Sendung über die Musikszene in Hannover mit Lutz Worat.

Abschied von Hannover

1983 kam *Jedes Mal Ist Anders*, die zweite LP von *Mythen in Tüten*, raus. Es war die letzte Veröffentlichung von *No Fun Records*. Gerade als die erste Pressung ausgeliefert wurde, machte der *boots*-Vertrieb pleite. Die LPs landeten eine Woche nach Erscheinen für 1,50 D-Mark auf dem Grabbeltisch bei Musicland. Das war dann auch das Ende von *No Fun Records*. Die Major-Labels hatten alles unter Vertrag genommen, was irgendwie deutsch klang und wo jemand mit dem Kopf auf einen Synthi gefallen war. Es war das Ende der interessanten Neuen Deutschen Welle. Jetzt kamen *Nena* und Konsorten.

In der Werkstatt Odem betrieb ich noch eine Weile den Donnerstag-Nacht-Club (DONAC) und verdingte mich als DJ im Musiktheater bad. Als Abschiedsgeschenk an die hannoversche Musikgemeinde kuratierte ich die 84-Minuten-Kassetten-Compilation *Von mir aus ...* mit einer subjektiven Auswahl der von mir geschätzten Musikerkolleg:innen. (Gibt's als Audio-Download bei *Brotbeutel* im Netz). Danach hatte sich Hannover für mich erschöpft und ich zog 1984 nach Bremen.

Bremer Rohmix

Bei Radio Bremen wurde ich so etwas wie der norddeutsche John Peel (dem ich dort tatsächlich auch einmal begegnet bin – ein äußerst sympathischer Kollege) mit meiner Sendung *Emilios Rohmix*, in der ich all das spielen durfte, was in anderen Sendungen nichts zu suchen hatte. Bis ich mir 1987 einen journalistischen Schnitzer erlaubte, als ich unwidersprochen einen Aktivisten der Hamburger Hafenstraße in einer Live-Sendung zu einer Wiederbesetzung eines Hauses aufrufen ließ. Dann ging es weiter nach Berlin, und dort lebe ich seitdem glücklich. Seit 2000 arbeite ich als Location Scout in der Filmbranche und habe es nie bereut.

Hannover wurde indes wieder zur langwaaligen Messestadt an der Laane, die sie schon früher war und in der angeblich nach wie vor das raanste Hochdeutsch gesprochen wird.

Ziggy XY von Der Moderne Man

1

1

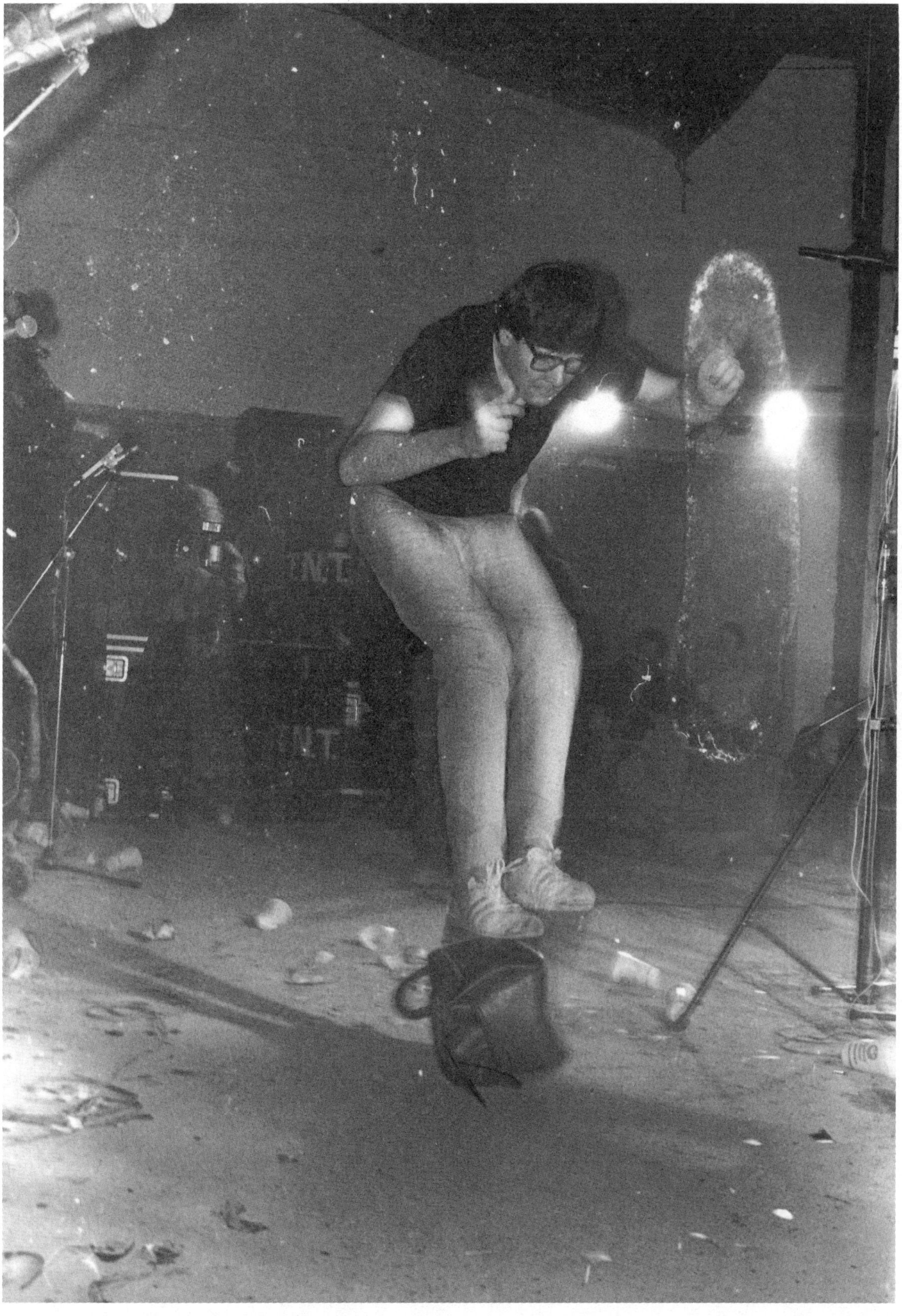

The 39 Clocks

3   Lutz Worat (l.) und Emilio Winschetti

Mythen in Tüten in der Werkstatt Odem

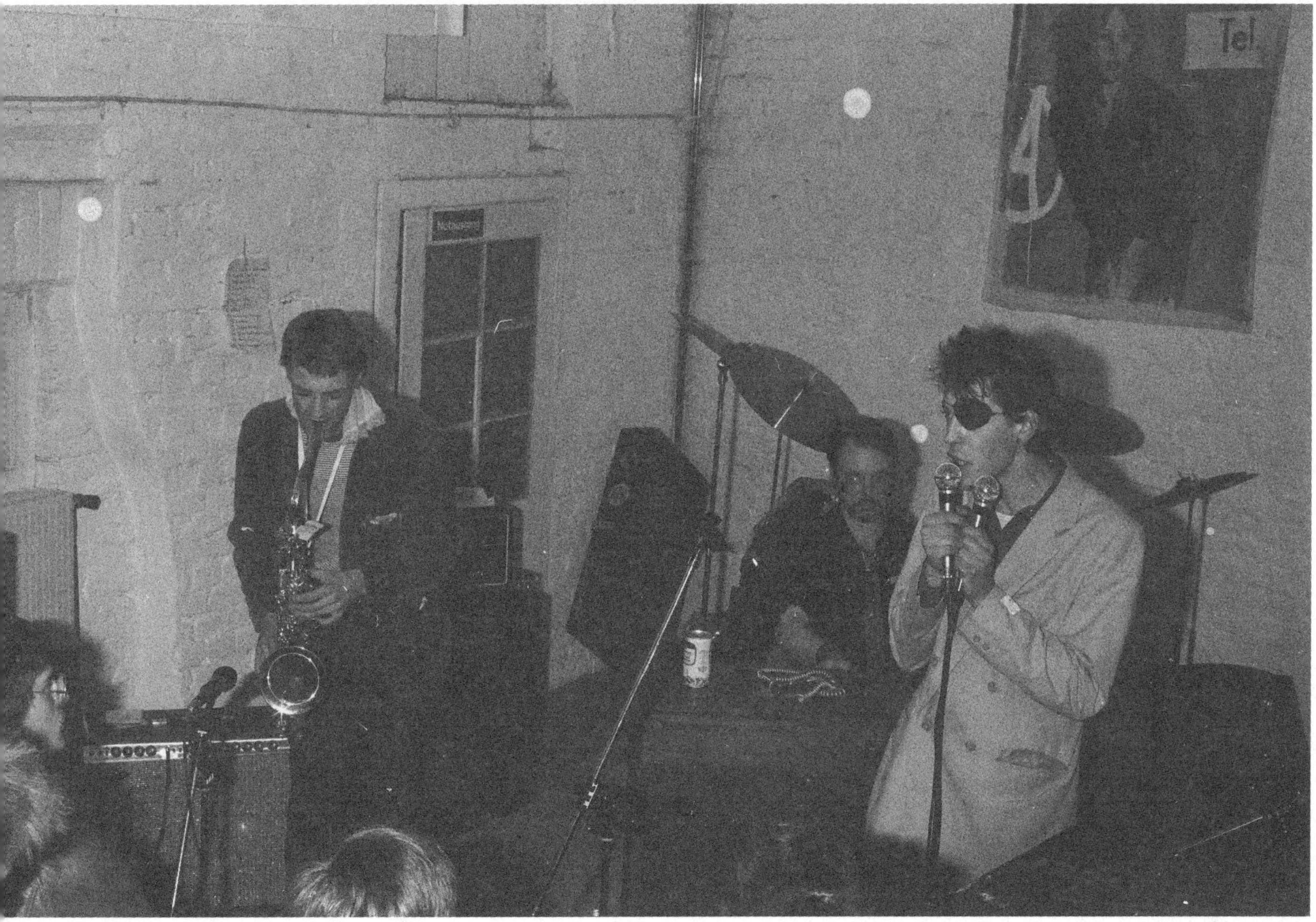
Tel

Volle Bratze!
Punk in der Südstadt

Jens Gallmeyer

Ich wurde 1963 in Hannover geboren und bin auch nie, abgesehen von meiner Grundschulzeit, die ich in Seelze verbracht habe, einem Vorortkaff westlich von Hannover, von hier weggekommen. Nach der Grundschule zogen meine Eltern mit mir in ein beschauliches Viertel in Hannovers Süden, das von einer hohen Dichte an sogenannten Beamtenwohnungen geprägt war.

Mein musikalisches Interesse wurde schon früh geweckt. Meine Mutter hatte eine riesige Sammlung von Singles, überwiegend aus dem Schlagergenre. Freddy Quinn, Manuela, Cindy & Bert, Heino – fast alle ohne Cover. Die Platten lagen einfach übereinandergestapelt in einer Schublade, und von meiner frühesten Kindheit an wurden diese Singles oft und gerne in unserem Haushalt abgespielt.

Meine erste Single war der Urzeit-Synthie-Hit „Popcorn", aber ich kann mich noch genau an den Moment erinnern, in dem meine Liebe zur Rockmusik geweckt wurde: Ich saß bei einer Autofahrt in unserem roten Käfer auf dem Rücksitz, und im Autoradio lief auf einmal „Silver Machine" von *Hawkwind*. Ich war wie vom Blitz getroffen und hörte gebannt zu. So was Geiles hatte ich bis dato nicht gehört, und ich zischte meine Eltern auf den Vordersitzen an, das Gespräch einzustellen, damit ich dieser Erleuchtung lauschen konnte.

Seitdem mussten immer Musiksendungen im Radio gehört werden, egal, ob im Deutschlandfunk oder auf NDR 2. Dazu kam der wöchentliche Konsum der *BRAVO*, sodass ich stets top-informiert war, was das aktuelle Musikgeschehen anging. Schnell wurden die heißen Hits auf Single gekauft. Besonders hatten es mir *The Sweet* angetan: „Hell Raiser", „Ballroom Blitz", „Teenage Rampage" und das Album *Sweet Fanny Adams* drehten sich ohne Unterlass auf unserer Stereoanlage. Aber auch andere Künstler der 1970er wurden nicht verschmäht: Singles von Suzi Quatro, *Queen*, *Slade* oder *Deep Purple* wurden ebenfalls gekauft und gehört. So war es denn auch kein Wunder, dass ich mit *The Sweet* in der Niedersachsenhalle mein erstes Rock-Konzert erlebte.

Unser damaliger Wohnungsnachbar war 20 oder 22 Jahre alt und hatte eine Western-Gitarre. Er brachte mir die ersten Songs auf der Gitarre bei, aber ich fand es zu schwierig, diese ganzen Akkorde zu greifen, und spielte immer nur einzelne Saiten. Zudem fand ich die Bassisten in den Bands schon immer am coolsten, also kaufte ich mir von meinem Konfirmationsgeld einen Kaufhaus-Bass – sehr zum Missfallen meiner Eltern, die meinten: „Kauf' dir von dem Geld doch lieber etwas Vernünftiges, Junge."

Die nächste Erleuchtung war nicht weit, als die *BRAVO* den ersten Bericht über *KISS* präsentierte. Mein Kumpel Dirk und ich waren zu der Zeit 13, 14 Jahre alt und sofort angefixt von diesen irren Typen, die uns da entgegenposten. Das Make-up! Die Klamotten! Zu cool! So wie die aussahen, konnte die Musik nur gut sein! Die nächsten Wochen und Monate verbrachten wir damit, alles über *KISS* zu sammeln, die LPs aufzutreiben (was nicht leicht war, denn die gab's ja nur als US-Import) und die Jeansjacken mit dem Logo und den Gesichtern vollzumalen. Mit unserer Liebe zu *KISS* waren wir die totalen Außenseiter an unserer Schule, und ich wurde tatsächlich auf dem Schulhof deswegen mehr als einmal doof angemacht.

Das wurde auch nicht besser, als die *BRAVO* über den nächsten heißen Trend aus UK berichtete: Punkrock! Die Typen auf den Fotos hatten kaputte Sachen an, und einer hatte auf sein *Pink-Floyd*-T-Shirt „I hate" mit Filzer über den Bandnamen gekrickelt. Was?! Der HASST *Pink Floyd*?! Wir kannten bis dato nur Typen, die *Pink Floyd* super fanden. Oder denen die Band bestenfalls egal war. Aber der HASSTE die?! Irre!

Die *BRAVO* berichtete auch, dass die Rotzlöffel, die uns mit leeren Blicken von den Seiten anglotzten, eine Band waren, die *Sex*

Pistols hieß. Und dass die quasi *gegen alles* sind und alles hassen. Ich fand das total super und nahm an, dass die Songs von denen nur gut sein konnten. Mein Freund Dirk dagegen konnte mit den Infos gar nichts anfangen, und so trennten sich bald unsere Wege. Er hing mit stets gewaltbereiten Teenagern auf dem Spielplatz rum und trank Bier, und ich kaufte mir die *Sex-Pistols*-LP und stieg voll ins Punk-Universum ein. Und zementierte so weiter meinen Außenseiterstatus an der Schule.

Aber wie das oft so ist: Freunde kommen und gehen. Ich war mittlerweile 15 Jahre alt und in meiner Parallelklasse gab es einen schmalen Typen mit dunklen Haaren. Der sprach mich eines Tages in der großen Pause an: „Hallo, ich bin Lennart. Du spielst doch Bass, ne? Willst du mit mir in einer Punk-Band spielen?" Wer, ich? Hui, na klar! Wir vereinbarten umgehend einen Termin für ein Treffen bei Lennart zu Hause in Waldheim (frag' nicht ...), und ich besuchte ihn dann mit meinem coolen Kaufhaus-Bass.

Lennarts Vater war Inhaber einer Werbeagentur, der die Kreativität seiner beiden Söhne unterstützte. So gab es im Keller einen winzig kleinen Proberaum, in dem wir uns trafen. Am Anfang waren es nur Lennart, ich und Lennarts Drum-Machine. Gleich beim allerersten Treffen „schrieben" wir acht Songs. Der allererste war „Sandra Lee", der noch einen englischen Text hatte. Uns war aber relativ schnell klar, dass deutsche Texte hermussten. Lennart war da sehr kreativ und haute einen „Hit" nach dem anderen raus: „Schokoladenwürger", „Granola" etc.

Ein Name war auch schnell gefunden: Lennart schlug *Phosphor* vor. Der klang „punkig" und wurde auch so verabschiedet. Zu unseren großen Vorbildern zählten die Hamburger *Buttocks,* die auf ihrer EP ganz schön losbretterten, und so sollte es auch bei uns werden: Volle Bratze!

An der Schule wurde es jedoch nicht besser, wir blieben die Außenseiter, die wir waren. Ich kaufte mir eine obligatorische olivgrüne Bundeswehrjacke, die ich mit Buttons und mit Hilfe eines Filzers „verzierte", oder trug mein olles Konfirmationsjackett, ebenfalls mit Punk-Buttons und Sicherheitsnadeln verziert. Lennart und ich hatten zu der Zeit noch längere Haare, bis er nach ca. vier Wochen vorschlug, sich die Haare ganz kurz schneiden zu lassen. Schluck! Ein echtes Commitment! Na gut. Also auf zum nächsten Frisiersalon. Lennart war zuerst dran. „Einmal die Haare ganz kurz bitte!" Schock! Das war ein ganz schön harter Einschnitt. Ich brauchte noch zwei, drei Monate, bis ich diesen Schritt auch machte.

Lennart und ich begannen nach wenigen Proben zu zweit (aber mit Drumcomputer!), uns nach weiteren Bandmitgliedern umzuschauen. Wir brauchten schließlich einen Sänger und einen Schlagzeuger. Als möglichen Sänger peilten wir einen der anderen beiden Punks an unserer Schule an: Oliver „Orgy" Benkwitz. Er hatte bis dahin null Berührungspunkte mit Musik gehabt, willigte aber sofort ein. Als möglichen Schlagzeuger sprach ich ein Kid aus der Nachbarschaft an: Frank „Ekel" Egles. Den kannte ich vom Sehen, und ich wusste, dass er a) auch „Punk-Fan" war und b) immerhin Saxofon spielte. Schlagzeug hatte er zwar noch nie gespielt, aber auch er sagte sofort zu. So probten wir fortan einmal pro Woche in einem relativ großen Saal eines Gemeindehauses, den Lennart aufgetan hatte. Unser gesamtes Equipment stammte aus seinem Fundus.

Den Begriff „Südstadt-Punk" haben tatsächlich wir erfunden. Orgy, Ekel und ich wohnten damals schließlich in diesem Beamtenviertel, und Lennart, der aus Waldheim, einem anderen südlichen Stadtteil Hannovers stammte, ging ja mit uns zur Schule.

Als Punk stach man in der Südstadt besonders heraus – sowohl in der Schule als auch auf der Straße. Die einzigen anderen Punks außer Orgy, Ekel und mir waren Orgys Bruder, dessen Name mir leider entfallen ist, und natürlich Konrad „Votze Flamenco" Kittner, den ich morgens immer im Schulbus traf. Konrad ging auf die Waldorfschule.

Damals, 1979, zückten wir überall, wo es notwendig war, unsere Eddings und schrieben „Südstadt Punk" in halbwegs designten Lettern irgendwo drauf. Eine richtige „Südstadt-Szene" oder gar „Gang" gab es aber nicht. „Südstadt Punk" war eher eine territoriale Markierung – wohl auch, um uns von den Punks aus der Nordstadt oder anderen Stadtteilen abzuheben.

Bei unseren wöchentlichen Besuchen in den hiesigen Plattenläden stießen wir bald auf Gleichgesinnte und fotokopierte Heftchen (aka Fanzines), die sich nahezu ausschließlich mit Punk beschäftigten. Ein besonders fruchtbarer Tummelplatz war der Plattenladen GOVI in der Innenstadt, der zu einer deutschlandweiten Kette gehörte. Die hannoversche Filiale wurde von einer echten Punkerin geführt: Kerry. Der Laden war recht klein und ein schmaler Schlauch. Kerry saß am Kopfende in einer kleinen Extrabutze (aka das Büro), wo auch die Buchhaltung etc. aufbewahrt wurde. Vorne am Eingang war die Kasse, die mal von Kerry, mal von Gehilf:innen bedient wurde. Der Laden war, auch dank Kerrys Expertise, sehr gut sortiert. So entwickelte sich GOVI schnell zum ersten Anlaufpunkt der Punk-Szene, und man traf dort immer Gleichgesinnte wie den *Blitzkrieg*-Gitarristen Wixer, ein hannoversches Punk-Urgestein.

Im Laden lagen, wie gesagt, auch diese ominösen Fanzines rum – nicht nur lokale wie *No Fun*, *Limited Edition* oder *Muzak*, sondern auch Heftchen aus anderen Städten wie Bremen oder Hamburg. Diese Hefte waren die tollste Informationsquelle für „Newbies" wie uns. Man konnte dort lesen, welche neuen Scheiben abgefeiert wurden, welche Bands existierten und wo die nächsten Konzerte stattfanden (bzw. was bei vergangenen Konzerten so abgegangen war). Durch die Fanzines und den regen Austausch mit anderen Kids bekamen wir schnell mit, wo man sich traf.

Das Fillmore List war eine Zeit lang unser regelmäßiger Hangout. Sehr beliebt war auch das Jugendzentrum in Badenstedt, wo *Blitzkrieg* und andere Bands probten und auch mal Konzerte stattfanden, oder das legendäre UJZ Kornstraße in der Nordstadt, in dem die meisten und besten Konzerte stattfanden. Viele lokale Bands und auch Gruppen von außerhalb spielten in der Korn, und wir hingen dort nahezu jedes Wochenende rum.

Ein weiterer Treffpunkt war der allsamstägliche Flohmarkt. Dort traf man ebenfalls Gleichgesinnte, die äußerlich zwar keine Punks waren, aber große Fans der Bewegung. So verkauften dort immer Thomas Buch (*Limited Edition*) und Martin Fuchs (*Muzak*) ihre Fanzines und Schallplatten, und Eckart „EKT" Kurtz und Michael „Ziggy XY" Jarick, die sich später zu der Band *Der Moderne Man* zusammenfinden sollten, waren dort ebenso anzutreffen wie E. A. Wehmer, der Sänger von *Rotzkotz*.

Mittlerweile hatte sich auch das Stadtmagazin *Schädelspalter* des Themas Punk angenommen und berichtete auf mehreren Seiten über die hiesige Szene, die tatsächlich immer größer wurde. Was für Lennart und mich an der Schule zum Problem wurde, weil so auch die schlichteren Gemüter darauf aufmerksam wurden und uns gerne mal, manchmal auch gewalttätig, drangsalierten. Wegen meines Aussehens wurde ich von irgendwelchen Dummköpfen gleich mehrmals verkloppt. Oh well …

Abgesehen von solchen Episoden, die wohl alle Teenager, die sich abseits der Norm bewegen, durchmachen, wurde Punk für mich zu dem großen „Ding" in meinem Leben. Ich hatte schon vorher Musik machen wollen, aber erst durch Punk erschien es mir überhaupt möglich, das wirklich in Betracht zu ziehen. Zudem war diese „Alles ist möglich"-Mentalität unfassbar attraktiv. Lennart und ich starteten unser eigenes Fanzine, den *Spargel* (damals war „rumspargeln" unser interner Fachbegriff für Pogo), der mit allerlei pubertärem Quatsch gefüllt war – weitab von den journalistischen Ansätzen „ernster" Fanzines.

Mit *Phosphor* stand ich schon bald zum ersten Mal auf einer Bühne – im Jugendzentrum Döhren. Als wir im Fillmore List anderen Bands erzählten, dass wir demnächst dort auftreten würden, wurden wir mit Anfragen bombardiert, ob sie nicht auch dort spielen könnten. Ruckzuck wurde aus dem Auftritt am 24.11.1979 das *Spargel*-Festival, auf dem auch die *Cretins*, die *Fucks* (aus Thönse), die *Kondensators*, *Rosa* und *Schwanns kanns* auftraten. Keine Ahnung, wie sich *Schwanns kanns* da reingezeckt haben, die in unserer Blase gar nicht vorkamen, aber sei's drum.

Der Abend war trotz technischer und „sozialer" Probleme tatsächlich ein echter Erfolg: Die Bude war voll mit Punks aus nah und fern, und am Ende blieben sogar 100 D-Mark für jede Band über. Leider gab es auch hier wieder Probleme mit unterbelichteten lokalen Schlägern, die einzelne Punks schon auf der Straße abfingen, um sie zu vermackeln. Was dazu führte, dass das Konzert bereits um 21 Uhr von der entnervten und völlig überforderten Juzi-Leitung abgebrochen wurde.

Vor diesem ersten Live-Erlebnis hatten wir bereits in der Toncooperative, einem Tonstudio in der Südstadt, das zu der Zeit auch von so ziemlich allen anderen Bands aus Hannover genutzt wurde, an nur einem Nachmittag elf Songs aufgenommen. Die Aufnahmen und die Pressung wurden von Lennarts Vater finanziert, der es wohl ganz gut fand, dass „die Kinder" (wir waren alle 15 oder 16 Jahre alt) sich kreativ betätigten und nicht auf der Straße rumhingen. Erschienen ist die „Schokoladenwürger"-Single dann Anfang 1980 auf – na klar – *Spargel Records*, unserem eigenen Label.

Nach unserem Live-Debüt folgten bald weitere, teils chaotische Auftritte, sowohl in Hannover (z. B. beim „*No Fun*"-Festival), als auch außerhalb (z. B. in Braunschweig mit den *Pop Rivets*), und für mich war der Weg damit geebnet. Ich fand das super, und nach dem Ende von *Phosphor* stieg ich als neuer Bassist bei *Der Moderne Man* ein. Seit ein paar Jahren treten wir sogar wieder live auf. Südstadt Punk rules okay.

1 The Fucks

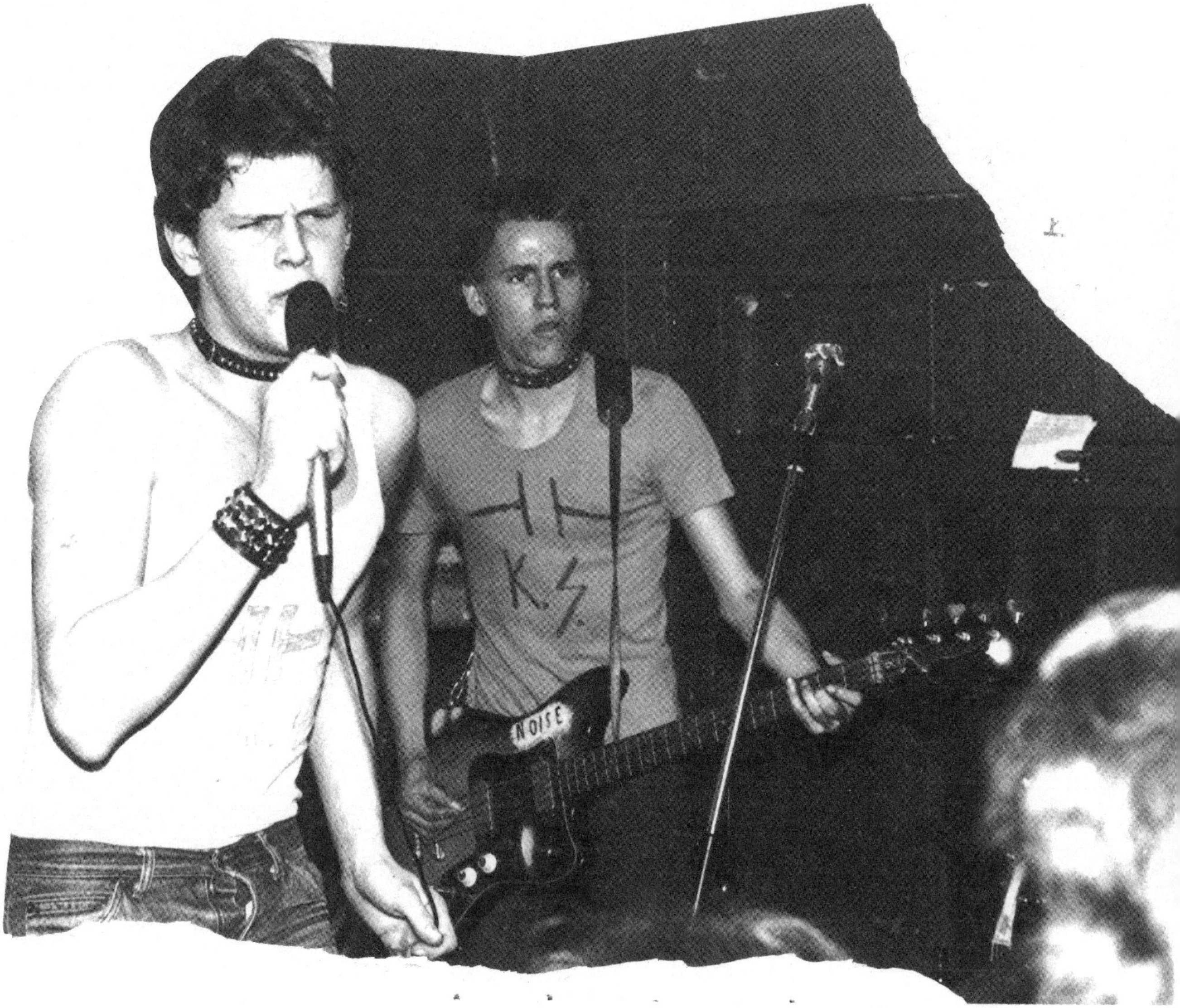
K.S.
NOISE

The Cretins

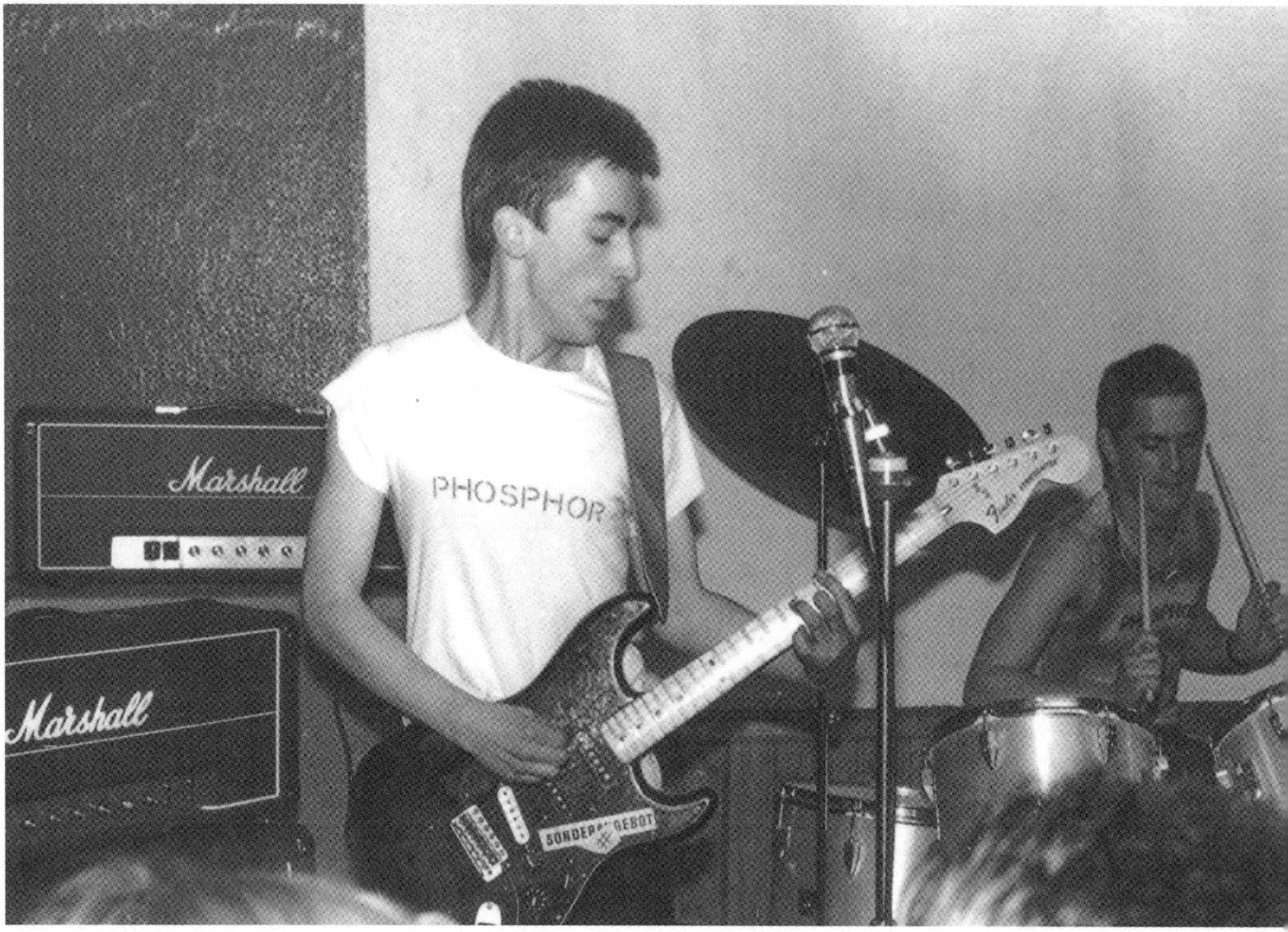
Marshall
Marshall
PHOSPHOR
SONDERANGEBOT

Phosphor

Von der Arschloch-show zum antiimperialistischen Kampf

Kondensators, Klischee und Frostschutz Records

David Spoo

Wie soll man gegen ein Elternhaus rebellieren, in dem einem das Rauchen, das Spät-nach-Hause-Kommen oder das Alkoholtrinken nicht verboten werden, das Demonstrieren ohnehin nicht, weil man ja schon kurz nach dem Laufenlernen bereits gegen den Vietnamkrieg auf der Straße war? Der Punk kam eigentlich ganz zufällig vorbei und hat mich eingesammelt. *Never Mind The Bollocks* stand bereits 1978 in meinem Plattenregal. Ich war neugierig, wie sich die *Sex Pistols* anhören, und die Platte hatte im Pop Center nur 7,99 Mark gekostet. Schlichtweg umgehauen hatte mich das Album beim ersten Hören. Das hatte das andere Album, das ich am gleichen Tag kaufte – *Meddle* von *Pink Floyd* – allerdings auch geschafft. Ich war offensichtlich noch nicht wirklich bereit für den Punk. Das änderte sich, als ich Konrad nach längerer Zeit wiedersah.

Unsere in linksliberalen Kreisen sehr bekannten Väter, der Korrespondent der *Frankfurter Rundschau*, Eckart Spoo, und der Kabarettist Dietrich Kittner, und ihre Frauen waren gut befreundet, und so freundeten auch wir beiden Jungs uns an – Konrad war nur ein Jahr älter als ich. Eine Zeitlang waren wir sogar im gleichen Fechtclub, obwohl wir beim Schulsport meistens als Letzte gewählt wurden. Konrad hatte begonnen, Gitarre zu lernen, und dann ging auch ich zu seiner Gitarrenlehrerin, die uns die Hits der damaligen linksbewegten Standardwerke *Liederbuch* und *Liederkiste* beibrachte. Nun aber trug Konrad wildes, mit Creme und Bier hochtoupiertes Haar und eine schwarze Lederjacke voller Buttons und Sicherheitsnadeln. Er war jetzt ein Punk und nannte sich Votze, wurde aber auch Votze Flamenco genannt, weil er auf einer Akustikgitarre sehr gut einen Flamencosong spielen konnte.

Im Winter 1978/79 war das. Ich war 15 und einigermaßen durcheinander. Kurz darauf schnitt ich mir die dauergewellten Haare kurz und trug ein altes Sakko meines Vaters, das ich mit Badges, Ketten und Sicherheitsnadeln garniert hatte, eine trug ich im Ohr. Votze und ich jobbten am frühen Abend oft im Kabarett seines Vaters, dem Theater an der Bult, er als Kartenabreißer, ich an der Garderobe. Dann hatten wir jeder zehn Mark auf Tasche und zogen los.

In der ersten Zeit gingen wir in die Rote Kuh, eine kleine, schwarz gestrichene Disco mitten in der Innenstadt. Hier lief Punk, Wave und Reggae und es gab zunächst keinen Stress mit Glatzen. Wir trafen uns dort gut ein Jahr lang, bevor wir über das Punkrock-Café Anderes Ufer und das Fillmore List schließlich im UJZ Kornstraße, der Korn, landeten. In der Roten Kuh kostete das Bier eine Mark, Pernod-Cola an manchen Tagen auch. Wenn der DJ Ernie „My Way" von Sid Vicious auflegte, stand er an seinem Pult und dirigierte die pogende Masse. Sid lebte nicht mehr und auch die *Sex Pistols* waren bereits Geschichte, als für mich alles begann.

Johnny und Werwolf waren mir damals schon aufgefallen. Werwolf, der brutale Pogotänzer, der jeden um sich herum anrempelte, und sein Kumpel, der eher in sich gekehrte, mit sich selbst tanzende Johnny. Votze hatte schon eine kurzlebige Band mit Guiness Hellmann (später *Rosy Vista*) und Thomas Tier (*Cretins*) gehabt. An einem Abend im Frühsommer '79 sah ich, wie Johnny, Votze und Werwolf sich am Eingang der Kuh unterhielten, Votze zeigte auf mich, dann kam Johnny auf mich zu: „Du spielst Gitarre?" Ich antwortete: „Ja." Er nahm mich in den Arm und sagte: „Du bist der Gitarrist der *Kondensators*."

Werwolf war der Sänger. Wenn sich die Gelegenheit bot – also eigentlich ständig –, zog er die Hose runter und präsentierte seine Arschlochshow. Bei seinem martialischen Auftreten wäre man kaum darauf gekommen, dass er im Zoo Hannover Tierpfleger lernte. Johnny saß am Schlagzeug. Er machte eine Ausbildung zum Gärtner und war das einzige Arbeiterkind der Band – generell habe ich Punk in Hannover immer eher als Mittelstands-Ding empfunden. Votze zupfte den Bass, und das konnte er schon ganz gut. Johnny konnte den Takt halten. Ich auch oft. Werwolf nie. Meistens droschen wir so lange einen Akkord, bis er sich an den Text erinnerte und sich bequemte, eine neue Strophe oder den Refrain zu beginnen. Alle Songs begannen damit, dass ich auf meinen Verzerrer trat. Die schrille Rückkopplung blieb so lange stehen, bis Werwolf „1-2-3-4!" brüllte. Das konnte ziemlich lange dauern. (Jahre später fiel mir ein rororo-Buch mit einem *Hans-A-Plast*-Interview in die Hände. Darin sagt Micha Polten: „Ich spiele auch nicht besser Gitarre als David Spoo." Nein, Micha, damals stimmte das ganz sicher nicht!)

Die *Kondensators* waren für uns weit mehr als nur eine Band, und das zeigten wir. Die anderen drei hatten sich das Band-Logo – das Schaltzeichen eines Kondensators (zwei sich mit den Köpfen zugewandte Ts) – auf einen Oberarm gepikert. Bei mir hämmerte Werwolf das Symbol und die Buchstaben K.S. mit drei zusammengebundenen Nadeln, die er in grünes Skriptol getunkt hatte, tief in den linken Unterarm. Ich hatte definitiv nicht den zärtlichsten Tätowierer.

Johnny und Werwolf wohnten in Garbsen, einem Vorort von Hannover. Sie kamen immer mit ihren 50-ccm-Mopeds in die Stadt, Konrad hatte eine Enduro-Maschine – wir waren definitiv die einzige Moped-Gang der hannoverschen Szene. Als Menne, der Sänger der *Cretins*, sich abfällig über meinen Sound äußerte, zogen Johnny und Werwolf am nächsten Tag mit ihrem schmalen Lehrlingsgehalt los und schenkten mir eine Gitarre, einen Verstärker und einen Verzerrer. Einfach so.

Wir hatten definitiv das beste Bandfoto der Stadt. Angelique Upstart aka Geli hatte es im *Blitzkrieg*-Übungsraum im UJZ Badenstedt geschossen, wo wir eine Zeit lang übten. Als das *Nasty-Vinyl*-Label 1994 die Compilation *Jung Kaputt Spart Altersheime! Hannover Punk '78–'84* plante, fehlte es an einem geeigneten Cover. Konrad wollte eigentlich nur das *Kondensators*-Foto fürs Booklet abliefern, aber Horst Barthel von *Nasty Vinyl* sagte hocherfreut: „Ja, das ist Punk!" Und entschied, dass es das Coverfoto des Samplers wurde.

Zwei Songs gab es schon, als wir im Sommer '79 das erste Mal übten. „Anarchie in Germany" mit dem mit Sicherheit von Werwolf verfassten Beginn: „CDU, CDU, macht das Arschloch auf und zu" und „In Hannover is nix los". Kurz darauf schrieb ich „Ab ins Beerhouse 1, 2, 3" und schaffte gleich mit meinem ersten Song einen echten Gassenhauer – und vielleicht den insgesamt besten Song aus meiner Feder. Fünf Stücke hatten wir bei unserem ersten Auftritt am 11.11.1979 im Hotel Osterdeich in Bremen. So stümperhaft unser Auftreten war, so authentisch waren wir aber auch. Das Publikum liebte uns. Als Zugabe spielten wir unser Set noch mal und dann noch mal.

Niemand besaß einen Bandbus, und zumindest bei den *Kondensators* hatte auch noch keiner das Alter erreicht, in dem man einen hätte steuern dürfen. Manchmal kutschierte uns Willi Schweemann im geschlossenen Transporter der Reinigung Stichweh oder irgendjemand fuhr mit dem Pkw die Anlage zum Auftrittsort und wir trampten hinterher. Auch an so etwas wie Pennplätze dachte keiner, wenn wir auswärts spielten. Wir gingen einfach davon aus, dass sich schon etwas finden würde. Beim ersten Gig in Bremen landeten wir schließlich in einem aufgebrochenen Keller, der Konserven für viele Jahre hergab, und als wir in der Sumpfblume in Hameln gespielt hatten und Stunden warten mussten, bis der erste Zug nach Hannover fuhr, schliefen einige von uns in Schließfächern.

Den Gig in Hameln hatte Werwolf an Land gezogen und eine Gage von 800 Mark ausgehandelt. Das war ein Vermögen und – wie uns selbst auffiel – ein bisschen zu viel für unser Programm von inzwischen immerhin sieben Songs, weshalb wir unser Set wie üblich gleich zwei, drei Mal spielten und *Blitzkrieg*, die bestimmt schon 20 Songs hatten, als Vorgruppe mitnahmen.

Für Jugendliche war es Ende der 1970er-Jahre alles andere als schwer, gesellschaftskritisch oder politisch zu sein. Mancher Lehrer oder sonstige Zeitgenosse auf der Straße war noch ganz offenkundig der Nazizeit entsprungen. Ich ging auf Anti-Nazi- und Anti-Atomkraft-Demos und beschäftigte mich mit Kriegsdienstverweigerung oder der Gefahr, dass Franz-Josef Strauß Kanzler werden könnte, bevor ich das erste Mal wählen durfte. Manche behaupten heute, der deutsche Punk sei unpolitisch gewesen. Das bestreite ich, und das gilt zumindest für mein Umfeld nicht. Einige Texte der *Kondensators* waren infantil und sollten auch nichts anderes sein, dennoch waren die *Kondensators* eine politische oder sogar linke Band. Dass wir schließlich nicht bei Rock gegen Rechts spielen wollten, hing eher damit zusammen, dass wir uns nicht vereinnahmen lassen wollten.

Ins Trudeln geriet die Band, als Johnny Anfang 1980 eine Sehnenscheinentzündung bekam und die Band monatelang auf Eis lag. Einzige Ausnahme war der Auftritt in der Glocksee-Halle. Dort spielten die *Straßenjungs*, und ich fragte ihren Sänger Nils Selzer, ob wir in ihrer Pause ein paar Songs zum Besten geben dürften. Er willigte ein, und so gaben wir mit Wixer von *Blitzkrieg* am Schlagzug unser Liedgut zu Gehör. Dass wir lange nicht geübt hatten, war deutlich zu hören, dennoch kamen wir wie meistens sehr gut an, was wiederum die Hauptband ziemlich ärgerte. Als Johnny endlich wieder einsatzfähig war, wollten wir wieder Gas geben, bis ein Auftritt in Berlin alles veränderte.

Da wir ja Teil der Gossenpunk-Fraktion waren und per se den Kommerz ablehnten, für den die Nordstadt-Fraktion stand, lehnten wir, *Blitzkrieg* und die *Fucks* eine Teilnahme am „No Fun"-Festival, auf dem ein Sampler mitgeschnitten wurde, natürlich ab, womit die Möglichkeit, auf Platte zu erscheinen, erst mal gestorben war.

Karl Walterbach, der später mit den Labels *Aggressive Rockproduktionen* und *Modern Music* viel Geld verdienen sollte, war am Kreuzberger Club KZ 36 beteiligt und fragte *Blitzkrieg* für den Eröffnungsgig am 3. Mai 1980 mit den *Ätztussis*, der *Beton Combo* und *MDK* an, wo auch ein Sampler aufgenommen werden sollte. Die Blitzkrieger erfuhren, dass MDK nicht spielen konnten, und schlugen vor, dass wir doch nach Berlin fahren und vielleicht an deren Stelle spielen könnten. Das klappte dann auch, und wir legten einen richtig schlechten Gig hin. Werwolf kam nach dem ersten Song zu mir und sagte, dass er alle Texte vergessen habe. Ich war ohnehin genervt, weil ich Wixers Gitarre umhängen hatte, mit der ich nicht klarkam, und nun musste ich zum ersten Mal singen – vor Publikum und mit dem Wissen, dass das aufgenommen wird.

Drei Songs dieses bemerkenswerten Auftritts gelangten dann auf den *KZ-36-Sampler*, der ersten Veröffentlichung auf *Aggressive Rockproduktionen*. Sie sind die einzige Veröffentlichung der *Kondensators* – seit ein paar Jahren ist allerdings der gesamte Auftritt im Netz zu hören. Als der *KZ-Sampler* im September 1980 veröffentlicht wurde, gab es die Band schon nicht mehr. Johnny hatte sich in Berlin in eine Schweizerin verliebt und verkündete uns seinen Ausstieg. Die beiden blieben eine Zeitlang in der Mauerstadt und zogen dann nach Zürich, wo Johnny noch heute lebt.

Mit Volker, dem Sänger der *Fucks*, am Schlagzeug machten wir noch eine Weile weiter. Für mich war er eine wichtige Person der Szene. Er arbeitete in der Medizinischen Hochschule als Pfleger, hatte mir nach einer Pattex-Schnüffelei den Kopf gewaschen und damit sicher einen Anteil, dass mir eine Drogenkarriere erspart blieb – das Thema bestimmte Teile der Szene zunehmend. Bei den *Kondensators* übernahm Volker allerdings die Rolle der Punk-Polizei, verbot jedes englische

KLISCHEE*

Wort, wodurch aus „Anarchie in Germany" das unsingbare „Anarchie in Deutschland" wurde, und natürlich wurde auch jede Art von Solo gestrichen. Das machte keinen Sinn mehr und wir lösten uns im Sommer 1980 auf.

Konrad und ich wollten aber weiterhin zusammen Musik machen und kamen im Oktober in der Korn mit Ulli ins Gespräch. Dass wir vorher nichts mit ihm zu tun gehabt hatten, zeigt, wie groß und aus verschiedenen Cliquen bestehend die Punk-Szene in Hannover damals war. In der *Gegendarstellung* hatten wir gelesen, dass Ulli Sänger und Gitarrist bei *P38* war, für härtere politische Texte stand und deshalb einigen Ärger mit staatlichen Behörden gehabt hatte. Wir fragten ihn, ob er Sänger unserer neuen Band werden wollte. Er wollte, schlug aber vor, eine Band mit zwei Gitarren zu machen und den Gesang zwischen uns beiden aufzuteilen. Jens, genannt Jenny, der in der Korn arbeitete und bei den Aufnahmen zum *No-Fun*-Sampler bei *Rosa* am Schlagzeug gesessen hatte, wurde unser Drummer. Durch seine Roto-Toms am Schlagzeug und die Besetzung mit zwei Gitarren und zwei Sängern unterschieden wir uns soundmäßig von anderen Kapellen.

Wir begannen mit Songs von *P38* und den *Kondensators* und nannten uns *Paranoia*. Da es eine Band dieses Namens bereits gab, änderten wir den Bandnamen beim zweiten Üben in *Klischee*. Ziemlich schnell hatten wir 15 Songs zusammen und spielten im November '80 zusammen mit *Slime* unseren ersten Gig im KZ 36, kurz darauf traten wir das erste Mal in Hannover auf – natürlich in der Korn. Unser politischer Ska-Punk kam bestens an und mit Songs wie „Krieg in den Städten" und „Verboten" schafften wir textlich eine gute Balance von politischer Message und Spaß. Wir spielten hauptsächlich in Jugendzentren und immer wieder Solidaritätskonzerte, etwa bei der TuWat-Knastdemo in Berlin oder im Februar '81 in der Hamburger Markthalle mit *Slime* und den *Razors* anlässlich des Hungerstreiks von RAF-Häftlingen.

Wir trieben uns viel in Berlin rum und pennten in Karl Walterbachs Fabriketage über dem KZ 36, die jedem offenstand. Heske von der *Beton Combo* oder Benno Blittersdorf organisierten Konzerte in Berlin und Bremen für uns, und wir taten das für Bands aus anderen Städten. Nachdem Jens und ich im November '80 im SO 36 und im KZ 36 beim Festival Aggressiver Musik waren, brachten wir diese Idee nach Hannover. In der Korn und der Glocksee fand das Festival Aggressiver Musik dann an zwei aufeinanderfolgenden Tagen im Mai '81 statt. Wir hatten *Zounds* aus England, *Slime*, die *Beton Combo*, *Stromsperre*, *Aheads* und andere nach Hannover geholt.

Nur wenige Monate nach dem ersten Auftritt hatten wir die ziemlich großkotzige Idee, ein Album zu machen. Es war naheliegend, dafür bei *No Fun Records* vorstellig zu werden. Ulli und ich besuchten Hollow Skai und gaben ihm ein Demo-Tape. In der Rückantwort ließ er uns wissen, dass *No Fun Records* nicht an einer Veröffentlichung interessiert sei und kreuzte auf dem Vordruck an: „Übt schön weiter, vielleicht wird ja mal was aus euch." Auch als Reaktion darauf beschlossen wir, dann eben alles selbst zu machen.

Als Low-Budget-Produktion und vor allem, weil Jens eine Menge private Kohle in den Topf schmiss, konnten wir unser Album *Normalzustand* im April '81 innerhalb von drei Tagen in der Toncoop Hannover aufnehmen und abmischen. Die vielen First-Takes gaben der Platte ihren rauen und ungeschliffenen Sound. Wir kümmerten uns um den Coverdruck, die Plattenpressung und alles, was dazugehört. Ende August '81 stand ein Speditionslaster vor meiner Tür und brachte 1.000 *Normalzustand*-Exemplare.

In Kritiken konnten wir später lesen, dass wir neben der *Male*-LP oder der *Slime*-Single eine der wichtigsten Punk-Platten dieser Zeit gemacht hatten. Das Coverfoto – ein Polizist vor seinem auf den Kopf gestellten Einsatzfahrzeug – war entstanden, als die Bundeswehr erstmals eine öffentliche Gelöbnisfeier in Hannover abgehalten hatte. Die politische Landschaft veränderte sich damals massiv, und das Foto passte zu unserer Wut, zu Hannover und vielen unserer Texte. Das für die damalige Zeit wirklich aufwendige und teils farbige Booklet wurde von Doc Schwanz gestaltet – für jede der 16 Seiten bekam er eine Flasche Sekt.

Normalzustand erschien auf dem Label *Frostschutz Records*. Der Schlagzeuger und Sänger von *Kaltwetterfront*, spätere Sänger der *Leeren Versprechungen* und heutige Betreiber der Beatbox, Michael von Eye, hatte das Label mit Sitz im UJZ Kornstraße 1981 gegründet, Jens und ich arbeiteten eine Weile dort mit. Die *Klischee*-LP lief unter FS001. Vorher wurden aber bereits zwei Singles über das Label vertrieben – das *Kaltwetterfront*-Nebenprojekt *Torture* mit einer Anti-Franz-Josef-Strauß-Single und *Die Plagen Platte* einer Band aus Oerlinghausen, bei der der spätere *Kaltwetterfront*-Bassist spielte. Als sich kurz nach der *Klischee*-Veröffentlichung der *EfA*-Vertrieb gründete, war das Album nicht nur bei Gigs, sondern auch in lokalen Plattenläden und alternativen Buchhandlungen erhältlich. *Normalzustand* dürfte sich rund 3.000 Mal verkauft haben.

Die zweite reguläre Veröffentlichung auf *Frostschutz* war der Sampler *Korn Live – ab geht er* mit *Klischee*, *Le Crash*, *Wutstock*, den *Aristocats*, *Blitzkrieg* und *Kaltwetterfront*. Die Platte wurde im November '81 in der Korn aufgenommen, an die der erzielte Gewinn ausschließlich ging. FS003 war das zweite *Kaltwetterfront*-Album *Wenn kaputt, dann wir Spass*. Mit *Sol 12* als FS 004 kam dann noch das erste Album der *Boskops* hinzu. Eine wirkliche Sternstunde des Labels war das 2.*Frostschutz*-Festival „Eine außerirdische Attacke", das im August '83 im Musiktheater bad in Herrenhausen veranstaltet wurde. Dort spielten unter anderem *Die Toten Hosen*, die *Boskops*, *Leningrad Sandwich*, *Die Mimmis*, *Die Ärzte* und *Klischee*.

Frostschutz schlief schließlich ein – aufgrund der üblichen Problemchen und sicher auch, weil Micha einträglichere Dinge im Blick hatte. Im Booklet zum *Korn*-Sampler waren noch einige Veröffentlichungen angekündigt: ein weiterer Sampler, eine Split-EP von *Blitzkrieg* und *Wutstock*, ein *Kaltwetterfront*-Album, ein *Gegenwart*-Album. In Zusammenarbeit mit dem *Weser Label* erschienen noch zwei *Mimmis*-Platten, die angekündigten anderen Scheiben wurden nicht mehr veröffentlicht. *Frostschutz* wurde 1984 aufgelöst.

Klischee präsentierte sich bei den Aufnahmen zum *Korn*-Sampler mit verändertem Sound. Ich hatte begonnen, Saxofon zu spielen, die Verzerrer blieben öfter ausgeschaltet und es groovte deutlich mehr. Eigentlich war alles gut, leider aber nicht. Nach den Aufnahmen zum *Korn*-Sampler befanden wir uns in einer Zwangspause – Ulli hatte sich bei einer Schlägerei den Arm gebrochen und wir beschlossen, dass es mit ihm nicht weitergehen könne. Seine Drogenabhängigkeit machte ihn immer aggressiver und unberechenbarer. Auch sein intelligenter Humor ging zunehmend flöten. Seine neuen Songs waren – wie es auch in einer Kritik zum *Frostschutz*-Sampler hieß – eigentlich nichts anderes mehr als vertonte RAF-Parolen. Ständig mussten wir diskutieren, ob wir uns eher als Musiker verstehen oder als Teil des antiimperialistischen Kampfes. Wir sahen uns eher als politische Musiker und nahmen an Ullis Stelle den Ex-*Blitzkrieger* Peter in die Band auf. Natürlich gaben wir auch in der neuen Besetzung Solidaritätskonzerte, zum Beispiel gegen die Waffen-Messe IDEE in Hannover.

Peter wechselte sich mit Konrad am Bass ab, wir drei teilten uns nun den Gesang, außerdem brachte Peter einen Synthie mit, der den Sound von *Klischee* ziemlich veränderte. Dass wir dann bei einem AStA-Konzert in Bonn als „NdW aus Hannover" angekündigt wurden, schmeckte uns gar nicht, traf aber sicherlich teilweise zu. Es entstanden einige wirklich gute Songs, aber der rote Faden ging zunehmend verloren. Wir fragten uns, ob Anti-Nazi-Songs immer denjenigen vorgetragen werden müssen, die man gar nicht mehr überzeugen muss, und ob alle noch mit dem gleichen Enthusiasmus in der Band sind. Konrad, der nicht gut äußern konnte, was er wollte, fühlte sich in der Band nicht mehr richtig aufgehoben und gründete 1983 als Nebenprojekt die von uns eher belächelten *Abstürzenden Brieftauben*. Unsere einzige Tournee wurde zum Desaster, auch weil wir mit dem DIY-Gedanken zunehmend an unsere Grenzen stießen. Die Fahrt zum ersten Gig in der Toten Hose in St. Ingbert endete bereits nach 50 Kilometern mit einem Motorschaden. Zwei weitere Gigs fanden ebenfalls nicht statt: Der im Okie Dokie in Neuss fiel aus, weil wir unwissentlich nicht direkt mit dem Club gesprochen hatten, sondern mit einem Fan, der ein Konzert organisieren wollte, dies aber nicht getan hatte. So standen wir vor dem geschlossenen Club.

Unser musikalischer Konsens waren schließlich *The Clash*, das ist auf der Single „Der Wilde Westen" und dem B-Seiten-Track „Riot '84", der Cover-Gestaltung, unserem Logo und unseren damaligen Postern weder zu überhören noch zu übersehen. Wir nahmen die Platte am ersten Juli-Wochenende 1983 im Music Lab in Kreuzberg mit Harris Johns an den Reglern auf. Den Termin wählten wir bewusst, denn wir wollten nicht bei der Verbrüderung von Punks und Skins dabei sein, die an diesem Wochenende in Hannover stattfinden sollte. Die Single sollte auf unserem eigenen Label *Dingenskirchen Records* im Batata-Batata-Vertrieb (allerdings im *Frostschutz*-Vertrieb) passend zum *Frostschutz*-Festival im bad erscheinen. Zwar konnten Peter und ich die 500er-Auflage pünktlich im Teldec-Presswerk abholen, sie war aber komplett schadhaft und nicht verkäuflich – ein weiterer Schlag ins Genick.

Ein echtes Highlight dieser Zeit war der Dreh eines Videoclips zu „Der Wilde Westen", von dem ich gar nicht weiß, ob er je fertiggestellt wurde. Da wir ja keine Pferde hatten, fuhren wir in unseren Cowboy-Outfits auf Fahrrädern zur Sparkassen-Filiale auf dem hannoverschen Raschplatz und stürmten – mit unseren Pistolen(-Attrappen) herumfuchtelnd – die Bank. Selbstverständlich hatte niemand vorher einem Mitarbeiter des Instituts Bescheid gegeben, sodass kurz darauf zwar nicht das SEK, aber immerhin ein gewöhnlicher Polizeiwagen vorfuhr. Die beiden Wachtmeister ließen sich jedoch umgehend und auch ohne Ausweiskontrolle davon überzeugen, dass wir nichts anderes taten, als ein Video zu drehen. In den heutigen panischen Zeiten wäre das wohl unvorstellbar.

Dass die letzten beiden Songs, die wir im Frühjahr '84 aufnahmen, „Abschied" und „Es Ist Zeit" hießen, war Zufall, aus heutiger Perspektive aber ein deutliches Signal. Die in den hannoverschen UTM-Studios hervorragend produzierten Songs mit Drumcomputer, vielen Keyboards und wenig Gitarren, mit denen wir endlich im Radio gespielt werden wollten, erschienen nicht mehr wie geplant als Maxi-Single. Als ich das Angebot bekam, bei den *Trashbirds* – dem kommenden großen Ding – einzusteigen, verließ ich *Klischee* und die Band löste sich mit einem Abschiedskonzert im Juli '84 im bad auf.

Dass es tatsächlich an der Zeit war, Abschied zu nehmen, legten zwei Kritiken nahe, die wenige Tage später erschienen. Ein gewisser Klaus Abelmann schrieb in der *Neuen Presse* noch freundlich:

„Bei aller Sympathie für *Klischee*: Sie brauchten wie üblich mal wieder reichlich Zeit, bevor sie in die Gänge kamen."

Noch deutlicher wurde der Autor mit dem Kürzel skai in der *Hannoverschen Allgemeinen Zeitung*:

„Selten hat man eine Gruppe so hölzern und uninspiriert spielen sehen. Da stimmte einfach nichts mehr, und auch die guten Mienen zum bösen Spiel konnten nicht darüber hinwegtäuschen, dass sich die Gruppe bereits weitaus früher hätte auflösen sollen."

Rumms. Jens hängte die Trommelstöcke an den Nagel, wurde Clubbetreiber und Architekt, Konrad wurde mit den *Abstürzenden Brieftauben* BRAVO-Star und hatte sich selbst in Bands wie *Legal Kriminal* und *WKA* gefunden, als er 2006 plötzlich starb. Peter spielte später bei den *Boskops* und *Rat's Got The Rabies*. Ich wollte mit den *Trashbirds* Rockstar werden, was nicht klappte, spielte bei den *Gay City Rollers*, wurde auch dort kein Rockstar und war fester Gastmusiker bei den *Brieftauben* bis zu ihrer Auflösung. Und Ulli spielte kurz bei den *Boskops* und starb Anfang der 1990er.

Zehn Jahre nach Konrads Tod veröffentlichte Micro Bogumil mit den neuformierten *Abstürzenden Brieftauben* ein Album und fragte mich, ob sie meinen Song „Das Schwein", der auf dem *Frostschutz*-Sampler erschienen war, für das neue Album *Doofgesagte Leben Länger* nutzen könnten. Er erschien dann unter dem Namen „Der Roadie Job Ist Gar Nicht So Einfach Wie Man Denken Mag", und so fand sich 32 Jahre nach der Bandauflösung ein *Klischee*-Song, der eigentlich eher nach den *Kondensators* klang, auf Platz 16 der Deutschen Album-Charts wieder.

The Kondensators

Bärbel von Blitzkrieg (l.) und David Spoo von Klischee

Dreckige Gedanken

Eine Flucht aus der Provinz

Angelique Upstart

Meine Eltern waren 1970 auf die blöde Idee gekommen, sich ein Reihenhaus in einem anderen Dorf zu kaufen, sodass wir von Stederdorf nach Vöhrum umzogen. Ich musste mich von allem verabschieden, was ich liebte. Besonders die Trennung von meiner Freundin Marti und meinen Klassenkameraden war sehr hart für mich.

Vöhrum war sehr hässlich und meine neue Schule lag am anderen Ende des Dorfes. Nach den ersten Peinlichkeiten, die ich als Neue in der Klasse zu überstehen hatte, kam ich dann aber doch ganz gut klar. Romy wurde meine beste Freundin, und zusammen sonderten wir uns von den anderen ab. Innerhalb kürzester Zeit wandelte sich das brave Mädchen, das ich bis dahin war, zu einer rauchenden, exzentrisch gekleideten Gestalt. Die anderen Mädchen in unserer Klasse mochten Schlager, Disco und *Abba*. Wir hörten Glamrock, Hardrock, Krautrock und Hippie-Musik.

Es war so öde im Dorf! Aus lauter Langeweile tranken wir schon nachmittags Alkohol, den wir heimlich meinen Eltern entwendeten, und hängten Gartentore aus und vertauschten sie dann. Romys Mutter war OP-Schwester und hortete Äther zu Hause, um damit neugeborene Katzen zu betäuben, bevor sie von ihr umgebracht wurden. Wir machten Selbstversuche, indem wir Äther auf einen Wattebausch gaben und uns damit selbst betäubten. Wenn wir im Fernsehen Berichte über Drogensucht sahen, dann hatte das auf uns genau die gegenteilige Wirkung. Wir wollten das auch. Weil wir aber nicht in München oder Berlin lebten, sondern in Vöhrum, gestaltete es sich als schwierig.

Die nächstgelegene Stadt war Peine, wo vor der evangelischen Kirche in der Fußgängerzone Hippies saßen, von denen es hieß, sie würden Drogen nehmen. Also wurden wir auch Hippies, um Haschisch kaufen zu können. Wir rauchten das Dope nicht, sondern hauten den ganzen Klumpen in den Tee. Dann fuhren wir nach Peine und bekamen Heißhunger auf Schokolade. In einem Süßwarenladen setzte bei mir die Wirkung ein. Ich schrumpfte in einem schnellen Tempo, und gleichzeitig fing mein Herz an zu rasen. Ich hatte das Gefühl, das Blut würde mir stoßweise aus der Brust fließen, und erlitt eine stundenlange Panikattacke, die sich in den folgenden Monaten immer mal wieder bemerkbar machte. Nachts konnte ich nicht schlafen, weil ich dachte, ich würde hoch oben in der Luft auf einem schmalen Brett liegen, und tagsüber musste ich mich in der Schule am Tisch festhalten, um nicht hintenüberzukippen. Wenn ich bei meinen Eltern im Wohnzimmer saß, musste ich aufstehen und alle Möbel berühren, um zu fühlen, dass sie auch wirklich da waren. Ich fürchtete, verrückt geworden zu sein. Irgendwann hielt ich es nicht mehr aus und ließ mir von meinem Hausarzt Beruhigungstabletten verschreiben. Damit bekam ich alles etwas in den Griff, aber die Panikattacken sollte mich noch jahrelang immer mal wieder überfallen.

Punk in der Dorf-Disco

In dem Jahr, in dem alles begann, 1977, war ich 20 Jahre alt und gerade aus der Enge des Elternhauses und der dörflichen Idylle geflüchtet und nach Hannover gezogen. Mit Romy teilte ich mir eine Wohnung im Stadtteil Linden. Wir besuchten eine sehr alternative Fachschule und genossen die Freiheit der Großstadt. Aber im Grunde machten wir genau das, was wir die letzten Jahre auch schon getan hatten. Wir hörten die gleiche Musik und kleideten uns im selben Stil wie in den vergangenen sieben Jahren. Manchmal hatte ich das Gefühl, die Zeit wäre stehen geblieben und wir mit ihr. Dass woanders bereits etwas in Gang gekommen war, hatten wir nicht bemerkt.

Im selben Jahr hörte ich zum ersten Mal etwas über Punk. Meine erste Berührung erfolgte aber weder durch die *BRAVO* noch durch John Peel, wie bei so vielen anderen. Meine erste Begegnung mit Punk fand vielmehr im Musikunterricht der Fachschule für Sozialpädagogik statt. Unser Lehrer brachte zwei LPs mit in den Unterricht, um sie uns vorzuspielen. Unglaublich schneller, lauter Krach. Verunsicherung breitete sich aus und niemand wusste etwas damit anzufangen. Mir erging es nicht anders. Punk war mir kein Begriff, und von den *Sex Pistols* und den *Ramones* hatte ich noch nie etwas gehört. Aber etwas veränderte sich von nun an.

In der City erblickte ich jetzt ab und zu eine auffallende Gestalt mit zerstrubbelten, orange-roten Haaren, und im Fernsehen sah ich einen Film über ein Mädchen, das sein Zimmer schwarz strich und in einem Kleid aus Mülltüten und mit einer Teekanne als Handtasche auf die Straße ging. Ich war gleichermaßen fasziniert und irritiert. Was war das? Noch konnte ich keine Zusammenhänge erkennen, aber ich spürte, dass etwas passierte.

An den Wochenenden fuhr ich mit meiner Freundin noch immer in die Hippie-Disco, in der ich auch schon die Nächte zugebracht hatte, als ich noch auf dem Dorf wohnte. Selbst dorthin, wo vorher nur langhaarige Typen zu sehen waren, kamen jetzt Jungs mit kurzen Haaren, und das meistgespielte Lied war „Sex and Drugs and Rock'n'Roll" von Ian Dury; sonst gab's nur Musik von Stevie Wonder, der *Steve Miller Band* oder von Frank Zappa zu hören.

In Hannovers Innenstadt gab es eine neue Disco, die Rote Kuh. Angeblich war es eine Punk-Disco. Dort sollte es Umkleideräume geben, wo sich die Gäste als Punks verkleiden konnten. Ich war neugierig, ob das stimmte und wie die Leute wohl aussahen. Mit meinem langhaarigen Freund besuchte ich den Laden, fand aber weder das Gerücht bestätigt, noch bekam ich besonders aufregend aussehende Menschen zu sehen. Nur ein Typ in Lederhose, der hinter uns auf der Sitzlehne saß, pöbelte uns an. Er meinte, mein Freund solle doch seine schmierigen Haare von seiner Hose nehmen, die er versehentlich mit dem Kopf berührte. Na danke, dachte ich, wenn das Punk ist, dann kann ich darauf verzichten.

Aber es ließ mich nicht los. Der Freund meiner Freundin spielte in einer Jazz-Rock-Band, und als wir ihn einmal im Proberaum besuchten, wollten wir ihn und die anderen überzeugen, doch lieber Punk zu spielen. Es machte uns auch immer mehr Spaß, uns die Augen und Lippen schwarz zu schminken, wenn wir ausgingen, und Leute anzustarren, ohne zu sprechen. Ich hatte in puncto Aussehen keine Vorbilder, noch wusste ich, ob und wo es welche gab. Ich kannte nur diesen komischen Plastic Bertrand aus dem Fernsehen und später dann Nina Hagen, die ich in der Rotation in Hannover sah. Ich hörte jetzt gern Patti Smith und Lou Reed.

1979 war ich mit der Fachschule fertig, wartete auf einen Studienplatz und jobbte, um Geld zu verdienen, als Aushilfe. Am Wochenende fuhren wir immer noch regelmäßig in die Dorfdisco. Da wir ein Auto hatten, nahmen wir jedes Mal andere Leute mit. Einmal brachte eine Bekannte einen fremden Typen mit, der nach Punk aussah, jedenfalls so, wie ich mir damals einen Punk vorstellte. Ich schwankte ihm gegenüber zwischen Ablehnung und neugierigem Interesse. In der Disco kamen wir uns dann näher und ich verliebte mich. Und so lernte ich nach und nach die Punks in Hannover kennen.

Punkrock-Café Anderes Ufer

Mein neuer Freund, ich nenne ihn mal Pepe, hatte einen Bekannten, der eine Kneipe eröffnen wollte, und Pepe sollte dort in der Küche arbeiten. Die Kneipe nannte Pepes Bekannter Anderes Ufer, weil er ein Fan von David Bowie war und Bowies Stammcafé in Berlin so hieß.

Am Tag der Eröffnung rief Pepe mich an und fragte, ob ich meinen Staubsauger mitbringen könnte. Als ich bei der Kneipe ankam, saßen schon eine Menge Leute davor, und nachdem ich den Staubsauger abgegeben hatte, setzte ich mich zu ihnen.

Neben mir saß ein Typ in einem alten Ledermantel mit einer merkwürdigen Frisur: Seitlich hatte er keine Haare, dafür waren sie hinten lang und fielen vorn als V in die Stirn. Auf seinem Schoß hockte ein Mädchen in engen Hosen, spitzen Schuhen und einem starr nach oben abstehenden Pony. Sie musterte mich mit zusammengekniffenen Augen. Neben den beiden saß ein großer Typ in Lederjacke und alten Stiefeln mit einer ähnlichen Frisur wie der andere, nur dass seine Haare hinten viel länger waren und vom Kopf abstanden. Er las laut aus einem Buch von Charles Bukowski vor. Eine kleine Frau mit einem Kindergesicht und einer Bierflasche in der Hand fragte mich nach Tabak. Es standen noch ein paar andere Typen in schwarzen Lederjacken oder alten Jacketts herum, einer trug eine rote Motorradlederjacke und eine kaputte Jeans, dazu Turnschuhe. Alle tranken Bier.

Ich fühlte mich etwas seltsam in meiner rosa eingefärbten Latzhose, den Samtballerinas, der Nickelbrille auf der Nase und mit meinen hennaroten Haaren. Noch war mir nicht klar, dass ich ziemlich genau dem Feindbild der Punks entsprach: einem Hippie! Ich selbst hätte mich nicht so bezeichnet. Hippies gab es meiner Meinung nach nicht mehr, und ich war schon gar keiner. Als ich vierzehn gewesen war, hatte ich gern ein Hippie sein wollen, aber selbst damals war es schon zu spät dafür und Janis Joplin und Jim Morrison waren längst tot.

Ich saß also da zwischen lauter Punks und wartete darauf, dass die Kneipe endlich öffnete. Drinnen sah es noch ganz normal aus. Es gab einen Tresen, Tische, Stühle und einen Billardtisch. Der Besitzer verteilte dicke Filzstifte, damit Tische und Wände damit beschrieben werden konnten. Was dann auch jeder begeistert tat.

Ich kam nun sehr oft in dieses Punkrock-Café, setzte mich an einen Tisch, bestellte ein Bier, rauchte und wartete auf meinen Freund. Lange saß ich nicht allein am Tisch. Die männlichen Punks, teilweise viel jünger als ich, setzten sich dazu, schnorrten Tabak und tranken mein Bier aus, wenn ich auf Toilette war. Die Mädchen hielten Distanz, bis auf einige ganz junge, die von den anderen Punks aber nicht akzeptiert wurden. Einige meinten, mir beibringen zu müssen, was Punk sei. Dabei erklärte mir die blonde Sabine, genannt Hexe, dass Punks sich selbst nicht als Punks bezeichnen, gerne saufen, aber Hippie-Drogen wie Haschisch ablehnen, da man damit die Welt zu rosig sähe. Später lernte ich aus eigener Erfahrung, welche Mittel Punks noch bevorzugten und dass Hippie-Drogen auch wieder akzeptabel wurden.

Nachdem die Beziehung zu Pepe vorüber war, weil er in der Küche alle Mädels flachgelegt hatte, während ich brav auf ihn wartete, kam ich weiterhin ins Andere Ufer. Ich fühlte mich dort wohl, mochte die Atmosphäre, die Musik und die Leute. Schon bald fühlte ich mich ihnen zugehörig. Es war eine überschaubare Szene mit sehr unterschiedlichen Leuten. Viele waren jünger, manche aber auch älter als ich. Zu den Älteren gehörten Face, der bei *Blitzkrieg* Bass spielte, und Alice Dee, mit dem ich mich anfreundete. Er war einer der Ersten, der mich ansprach. Ich hatte meine Füße auf einen Stuhl gelegt und er sagte: „Schöne Schuhe." Zu den Jüngeren gehörten Johnny Kondensator und Votze Flamenco.

Eines Tages wollte der Besitzer des Punkrock-Cafés uns alle raushaben. Wahrscheinlich hatte er es sich mit Punks als Gästen doch etwas anders vorgestellt. Als Votze mit einem Edding was an die Wände schrieb, war das plötzlich ein Grund, ihn rauszuwerfen.

Skinheads in der Roten Kuh

Ich schnitt mir selbst die Haare und blondierte mir den Kopf. Ich wollte nun auch wie ein Punk aussehen. Meistens trug ich einen alten Mantel, den ich am Rücken mit Neonfarbe besprüht hatte. Meine Mutter hatte jede Menge

Klamotten aufgehoben, so fand ich alte Unterröcke, Netzunterhemden und Satinschlafanzüge, die ich mit Ketten, Netzstrumpfhosen und Stöckelschuhen aufhübschte. Meine Eltern störten sich nicht groß an meinem Aussehen, waren sie doch schon vorher einiges von mir gewohnt gewesen. Wenn ich sie besuchte, lief ich vom Bahnhof durch das ganze Dorf. Einige Jugendliche riefen mir dann „Nina Hagen" oder „Ist kein Fasching mehr" hinterher.

Von den Besuchen bei meinen Eltern brachte ich regelmäßig Essen mit, als müsste ich eine Familie versorgen. Von Jüngeren wurde ich manchmal „Mother Punk" genannt, dabei war ich so alt wie Sid Vicious. Der lebte allerdings nicht mehr. Als ich die Schlagzeile über seinen Tod in der BILD-Zeitung sah, die mein Gegenüber in der Bahn las, dachte ich: Ich bin schon wieder zu spät, wie damals, als ich vierzehn war und gern ein Hippie sein wollte.

Unsere WG funktionierte recht gut. Wir hatten immer etwas zu essen, und irgendjemand machte immer den Abwasch. Nur in Christels Zimmer durfte nicht aufgeräumt werden. Der ganze Fußboden war mit Bierflaschen und Dosen bedeckt, und er wechselte nie seine Bettwäsche. Er nannte sein Bett „Schmuddelkuhle". Ohnehin hatte Christel recht seltsame Anwandlungen. Er behauptete, *Dschingis Khan* gut zu finden, und pinnte sich *BRAVO*-Poster von ihnen an die Wand. Etwas ernster meinte er es dann mit seiner Rockabilly-Phase. Er frisierte sich eine Minitolle und nähte sich eine Südstaatenfahne auf seine Jeansjacke. Das nannte er dann Punkabilly.

Da wir Punks keine Anlaufstelle mehr hatten, trafen wir uns nun wieder in der Roten Kuh und der Rotation.

Anfang 1980 lernte ich Face näher kennen. Weil er eine Zeit lang in den Knast musste, deponierte er seine Schallplatten bei uns. Beim Durchhören der Platten entdeckte ich *Joy Division* und *Siouxsie and the Banshees*, und ganz besonders liebte ich *The Damned*; meine allererste Punk-Platte war von ihnen und ich erlebte sie öfter auf Konzerten.

In der Rotation traten viele Bands auf, und die Eintrittspreise waren erschwinglich. Leider war ich oft genug zu betrunken, um mich an alle Konzerte zu erinnern. Noch günstiger konnte man deutsche Bands im Raschplatz-Pavillon erleben. Oder auf Punk-Festivals in der Glocksee. Um uns den Eintritt zu sparen, versammelten sich mehrere von uns vor dem Eingang und der Letzte, der schon eine Karte hatte, schubste alle anderen durch die Kasse in den Veranstaltungsraum. So war man wenigstens schon mal drinnen.

Unglücklicherweise verliebte ich mich in Face. Mit ihm zusammen zu sein, bedeutete, automatisch Ärger anzuziehen. Unter Alkoholeinfluss ging er stets über alle Grenzen, und ich machte mit. Eines Abends wollte man uns bei McDonald's nichts geben, weil sie Punks nicht bedienten. Sie hatten schon öfter schlechte Erfahrungen gemacht, zum Beispiel als wir dort einen Kindergeburtstag gefeiert hatten, indem wir die Geburtstagsdeko vom Nebentisch klauten, uns Hütchen aufsetzten und Fähnchen schwenkten. Daraufhin war uns mitgeteilt worden, die „Punkleute" sollten doch bitte den Laden verlassen. Auch an diesem Abend sollten wir gehen. Wir weigerten uns jedoch, und ich steckte mir Pommesspieße in die Haare. Schließlich eskortierte uns die Polizei hinaus. Das verlief noch verhältnismäßig harmlos. Irgendwann beendete ich jedoch die Beziehung zu Face, die nie wirklich eine gewesen war.

Da wir Punks überall Hausverbot hatten, blieb wieder nur die Rote Kuh. Aber auch dort hatte sich einiges geändert. Die am Wochenende immer öfter auftauchenden englischen Soldaten, die sich anfangs als Punks ausgaben, liefen nun mit engen Jeans, Poloshirts, Hosenträgern und Springerstiefeln herum und tanzten zu Ska. Sie stellten sich dazu im Kreis auf, warfen die Beine abwechselnd mit den Armen in die Mitte und liebten besonders *Madness*. Sie nannten sich Skinheads. Ich kannte bis dahin nur Reggae, aber Ska war für mich etwas Neues. Ich besorgte mir einige Platten von *The Beat*, den *Specials* und den ursprünglichen Ska-Bands der 1960er. Mir gefielen auch die Klamotten, und ich kaufte mir Schnürboots. Meinem Vater klaute ich ein Jackett und einen Hut, und meine Jeans krempelte ich um. Für mich war das kein Widerspruch zum Punk.

In der Roten Kuh lernte ich auch Isabell und Christine kennen. Wir beschlossen, zusammen mit Susanne und Natascha eine Punk-Band zu gründen. Ich sollte singen. Daraufhin textete ich zum Beispiel dieses Lied:

> *Meine Gedanken, die sind dreckig*
> *Und ganz dreckig meine Hand*
> *In meinem Mund, den Dreck, den schmeck ich*
> *Spuck ihn einfach an die Wand*
> *Und auch dreckig ist mein Lachen*
> *Mein Gefühl ist Dreck dazu*
> *Dreckig sind auch meine Sachen*
> *Doch der letzte Dreck bist du!*
> *Denn da stehst du in der Ecke*
> *Und noch lächelst du mir zu*
> *Denn du weißt nicht, was ich denke*
> *Weil du siehst nur, was ich tu*
> *Siehst den Dreck nicht im Gedanken*
> *Liest ihn mir nicht aus der Hand*
> *Kannst nichts sehen durch die Schranken*
> *Nur die Spucke an der Wand!*

Wir nannten uns *Neutren*, nachdem wir den Namen *Boykotz* verworfen hatten, und übten einige Male, durften aber nach kurzer Zeit den Übungsraum in einer Schule nicht mehr benutzen, weil Natascha die Wände der Toilette mit Filzstift beschmiert hatte.

Ein kurzer Auftritt von mir fand in der Glocksee statt, als ich in einer Pause während eines Konzerts die Bühne erklomm und betrunken „Ich häng mich auf" sang. Jemand dachte wohl, ich meinte es ernst, und holte mich von der Bühne. Dabei hatte ich mich nur an den Text vom *KFC* gehalten. So endete meine Gesangskarriere.

Ein anderes Mal nahmen Isabell und ich eine Kassette mit einem Kochtopf als Schlagzeug und fürchterlichem Gebrüll unter dem Namen *Sturztrunkene Einbauküchen* auf. Später gründeten Lena und ich noch die Band *Moskauspione, Prawda rules ok*. Es blieb aber nur bei dem Namen. Und das war auch gut so.

Fluchtpunkt UJZ Kornstraße

Um auch einen Treffpunkt außerhalb einer Disco zu haben, wo wir uns auch unterhalten konnten, trafen wir Frauen uns regelmäßig im UJZ Kornstraße, das von älteren Autonomen mit langen Haaren und Bärten geführt wurde. Sie standen Punks misstrauisch gegenüber und verdächtigten uns, mit Nazis zu sympathisieren. Schließlich hatte Sid Vicious ein Hakenkreuz auf seinem Shirt getragen.

Trotzdem gab es nun sehr oft Punk-Konzerte im UJZ. Aus der Schweiz, Holland und den USA kamen die Bands, und die Anzahl der Punks stieg stetig. Schon 1979 hatte es geheißen, Punk sei tot, aber in der Korn erhielt man den Eindruck, es würde erst jetzt, 1981, richtig losgehen. Ich sah immer mehr unbekannte Gesichter, viele sehr junge, und jeder trug eine Lederjacke. Auch wurden die Haare immer bunter und höher.

War die Anzahl der Hannover-Punks bis 1980 noch überschaubar gewesen, so änderte sich das in diesem Jahr. Endlich hatten wir einen Ort gefunden, von dem wir nicht vertrieben wurden. Es wurden stetig mehr Punks, und selbst die jüngeren Autonomen, die vorher schon das UJZ bevölkerten, schnitten sich nun die langen Haare ab und spielten in Punk-Bands.

Ich wohnte zu der Zeit bei Bernd in der List und nervte den Armen, indem ich die Wohnung in ein Asyl für obdachlose Punks verwandelte. Als ersten Gast quartierte ich ein Mädchen im Gemeinschaftsraum ein. Sie war von zu Hause fortgelaufen. Als ich einmal nicht da war, besprühte sie mir zum Dank die Wände meines Zimmers mit Neonfarbe. Das stieß aber nicht auf allgemeine Begeisterung, sodass ich das Zimmer mit Alufolie tapezierte.

Später bot ich einer 15-jährigen Schweizerin und einer 35-jährigen Französin Unterkunft in unserem Gemeinschaftszimmer. Das Schweizer Mädel war echt hart drauf. Sie ritzte sich die Arme und trat nach jedem kleinen Hund, der ihr vor die Füße lief. Und weil sie der Meinung war, dass die Welt eh schon nicht mehr zu retten sei, kippte sie Mülleimer aus, damit der Dreck offen sichtbar werde. Janine aus Frankreich hatte wiederum ihren Mann und ihr Kind verlassen und war mit Abstand die Älteste, weshalb sie von den Jungen „Punk-Oma" genannt wurde.

Irgendwann konnte der Gemeinschaftsraum der Wohnung wieder zum Fernsehen genutzt werden. Die kleine Schweizerin hatte aber vergessen, ihre Ratte namens Whisky mitzunehmen. Bernd wurde beim Fernsehen von ihr erschreckt. Sie kam aus einem Winkel des Zimmers hervorgeschossen, lief an seinem Bein hinauf bis zur Schulter, dann wieder hinunter und verschwand. Wo genau die Ratte in der Wohnung lebte, war aber nicht klar. Bernd bekam deshalb Albträume. Mich erschreckte sie etwas später auf die gleiche Weise. Danach sahen wir sie nie wieder.

Ich war jetzt bereits zum zweiten Mal mit Kaki zusammen. Das war nicht ganz leicht, da sein Interesse hauptsächlich Betäubungsmitteln galt. Morgens griff er sich zuerst ein dickes Medikamentenverzeichnis und eine Adressenliste von Ärzten. Dann überlegte er, was von wem zu bekommen war. Meistens ging er zu Doktor S., bei dem notfalls auch die Putzfrau Rezepte ausstellte. Einmal gab er mir seine gesamten Tabletten mit der Bitte, sie ihm auf keinen Fall zurückzugeben. Keine zehn Minuten später ging er mir an die Gurgel, weil ich sie ihm nicht wiedergeben wollte.

Sonst war er aber ein netter Kerl. Als wir mal auf dem Weg zur Roten Kuh waren und sahen, wie ein Mädchen von einem Typen belästigt wurde, half Kaki ihr, obwohl er ein eher ängstlicher Typ war, und bekam eins auf die Nase.

Durch Kaki bekam ich auch näheren Kontakt zu seinem Freund Matthies, der ebenfalls Karsten hieß und ihm sehr ähnlich sah. Die beiden waren *terrible twins*, was Drogen anbelangte. Bei Matthies war es noch extremer. Er schoss sich mit ganzen Packungen Schlaftabletten weg. Einmal besuchte er mich in meinem Zimmer und versprach, nichts zu schlucken. Nachdem ich einmal kurz draußen war, fing er an, zu lallen und zu sabbern. Ich konnte das nicht mehr ertragen und schleifte ihn an den Beinen aus meinem Zimmer. Matthies sollte das erste Drogenopfer aus unserem Umfeld werden.

Eine andere Schwäche von Kaki war seine Eitelkeit. Er konnte an keinem Spiegel vorbeigehen, ohne hineinzuschauen und sich die Haare zu kämmen. In einem Punk-Fanzine wurde er mal als Hannovers schönster Punk bezeichnet. Unsere Beziehung ging aber auseinander, weil Kaki den Verlockungen von Lenas Dekolleté nicht widerstehen konnte. Sie saßen mir gegenüber, als sie mir sagten, dass sie nun zusammen wären. Ich wurde sehr wütend und schmiss meine leere Bierflasche knapp über ihre Köpfe hinweg. Die Flasche zerbrach krachend an der Heizung. Beide waren erschrocken darüber, ich auch.

In der Korn beobachtete ich viele Neuzugänge der hiesigen Punk-Szene. So wie die jungen Mädchen sich gern einen älteren Punk krallten, taten es die Jungs mit den weiblichen Älteren. Oft machten sie die Frau hinterher aber schlecht und rissen fiese Sprüche über sie, um bei ihren Kumpels zu punkten.

Die meisten Punks in der Korn liefen in der typischen Lederjacken-Nieten-Springerstiefel-Kombi herum. Ich hatte aber keinen Bock auf diese Art von Einheitsklamotten. Ich trug eine Bundeswehrhose und alte Knobelbecher. Außerdem hatte ich mir den Iro abgeschnitten. Als ich mich in diesem Aufzug in einem Schaufenster sah, gefiel ich mir aber nicht mehr, weil ich aussah wie ein Ledernacken. Mein Lieblingsoutfit bestand daraufhin aus schwarzen Turnschuhen, schwarzer Jeans, einem Männerunterhemd und einer schwarzen Schildmütze. Als jemand meinte, ich sei kein Punk mehr, wenn ich so rumliefe, ödete mich das an.

Auch gefiel es mir nicht, dass sich das Machotum bei den männlichen Punks immer mehr durchzusetzen schien. Am Anfang konnten wir Frauen bei Konzerten noch mit den Typen beim Pogo mithalten. Jetzt war es oft so, dass Frauen links oder rechts von der Bühne einen Platz für sich hatten, um ungestört zu tanzen. Die Typen machten meist auf Pogo brutal, sodass es keinen Spaß mehr machte.

Ende 1982 tat sich dann doch noch etwas. Als Niedersachsens Ministerpräsident Ernst Albrecht in einer Kirche predigte, störten wir diese scheinheilige Aktion durch Zwischenrufe. Natürlich schmiss man uns raus, und draußen warteten bereits die Bullen, um unsere Personalien aufzunehmen. Wir wurden wegen Störung der Religionsausübung angeklagt. Nach einiger Zeit wurde die Anzeige allerdings fallen gelassen.

Ungefähr zu der Zeit wurde auch die sogenannte Punker-Kartei aufgedeckt und es regte sich Widerstand dagegen. Im Dezember fand ein Punk-Treffen unter dem Motto „Chaostage" statt. Massenhaft in Hannover versammelte Punks sollten die Polizei verwirren und so die Kartei aushebeln. Ich kann mich allerdings kaum erinnern, was ich dort gemacht habe, und weiß nur noch, dass ich kurz am Kröpcke war und abends in der Korn. Es war an der Zeit, die Stadt zu wechseln, und so zog ich nach Berlin. Aber das ist eine andere Geschichte.

Konrad Kittner und Karin

ES IST SOWEIT

ERÖFFNUNG DER "ROTEN KUH"

HANNOVER, MEHLSTR.

28. Apr. '78 um 21.00

LASST UNS ZURÜCKBLICKEN INS JAHR 1964

SHE LOVES YO... FUCK YEAH

White Punks ON DOPE! CAPTAIN MEMO TUBES '77

ROT...

CHRIS Spedding Geht irre ab...!!! HURTS!

Take a Ride wis MOOTRHED BLONDIE

howdy, howdy CHRIS ELECTRIC Chairs MEHLSTR. 2

WIR FRAGTEN DIE POLITIKER: "WENN ICH IN HANNOVER BIN - GEH' ERST IN DIE ROTE KUH" AUCH NIXEN TUT WIXEN

BIEDERMÄNNER HABEN BEI UNS KEINEN EINTRITT! Wir legen Wert auf CHAOTISCHE Kleidung

HEUTE IST DAS ETWAS ANDERS

GABBA GABBA HEY!

FRESSE, DU RAMONES FREAK
(HARTES WORT!)

MC5

MAN NENNT SIE PUNKS!
& DAS ZEITALTER DER RASIERKLINGE!

UND DIE MUSIK, DIE SIE HÖREN IST RECHT LAUT...
(NIX FÜR SOFTIES!)

EINE... UNSERER BOXEN!

WIE IN DER ROTEN KUH!

SCHRAUBZWINGE

URG

Electric Chairs

OKAY, ALLES ZUSAMMEN, WIRD ES 'NE HEISSE SACHE...

SEX, PISS, DOLLS

ES LEBE DIE ROTE KUH !!!

Wer also mal echt was erleben will ... kommt nur ... DENN NICHT UMSONST HABEN WIR DIE SCHEISSTEUREN PUNKSCHEIBEN UND DIE WAHNSINNSANLAGE RANGEHOLT! ANSONSTEN KÖNNT IHR RUHIG ABGEFAHRENE WÜNSCHE ÄUSSERN: DAS BIER OHNE GLAS, EINEN KUSS AUFS ZÄPFCHEN ODER... TALKING HEADS, J.R & THE MODERN LOVERS, STRASSENJUNGENS, EARTH QUAKE, RICHARD HELL, SCREWDRIVERS ODER ... EINE SÜLZGURKE! **BIS BALD!**

(DIESES SELTSAME PLAKAT HAT DIE „FIRMA" SM GRAPHIC DESIGN/LAVESSTR. 3A GEPINSELT! (STRANGLER'S WARN DABEI))

AU WEIA!

ERNIE

HALIM

...ERDEM ...T IHR MAL ...R ARSCH! ...UFEN!

PISSWARMES BIER HAMWAJA!

196

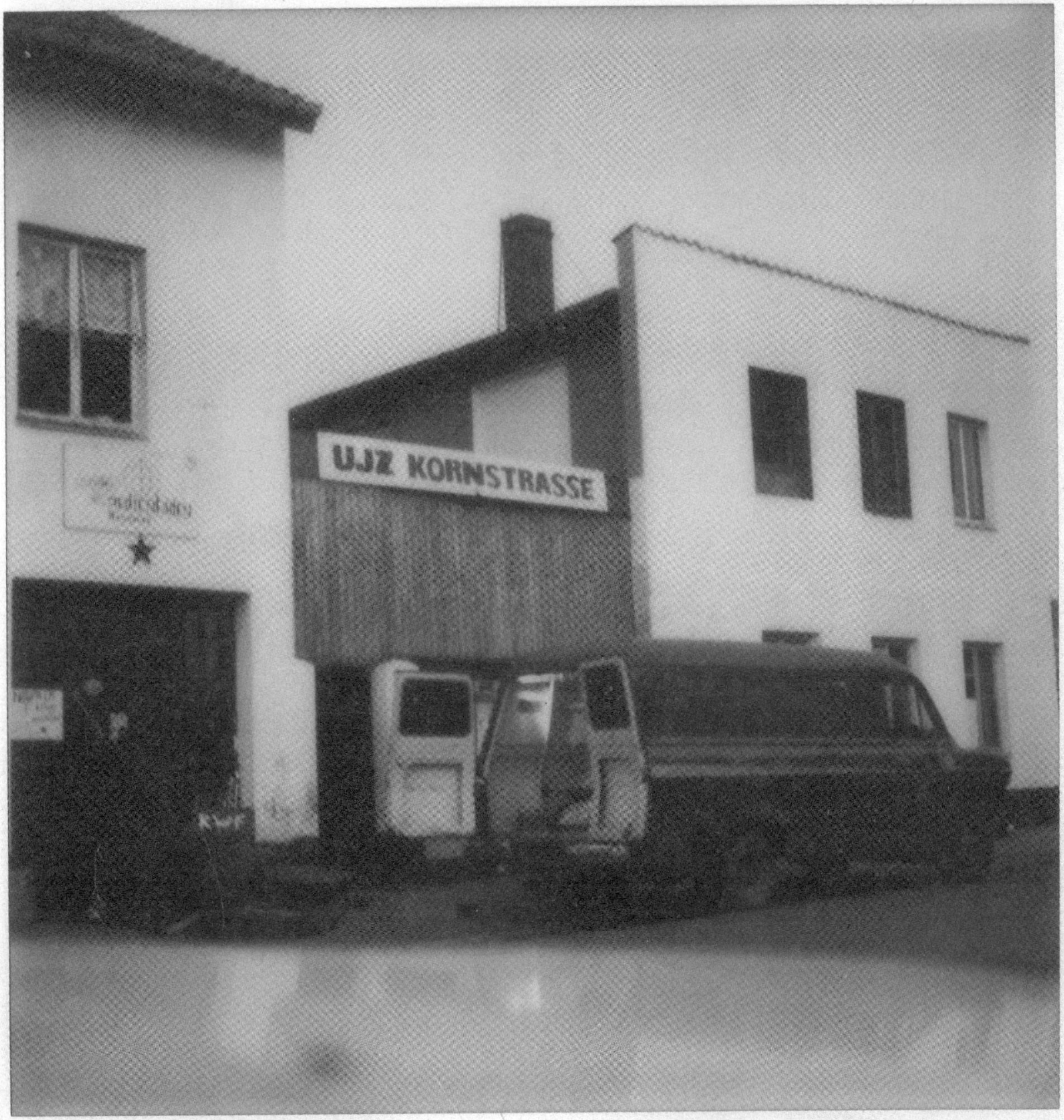
UJZ KORNSTRASSE
KWF

Vorbei ist vorbei

Chaostage 1982–84

Karl Nagel

Ich bin wohl das, was Willi Wucher mal als „81er Spätlese" bezeichnete, und mit fast 21 war ich wirklich verdammt spät dran. Meine komplette „Jugendkarriere" hatte ich bereits hinter mir. Als Teenie war ich begeisterter Alice-Cooper-Fan, und als der immer braver wurde, gelangte ich 1976/77 zu der Überzeugung, meine komplette Plattensammlung entweder zu verkaufen oder wegzuwerfen. Stattdessen wurde ich Kommunist in der KPD/ML. Deren Stalin-Gequatsche wurde mir bald zu viel, sodass ich mich mehr in undogmatischen Kreisen herumtrieb. Dann streckte eines Tages der Ernst des Lebens seine blutigen Klauen nach mir aus, und ehe ich wusste, wie mir geschah, fand ich mich in einer Lehre als Industriekaufmann wieder. Schöne Scheiße, wenn der Hass auf den Job jeden Tag größer wird, man aber absolut nicht weiß, wie raus aus dem Schlamassel …

Die ganze Punk-Welle hatte ich total verschlafen, weil ich das Musik-Business als Riesenbetrug empfand, und Punk war aus meiner Sicht ein Teil davon. Und nach allem, was so in der Presse stand, ohnehin eher was für minderbemittelte Stümper. Also keine Perspektive für mein immer mehr aus den Fugen geratendes Leben – ich hatte nicht die leiseste Ahnung, was ich damit anfangen sollte, und hockte meist allein in der Bude.

1981 stand mir das Wasser bis zum Hals, und so registrierte man erste Tobsuchtsanfälle an meinem Arbeitsplatz. Ich träumte vom Kaputtmachen, holte mir in Brokdorf Blasen an den Füßen, lebte zwei Wochen in Berlin in einem besetzten Haus und labte mich an diversen Krawallen. Dort begegneten mir die ersten Punks, die nachhaltigen Eindruck bei mir hinterließen.

Plötzlich begann ich mich wieder für Musik zu interessieren. Mehr auf Verdacht hin kaufte ich Scheiben der *Sex Pistols*, von *S.Y.P.H.*, *Fehlfarben* und dem *KFC*, die meine Vorstellungen nicht nur von Musik grundlegend erschütterten. Zwei Wochen später sang ich in meiner ersten Punk-Band.

Trotzdem war ich unzufrieden, weil ich immer noch in der gleichen beschissenen Situation steckte wie zuvor: Da war der Job, und wenn ich in den Spiegel sah, bekam ich das Kotzen: Da stand ein Typ mit mittellangen Haaren, Brille, Parka und ausgebeulter Cordhose. Bis ich dann eines Tages in einer Hauruck-Aktion meinen Job schmiss und mich auch optisch als Punk versuchte.

Ich bekam kein Geld vom Arbeitsamt, weil ich nie einen Antrag stellte, und ernährte mich von Gulaschsuppen und Currywürsten sowie hier und da einem Käsebrot, sodass ich in einem halben Jahr 13 Kilo abnahm. Das war meine Form der Freiheit, einfach nur Punk zu sein. Scheiß auf die Miete, scheiß aufs Essen. Hauptsache, die Haare stehen!

Ich war ein Polit-Punk, wie er im Buche stand. Geprägt durch die radikale Linke erschien Punk mir als ideale Widerstandsform: *fighting in the streets* statt Theorie-Gelaber! Ich fand es sensationell, dass Typen mit einem umkreisten „A" auf der Jacke rumliefen, ohne sich in linke Bücher zu vergraben und darüber endlos zu quasseln.

Schwachsinnige Grabenkämpfe

Ich wurde auf den Boden der Tatsachen zurückgeholt, als ich den Eindruck bekam, dass ich zu diesem Zeitpunkt der einzige Punk in Wuppertal war, der noch durch die City lief. „Jetzt, wo alle damit aufgehört haben, fängst du damit an!", machte sich ein Bekannter über mich lustig.

Kurz zuvor hatte die Wuppertaler Polizei bei einer Kinovorstellung von *The Great Rock'n'Roll Swindle* der *Sex Pistols* kräftig mit dem Schlagstock aufgeräumt, woraufhin viele nicht mehr wagten, offen als Punks aufzutreten. Andere hatten von ihrem letzten London-Besuch die Kunde von Oi! mitgebracht, und so sah man plötzlich viele Punks als Skins durch die Gegend laufen.

Bei den Autonomen fand ich mit Wim Tölpel einen Verbündeten und Freund, der eine Menge aus der Hamburger Szene zu berichten wusste. Ich hörte mit leuchtenden Augen zu und konnte mir nichts Schöneres vorstellen, als mit einer Horde Punks durch die Stadt zu laufen und Bürger in Angst und Schrecken zu versetzen. Wir nahmen uns vor, die Dinge ins Rollen zu bringen, und wollten den Eindruck erwecken, es gäbe eine riesige Punk-Szene in Wuppertal – dann würden die richtigen Punks schon von allein kommen.

Was für ein Glück, dass zur gleichen Zeit eine Punk-Kneipe eröffnete und viele Punks wieder aus ihren Löchern krochen – der Laden wurde zum Anziehungspunkt für Punks, Skins und sogar die Teds der Umgebung.

Eines Tages schlug ich vor, gemeinsam „einfach so" durch die Stadt zu gehen und Präsenz zu zeigen. Wir sollten uns die Straße zurückerobern, ganz im Sinne des *Sham-69-*Songs „If the Kids Are United". Ich fand die Grabenkämpfe schwachsinnig, die es in vielen Orten zwischen den verschiedenen Gruppierungen gab, und ich laberte die ganze Bande so lange voll, bis aus der Idee was wurde.

So kam es zu monatlichen Punk-Treffen in der City, die von Mal zu Mal mehr Aufsehen erregten. Parallel dazu fanden große Punk-Festivals etwa mit *Slime*, *Middle Class Fantasies* und *Hass* statt, die viele Punks ins Tal zogen.

Mit einem Mal war die Stadt „Punk-Hochburg", und so kam, was kommen musste, die Dinge entwickelten sich für mich zum Albtraum: Der Pattex-Konsum einiger Leute erreichte nicht gekannte Höhen, ebenso die Dummheit. Skins und Punks attackierten hungerstreikende Türken und ließen sich von NPD-Jungnazis zum Bier einladen. Meine Freundin brannte mit einem anderen durch, und zu guter Letzt verlangte man beim Zivildienst von mir, dass ich mir die Haare abschnitt, und suspendierte mich vom Dienst, als ich mich weigerte. Mir drohte die Versetzung nach Hinterbayern, also blieb nur die Flucht nach vorn: Ich schlug Hannover als Stadt für meine neue Zivildienststelle vor, denn da schien es eine große Punk-Szene zu geben. Mit vielen Bands, politischem Bewusstsein (hurra!), toll anzusehenden Punks und Punketten und der ersten Punk-Partei, der Anarchistischen Pogo Partei Deutschland (APPD). Von Letzterer hatte ich in der *taz* gelesen. Ich konnte es kaum erwarten, diese schöne neue Punkrock-Welt kennenzulernen.

Hallo Hannover!
Am Hauptbahnhof Hannover traf ich auf eine Szenerie, die mir verdächtig bekannt vorkam: ein Dutzend hässlicher, kaputter und betrunkener Punks, teilweise mit Pattex-Tüte, und dazwischen ein Typ namens Schelmy, der Neulinge mit vorgehaltenem Messer um Spenden bat.

Rette sich, wer kann, dachte ich mir, und rannte wie Falschgeld durch die City, immer auf der Suche nach den „richtigen" Punks. Abends kam ich schließlich zu einer großen Disco, der Rotation im Anzeiger-Hochhaus, wo ich auf bunthaarige Gestalten traf, die ebenfalls keinen frischen Eindruck machten. Immerhin erfuhr ich von ihnen, dass sich die meisten Leute im UJZ Kornstraße trafen. Meine erste Nacht in dieser großartigen Stadt verbrachte ich auf dem warmen Abluftschacht eines Kaufhauses in der Lister Meile.

Am nächsten Tag trat ich meinen Zivildienst an, und es war ein gutes Zeichen, dass die Belegschaft des Krankenhauses Siloah mit einem Punk als Zivi leben konnte – vielleicht weil ich tief unten im Keller in der Ausgabestelle des Medizinischen Lagers meinen Dienst verrichtete und nicht an ihrer Seite.

In den nächsten Tagen machte ich endlich in der Kornstraße die hannoversche Punk-Szene aus. Es war ein eindrucksvoller Haufen, der sich da tummelte, ich konnte aufatmen: Auf Pattex stand quasi die Todesstrafe, die meisten Leute waren ernst zu nehmen, und Bands gab's zuhauf. Ein Punk-Paradies für mich, obwohl es mir auf die Nerven ging, dass die meisten kifften wie Dampfmaschinen.

1982 war auch das Jahr, in dem sich einige wichtige hannoversche Punk-Bands gründeten, zum Beispiel die *Boskops* sowie die unübertroffenen *Blut & Eisen*. Daneben gab es Unmengen andere Bands, und ich war ständig auf der Lauer, selbst irgendwo als Sänger einsteigen zu können.

Wie ich schnell erfuhr, hatte sich in Sachen Skins die Lage zuletzt erheblich verschärft. In der Roten Kuh hatten Skins einen Punk die Treppe hinuntergeworfen: Schädelbruch. Auf der anderen Seite war ein Skin bei einer Auseinandersetzung von einem Punk mit einem Messer schwer verletzt worden.

Im Herbst 1982 enthüllte die hannoversche Presse dann, dass die Polizei eine Kartei angelegt hatte, in der sie gezielt Daten über die Punk-Szene sammelte, sodass sogar Datenschützer Bedenken hatten.

Die hannoversche Punk-Szene war allerdings nicht wehrlos und überließ den Widerstand gegen die sogenannte Punker-Kartei nicht ausschließlich der Polit-Szene. Drei Punks prozessierten gegen ihre Eintragung in die Kartei, und so dachte ich mir: Warum nicht in Hannover mit cooleren Leuten durchziehen, was in Wuppertal voll gegen die Wand gefahren war?

Ich traf mich also mit einer Handvoll Leute, um was Größeres zu organisieren. Wir wollten ein gigantisches Punk-Treffen veranstalten und dazu alle Pseudo-, Mode-, Karnevals-, Pattex- und Disco-Punks einladen, auf „dass der Polizei-Computer vor lauter ätzender Punk-Daten explodiere". Die bereits vorhandenen Daten sollten so wertlos gemacht werden und für die Bullen sollte es unmöglich werden, herauszufinden, welche Punks „echt" waren und welche nicht. Als wir ein zündendes Motto suchten, war es Holy, der in bekannter herzhafter Art die Sache auf den Punkt brachte:

„Schluss mit dem Gequatsche, ist doch ganz einfach: Wir wollen Chaos, also is' Chaostag!"

In den folgenden Wochen ließen wir Unmengen Flugblätter und Plakate auf die Menschheit los, auf denen der „Untergang Hannovers" beschworen wurde. Dabei halfen uns enorm die *Dead Kennedys,* die gerade durch Deutschland tourten. Es gelang uns, über die Reihen breitschultriger Ordner hinweg Kontakt mit ihrem Schlagzeuger aufzunehmen, und kurz darauf taufte die Band ihren Song „Nazi-Punks – Fuck Off!" in „Chaos Day – Chaos Day" um. Wolle wurde sogar auf die Bühne geholt, um die Werbetrommel für unser Treffen zu rühren, und begleitete sie auf ihrer Tour, um auch in anderen Städten zum Chaostag einzuladen.

Oi! for punks, and Oi! for skins

Als ich mich am Tag der Tage, dem 18.12.1982, am Kröpcke, dem geplanten Treffpunkt, einfand, waren schon über 500 Leute da, also deutlich mehr als bei den Wuppertaler Treffen. Mittendrin eine Gruppe von ca. 20 Skins, die durch laute Gesänge auffielen, sich aber bestens mit den Punks verstanden. Was in erster Linie daran lag, dass englische Skins nach einer heftigen Schlacht in der Kornstraße der örtlichen Nazi-Oberglatze auf die Fresse gegeben und zusammen mit dem neuen *big man* Mario dafür gesorgt hatten, dass Punks nicht mehr attackiert wurden. Ihrer Ansicht nach sollte es so sein wie in England: „Oi! for punks, and Oi! for skins!"

Die Polizei verhielt sich zunächst recht zurückhaltend, und alles sah nach einem lockeren Treffen aus. Als sich dann jedoch eine Demo formierte, erklärte der Einsatzleiter die Kundgebung per Megafon wegen „Sachbeschädigungen" für aufgelöst, womit wohl einzelne Flaschen gemeint waren, die hier und da zu Boden gingen. Um dieser Forderung Nachdruck zu verleihen, marschierte eine Garde grüner Roboter mit Helm, Schild und Knüppel auf und begann, Punks und Skins auseinanderzutreiben – die im Gegenzug die Polizei mit Flaschen bombardierten; auch ein

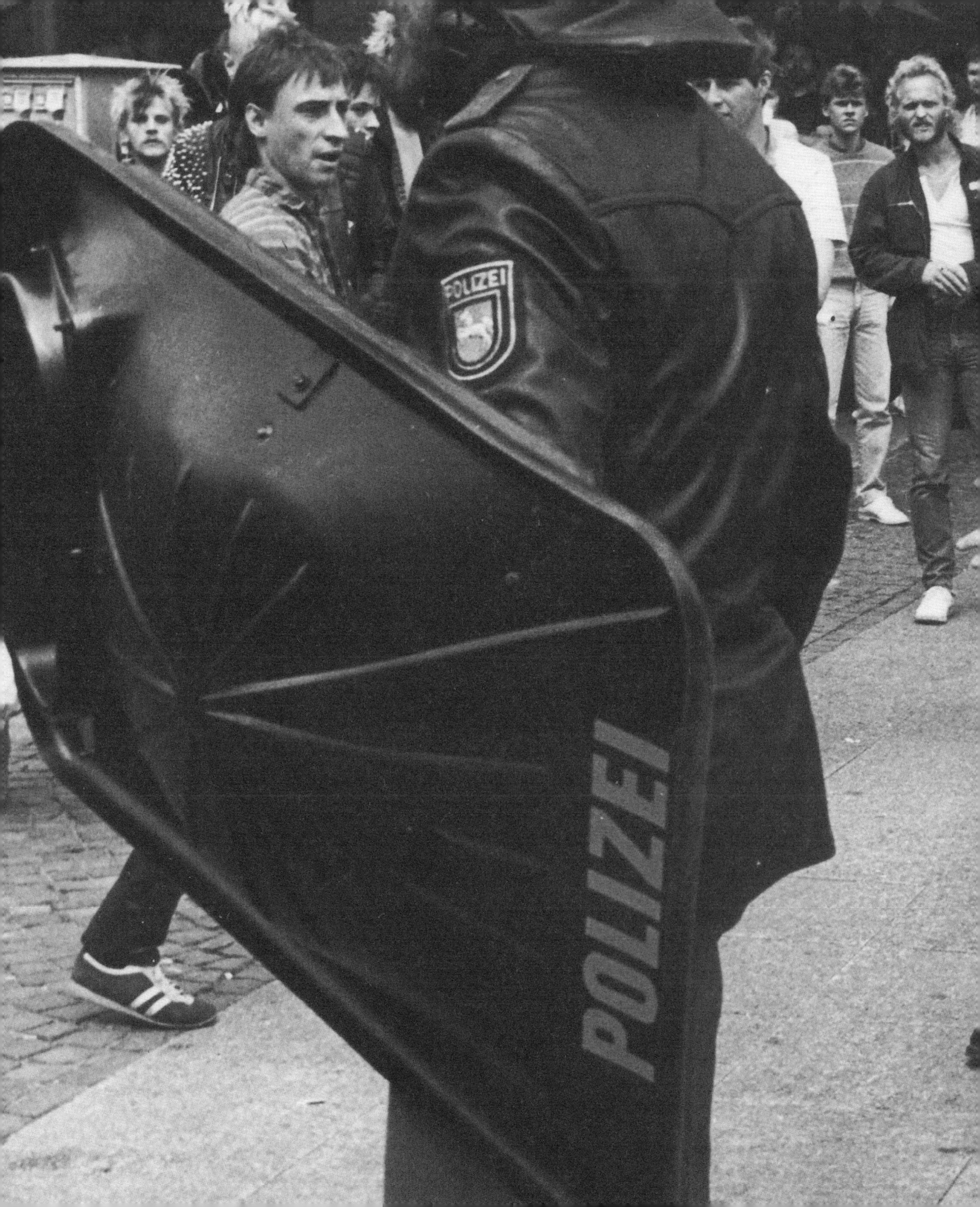

POLIZEI
POLIZEI

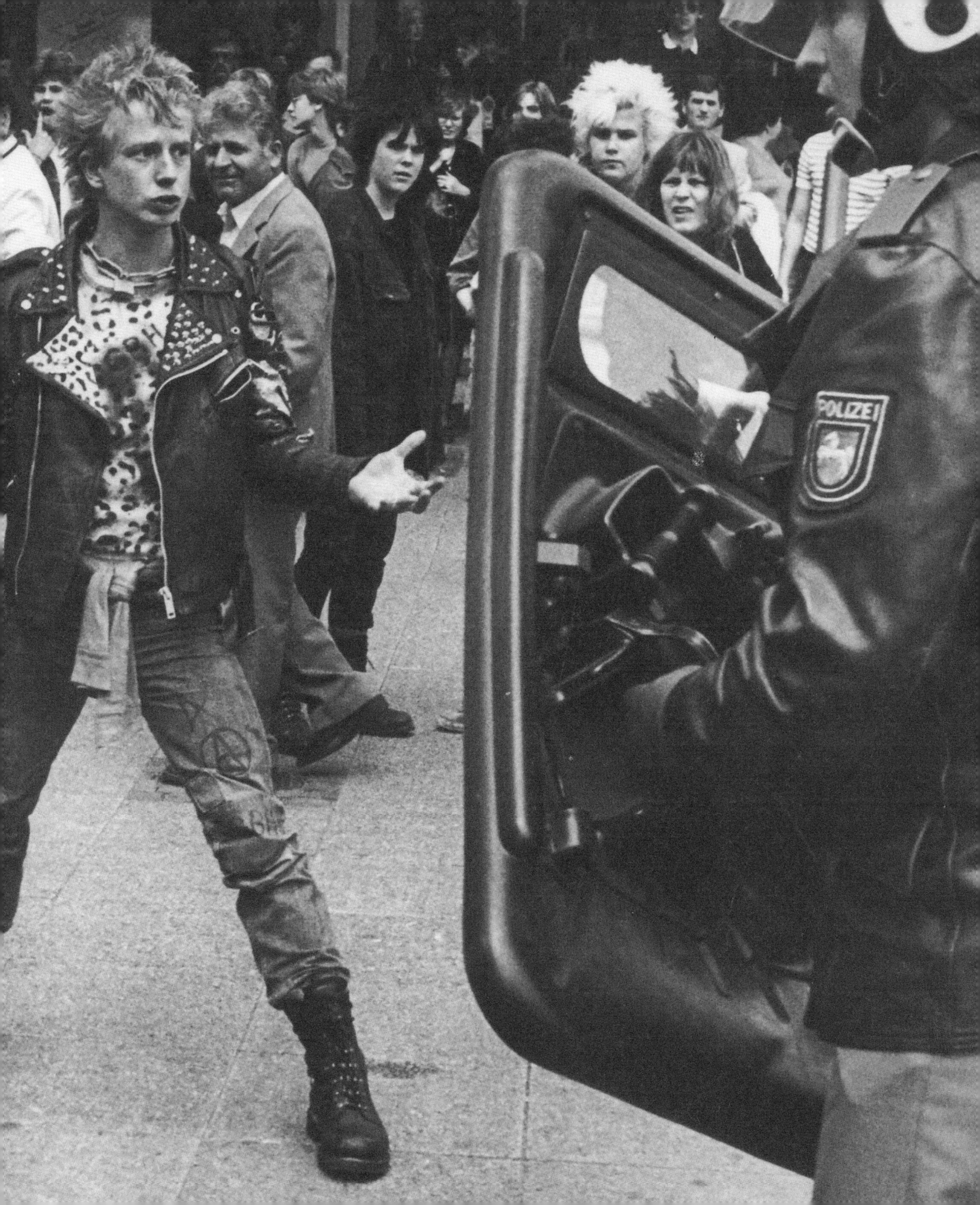
POLIZEI

Obststand wurde geplündert und Birnen und Äpfel wurden als Wurfgeschosse missbraucht.

Nach einem harten Knüppeleinsatz verteilte sich die Demo in alle Richtungen. Kaufhäuser wurden mit Buttersäure beglückt, und vereinzelt gingen Scheiben zu Bruch. Am Steintor freuten sich die flüchtenden Punks und ihre Bundesgenossen über die Baustelle, die da auf ihrem Weg lag, und bedienten sich der herumliegenden Steine.

Nach einer kurzen, aber heftigen Schlacht war der Spuk schnell wieder vorbei. Man zog sich in die Korn zurück, wo am Abend ein Konzert anstand. Die Stimmung war bestens: Es hatte keine Idioten-Aktionen gegeben, und die Schlagzeilen waren uns sicher. Aber trotzdem war es nicht das gewesen, was wir im Sinn gehabt hatten. Wir wollten ja keine Schlacht mit der Polizei, sondern ein totales Chaos in der City inszenieren. Stattdessen war die Sache eskaliert, das Treffen zerschlagen.

Das Jahr 1983 wurde heftig eingeläutet: Aus einer Silvesterknallerei im Jugendzentrum Glocksee entwickelte sich urplötzlich ein „Artillerieduell" zwischen parallel stattfindenden Punk- und Proll-Feten. In dessen Verlauf schoss ein Punk einem Proll mit einem kleinkalibrigen Revolver eine Kugel in den Kopf – was glücklicherweise keine größeren gesundheitlichen Folgen für ihn hatte. Aber für Schlagzeilen reichte es allemal. Ein weiterer unangenehmer Nebeneffekt: Am nächsten Tag fand Schotte, der Sänger von *Blut & Eisen*, sein Auto als Barrikade wieder – die Prolls hatten es die Kellertreppe zu den Übungsraumen der Punk-Bands hinuntergeworfen.

So beschissen das Jahr angefangen hatte, wurde es doch auch das Jahr der Sternstunden. Los ging es mit einem „Konzert" von *B-Test*, das wir in einer Straßenbahn organisierten. Die Stimmung war bombastisch, bis Lukas, unser gewalttätiges Riesenbaby und von Beruf Schlachter, die Notbremse zog und die Polizei die Party auflöste. Ein paar Wochen später verschwand Lukas hinter Gittern, weil er mit einer Gasknarre eine Tankstelle überfallen hatte – allerdings so ungeschickt, dass die Polizei ihn prompt schnappte. Die Beute: ein paar hundert Mark.

Straight Edge

Die Welle des US-Hardcore-Punk erreichte auch Hannover, wo Bands wie *D.O.A.* und *Black Flag* auftraten. Als die *Bad Brains* in der Kornstraße spielten, tropfte Wasser von der Decke und der Konzertsaal glich einem durchgeknallten Irrenhaus. So was hatte ich bis dahin nicht gesehen.

Seit dem Chaostag hatte sich das Verhältnis zwischen Punks und Skins weiter entspannt. Viele Skins beteiligten sich sogar an einer antifaschistischen Demo, und zwei Skin-Bands waren in Übungsräumen in der Glocksee untergekommen. Mittlerweile hatte ich auch den Skin-Boss Mario näher kennengelernt, und im Laufe der Zeit wurden wir dicke Freunde. Mir ging es zwar reichlich auf die Nerven, dass er gerne braune Zoten auf seine Umgebung losließ, aber man wusste nie, wie ernst es ihm damit war. Fakt war, dass er Nazis und solchen in Skin-Kluft gerne was zwischen die Zähne gab und sich mir gegenüber okay verhielt.

Ich verbrachte damals viel Zeit mit den Hannover-Glatzen, weil der Drogen- und Alkoholkonsum der Punks immer stärkere Schlaffheit zur Folge hatte. Auf den Straßen oder am Bahnhof sah man fast nur noch die von der Korn-Szene verachteten Stumpfcores – die ihrerseits der Ansicht waren, sie seien die einzig „wahren" Punks. Die Skins waren dagegen erstaunlich agil, außer zu den üblichen Wochenendbesäufnissen fast nie betrunken und ständig zu jeder Schandtat bereit. Das imponierte mir, denn für das Altersheim fühlte ich mich zu jung. Und weil da immer noch die Idee der „Einheit der Straße" in meinem Hinterkopf herumspukte, dachte ich, dass sich die in Hannover gezeigte friedliche Koexistenz doch auch bundesweit verwirklichen ließe. Abgesehen davon wurmte es mich, dass der

Chaostag eine stinknormale Demo gewesen war und meine bunten Fantasien nicht im Mindesten erfüllen konnte. Größenwahnsinnig wie ich war, nahm ich mir vor, das größte Punk-Treffen aller Zeiten zu organisieren, und lud ein paar Punks und Skins ein, um ein ganz dickes Ei zu legen: „Die Wende"!

Wir ließen einen Schwall Flugblätter auf die Menschheit los und verschickten die Dinger ins In- und Ausland. Sie sollten den Eindruck vermitteln, dass das Treffen zu einem nicht dagewesenen Oberhammer würde – und die Idee so wahr werden lassen. Wir forderten *alle* Punks und Skins auf, nach Hannover zu kommen. Und tatsächlich sprang der Funke über: Viele Bands machten Durchsagen bei ihren Konzerten, und die Nachricht verbreitete sich wie ein Lauffeuer. Selbst im kleinsten Kaff packten Punks ihre Bündel, um nach Hannover zu den Chaostagen zu fahren.

Die Spannung war größer, als sie je bei einer Fußball-Weltmeisterschaft sein kann: Auf der einen Seite konnten wir uns nicht vorstellen, dass unsere Träume wahr würden – und doch waren alle sicher, dass etwas *Großes* geschehen würde. In der Woche davor trafen jeden Tag Punks in Hannover ein. In der Korn wurden die eingeborenen Punks zur Minderheit, und am Freitag, dem ersten „offiziellen" Tag, war klar, dass die Massen nach Hannover strömen würden. Viele berichteten von überfüllten Autobahnraststätten oder von der Polizei, die Punks bereits in den Zügen abgriff. Und weil für so viele Leute keine Pennplätze organisiert werden konnten, besetzte der Mob einfach eine leerstehende Fabrik in einem Vorort Hannovers.

Der Bahnhofsvorplatz erlebte das größte Massenbesäufnis seiner Geschichte, der Bürger-Mob kam aus dem Staunen nicht heraus: Mehr als 500 Punks brachten schon am Freitag die Volksseele zum Kochen und lösten den ersten großen Polizeieinsatz aus. Der Unterschied zu einer typischen Demo war frappant: Während es dabei einen Zug gibt und es vielleicht auch knallt, danach aber wieder Ruhe eintritt, weil alle wieder nach Hause fahren, blieben die Punks nach dem Dosen- und Knüppelscharmützel in der Innenstadt. Wo hätten sie auch sonst hingehen sollen? Sie hatten das ganze Wochenende noch vor sich!

In der Kornstraße fand Freitagabend das Konzert zur „Wende" statt. Es spielten *Daily Terror*, *Phallus* und eine Rumpf-Besetzung der *Alliierten*. Aber das interessierte bald keinen mehr, als Skins aus Hamburg und Berlin „Sieg Heil" brüllten und sich direkt vor der Korn eine Straßenschlacht mit Punks und antifaschistischen Skins lieferten. Nach dem unvermeidlichen Polizeieinsatz verstreute sich die Punk-Meute im ganzen Stadtteil – nicht ohne vorher einen Getränkemarkt zu plündern.

Chaostage

Der nächste Morgen begann recht gemütlich mit einem Flohmarktbummel. Alles blieb friedlich, und schließlich strömte der Mob in die City. Als ich am Bahnhof eintraf, erwartete mich ein Anblick, den ich nie vergessen werde: Es müssen um die 1.500 Leute gewesen sein, die da keineswegs auf einem Haufen hockten. Egal wo man hinging, die Punks bestimmten das Straßenbild: Punks im Kaufhaus, Punks auf der Toilette, Punks in der Post, Punks in der Eisdiele – und natürlich auch in Bullenwannen. Obwohl es an allen Ecken der City ständig Scharmützel gab, kam es nie zur „großen Schlacht", bei der die Polizei hätte reinen Tisch machen können. Sie verlor im Chaos den Überblick, der Gegner war nicht fassbar, die Polizeisirenen plärrten hilflos und ließen fast schon Mitleid für die überforderten Beamten aufkommen.

Trotzdem gab es zahlreiche Verhaftungen; allerdings wurden in erster Linie diejenigen verhaftet, die es mit der Sauferei zu toll getrieben und Aktionen gestartet hatten, die wohl eine Nummer zu groß für sie waren. Wer sich nicht rechtzeitig verpissen kann, sollte besser die Finger von Flaschenwürfen lassen, nicht wahr?

Beeindruckend war an diesem Tag aber auch, dass die Leute aus allen Regionen gekommen waren. Und dass die Skins in kleinen Gruppen herumstanden und sich friedlich verhielten. Der Einzige, der übel auffiel, war ein besoffenes Skin-Monster aus der Schweiz, das sich immer wieder einzelne Punks griff, lauthals „BIEEER!!!" brüllte und sie erst wieder losließ, wenn ihm jemand eine Flasche an den Hals setzte. Sogar die Polizei konnte den Amokläufer nur mit vorgehaltener Waffe stoppen. Das Foto davon ging um die Welt.

Allein den Nazis, die – obwohl ausdrücklich ausgeladen – sich unters Volk gemischt hatten, war es wohl zu gemütlich. Sie sorgten am frühen Nachmittag dafür, dass in unseren Reihen doch noch Hektik ausbrach: Kaum liefen 30 Nazi-Skins mit Hitlergruß über den Kröpcke, war auch schon eine heftige Auseinandersetzung im Gange, die erst von der Polizei beendet wurde. Dumm nur, dass die Nazis zu den in geringer Entfernung stehenden unpolitischen oder sich antifaschistisch gebenden Skins flüchteten und die Polizei die heranstürmenden Punks davon abhielt, die Glatzen zu Schaschlik zu verarbeiten. Mit einem Mal waren beide Skin-Lager Verbündete, und genau das war es gewesen, was man verhindern wollte!

Gerüchte von bevorstehenden Nazi-Attacken machten die Runde, und schließlich zog man sich zur Glocksee zurück, um erst mal zur Ruhe zu kommen – und auch, um sich für einen Angriff zu bewaffnen. Als der dann schließlich ausblieb, zog noch einmal eine große Punk-Demo Richtung Innenstadt, woraufhin die Polizei mitteilte, dass die Skins in Gewahrsam genommen worden seien, um weitere Auseinandersetzungen zu verhindern. Das glaubte zunächst keiner, aber am nächsten Tag stellte sich heraus, dass die Skins tatsächlich im Knast waren – allerdings aus einem anderen Grund: Sie hatten versucht, aufs Schützenfest zu gelangen.

Der folgende Sonntag war ein ziemlich matter Tag: Die Punks sonnten sich im Park oder machten sich auf den Heimweg. Die Wende war gescheitert, aber das konnte den meisten Punks auch egal sein: Sie hatten weiterhin wie gewohnt in ihrer Stadt Ärger mit den Glatzen.

Für die hannoverschen Skins und Punks war indes die Saat gelegt, aus der schließlich ein übler Straßenkrieg erwuchs, der auch die Chaostage des kommenden Jahres prägte: 1984 zog es noch mehr Punks und Skins in die Stadt, aber die Leichtigkeit war dahin. Schlachten zwischen Punks, Polizei und Skins allerorten, und der bunte Mob ließ es sich nicht nehmen, im Suff das Jugendzentrum Glocksee zu Kleinholz zu zerlegen. Wer noch seine Sinne beisammenhatte, verlor jeden Spaß am Punk.

Wie konnte es nach dieser Katastrophe weitergehen? Punk hatte mich vor der eintönigen und einsamen Scheiße des normalen Lebens gerettet, in der ich gesteckt hatte. Nun jedoch rückten die Mauern, die mich umgaben, täglich wieder ein Stück näher.

Hackfleisch

„Normalbürger" hielten mich wegen meines Äußeren für einen kaputten Asi, für die andere Seite war ich eine Art Leithammel, was nie in meiner Absicht lag. Die Freiheit, zu tun, was ich wollte, war weg, ich kam mir vor wie eine Wachsfigur. Das Gefühl, das mich beim Anblick einer dahinsterbenden Szene überkam, fand schließlich ein Ventil: In meinen *Hackfleisch*-Fanzines schilderte ich den Niedergang der Szene und meine persönliche Wut und Depression. Ich hatte jede Zuversicht verloren und wusste keinen Ausweg mehr aus dieser Sackgasse.

Andere Leute suchten danach: In Süddeutschland gab es die erste Hardcore- und Slamdance-Welle; Straight Edge wurde zum Kultbegriff. Das hätte für mich eigentlich perfekt sein müssen, schließlich war ich schon immer dadurch aufgefallen, dass ich die Finger von Alkohol und anderen Drogen ließ. Aber ich *wollte* einfach nicht meine Punk-Roots aufgeben. Es war eine seltsame Art von

Treue, die ich heute selbst noch kaum verstehen kann.

Irgendwann 1986/87 fiel dennoch der Groschen. Ich empfand Punk-Konzerte oftmals als Horrortrip, bekam einen regelrechten Hass auf die dort versammelte Punk-Meute, auf die endlose Wiederholung immergleicher Phrasen gegen Bullen, Nazis und Spießer, gepaart mit einem hemmungslosen Saufkult. Wenn das Punk war, war ich jedenfalls keiner mehr.

Die Szene hatte sich selbst kastriert; alles drehte sich nur noch um ein Thema: Nazis! Als *echter* Punk *musste* man nun Antifaschist sein! Eigenes Verstehen war da egal. Hm – ich hätte nicht Punk werden müssen, um Antifaschist zu sein. Das kann man bequemer und ungefährlicher haben. Wo blieben der Spaß, die Lebensfreude, die Entwicklung eigener Ideen? Ich wollte nicht mehr nur linke Parolen nachplappern, die auch nicht origineller werden, wenn man sie mit einem Eddingstift auf eine Punk-Jacke schmiert.

Ich wusste nicht mehr, weshalb ich mit Lederjacke und bunten Haaren herumlief. All die Gründe, die den Ausstieg aus meinem normalen Leben veranlasst hatten, konnte ich nun problemlos auf die Punk-Szene anwenden: Mein Leben war festgefahren, kein Ausweg sichtbar. Ich fühlte mich eingekesselt durch Vorschriften, was ich zu tun und zu lassen hatte.

Die paar Aktionen, die wir im APPD-Freundeskreis noch starteten, konnten daran nichts ändern. Erwähnenswert ist vielleicht noch der APPD-Parteitag in München, auf dem wir ein letztes Mal in bester Chaostag-Tradition bei strahlendem Sonnenschein den Untergang des Punk feierten, wie wir ihn gekannt hatten.

Ich weiß jedoch sehr gut, dass ich Wesentliches zu diesem Untergang beigetragen habe – kam ich doch selbst in die Szene als gestrandeter Linker, der Punk zunächst als besonders radikalen Ausdruck autonomer Ideen umsetzte. Der sich für die Politisierung der Szene stark machte und zur Punk-Pflicht erklärte, auf antifaschistischen Demos mitzulatschen. Der Parolen vorexerzierte, die dann eifrig nachgeplappert wurden. Der auf Mob, Masse und Konformität setzte, statt auf Individualität und Experiment. Dass dabei wertvolle Fantasie und Originalität unwiederbringlich zerstört wurden – was „politisch bewusste Menschen" gern als „apolitische Grundhaltung" bezeichnen – wurde mir erst klar, nachdem es zu spät war. Als mir diese Erkenntnis dämmerte, hätte ich mich stundenlang ohrfeigen können.

Doch vorbei ist vorbei.

DIE BAHNFAHRT INS BLAUE

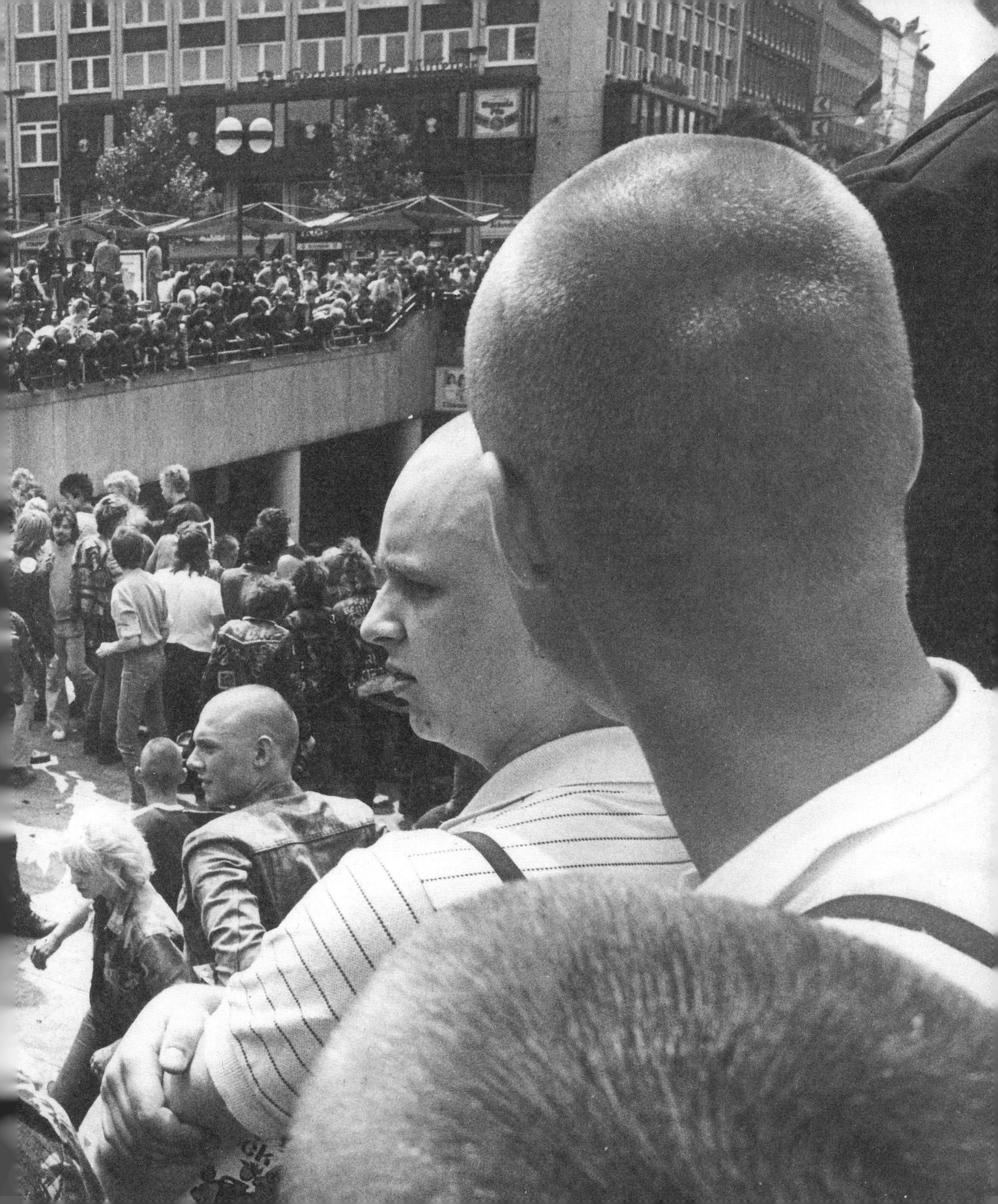

„Hey, wir sind jetzt auch Street Art!"

Wie aus Punks Paste-ups wurden
Bilder aus der Gegenwart von Stefan Thoben

Wie werden ikonische, einst deutschlandweit bekannte Punk-Akteur:innen wie Annette Benjamin, Hollow Skai oder Karl Nagel vierzig Jahre später rezipiert? Werden sie überhaupt wahrgenommen und von ehemaligen Weggefährt:innen und Musikbegeisterten wiedererkannt?

Mit einer Street-Art-Aktion reflektierte Stefan Thoben 2018 kritisch die Historisierung und popkulturelle Verwertung einer Jugendkultur, die einst für „No Future" stand, und warf neue Fragen auf: Unter welchen Gesichtspunkten wird Street Art in sozialen Medien geteilt? Müssen die Paste-ups dafür erst identifiziert werden oder genügen ästhetische Aspekte? Und was sagt es über die heutige Instagram-Kultur aus, wenn Punk-Konterfeis geteilt werden, ohne erkannt zu werden?

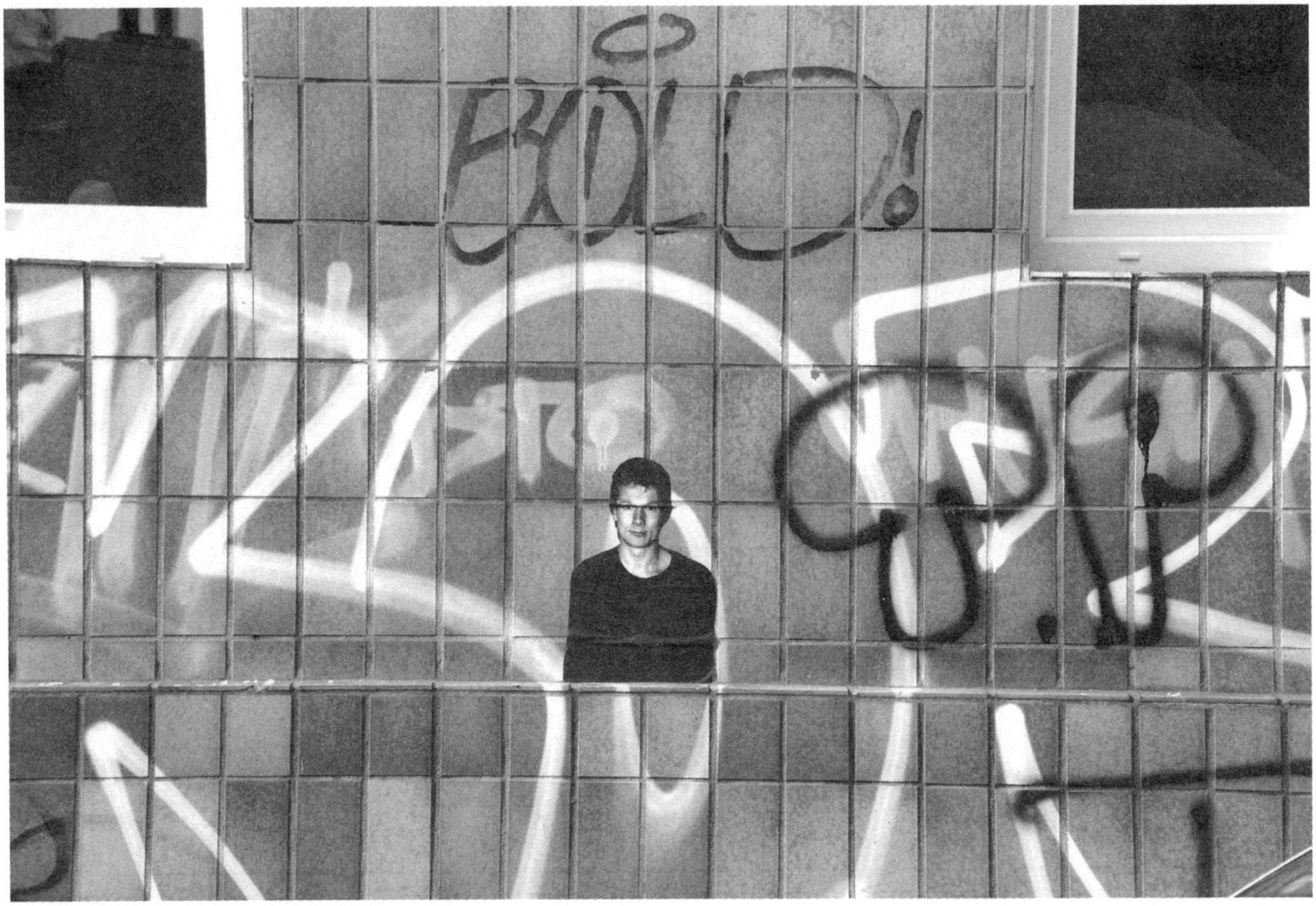

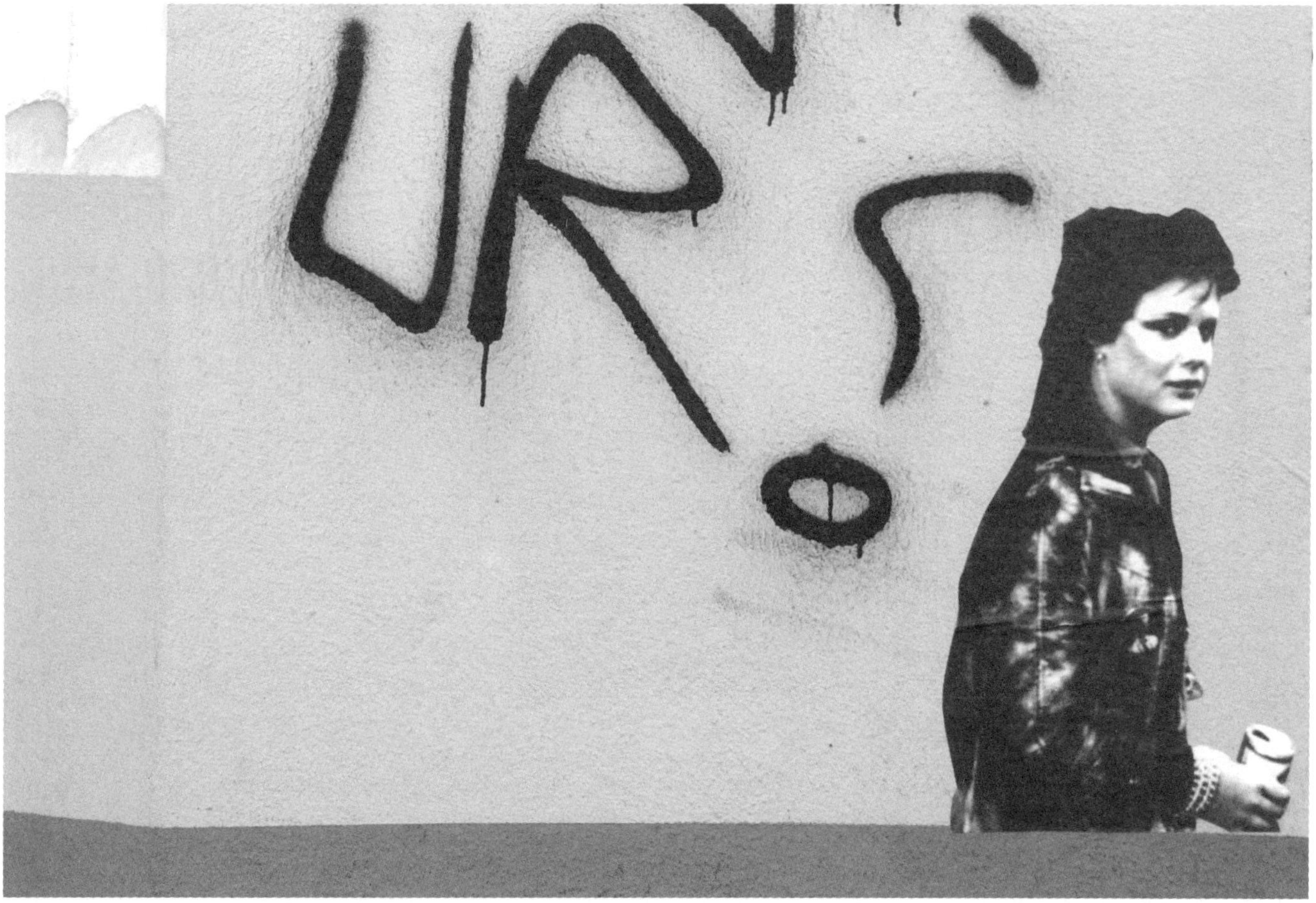

214

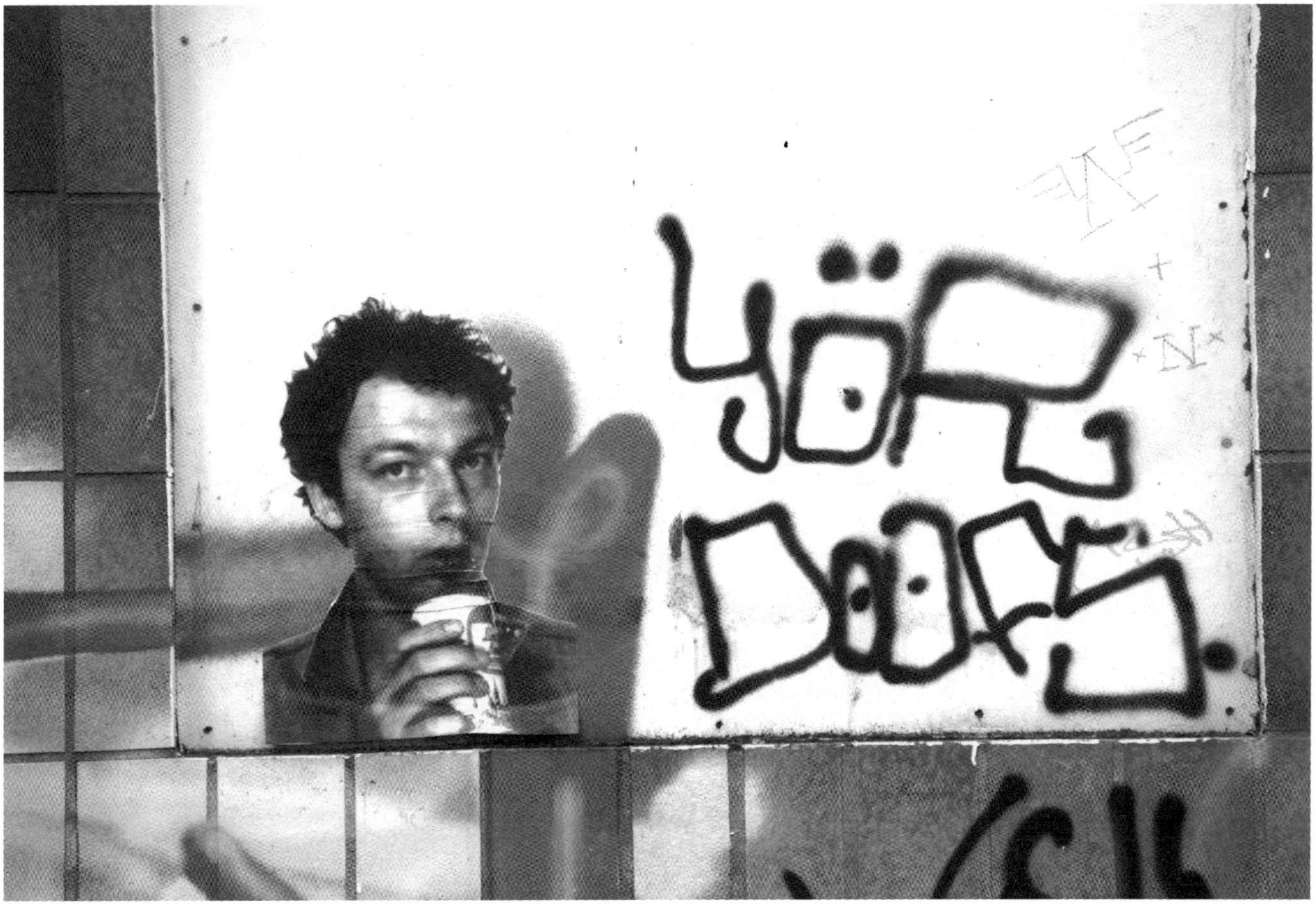
YÖRG
DOOFS.

216

217

Die Mitwirkenden

Klaus Abelmann
Verfiel im März 1977 dem Punk. Als unmusikalischer Aktivist, Herausgeber und Autor der Fanzines *Gegendarstellung* (Gosse), *Khomeini* (Islam, aber heiter) und *MonoLogic* (New Romance). Dann dürftig, später besser bezahlter Journalist. Seit 1992 Pressesprecher für die Region Hannover – Team Kommunikation. Lebt sechs Fahrradkilometer von seinem Tennisverein in Hannover-Döhren entfernt.

Peter Ahlers
Von Ende der 1970er bis Anfang der 90er Punk-Musiker u. a. bei *Blitzkrieg*, *Klischee*, *Boskops* und *Rat's Got The Rabies*. Als Sozialpädagoge (und alleinerziehender Vater) lange in der Arbeit mit Kindern aktiv, ist er seit zwei Jahrzehnten in der Jugendberufshilfe tätig. Liebt und atmet immer noch Musik, von Frank Zappa bis *Dimmu Borgir*, von *UK Subs* bis Tori Amos, von *Rush* bis *Terrorgruppe*.

Olaf Albers
Alias Commander Collaps. Entwarf das Plakat des „No Fun"-Festivals im UJZ Glocksee. Sänger *(The Trashbirds)* und Maler, Hannover.

Annette Benjamin
Geboren in Hannover, als Sängerin aktiv, weniger als Schauspielerin *(Wilsberg, Tatort)*. Schreibt Songtexte. Schreibt über Vergangenes. This has to stop. Arbeitet in einem Krankenhaus. Kommuniziert. Lebt noch.

Thomas Buch
Herausgeber der Fanzines *Limited Edition* und *Bericht der UN-Menschenrechtskommission über Menschenrechtsverletzungen in der Bundesrepublik Deutschland*. Seit der Beendigung seines Berufslebens verbringt er die überwiegende Zeit des Jahres bei seiner Familie in Thailand, erfasst die reichhaltige thailändische Vinyl-Kultur der 1970er Jahre auf Discogs und ist Mitglied eines Teams, das an einem Buch über die britische Medway-Legende *The Prisoners* arbeitet.

Crazy Baby Doc
Künstler und Musiker, auch bekannt unter den Namen Doc Schwanz oder Art D. Sade.

Heinrich Dubel
Punkname: Rosa. Absolvierte in Hannover eine Ausbildung zum Schaufenstergestalter. Dann kam Punk. Eine mehr als zehnjährige Reise durch die Welt führte ihn an den Abgrund einer literarischen Karriere. Seit mittlerweile 25 Jahren arbeitet Dubel als Autor, Journalist und Lektor. Und zwar in Berlin. Sein bekanntestes Werk ist die *Helikopter Hysterie ZWO*.

S.F. Faust
Clocks-Fotos (1980-1982), Zweitbesetzung für Meister-Proper-Werbespot (1983), Girl Group *The Exploding Mirrors* (1984), Fotoausstellung in Hoboken, New Jersey (1985). Liebfried-Loch-Platten-Fotos (1990), Dritter Platz bei lokalem Luftgitarren-Wettbewerb (1996).

Bettina Follenius
Beraterin und Tourbegleiterin von *Bärchen und die Milchbubis*.

Tim Hackemack
Freischaffender Fotograf, von dem mittlerweile drei Bildbände über Hardcore-Punks und Rockabilly-Bands im Hirnkost Verlag veröffentlicht wurden.

Gerd Heidorn
Begann als Fotograf im Auftrag für die *Neue Presse*, die *Hannoversche Allgemeine Zeitung*, den *Schädelspalter*, die Agentur Reuters ... und war unterwegs in hannoverschen Clubs, Arenen und Fußballstadien. Danach zog es ihn in die

weite Welt und er fotografierte Reportagen von der Arktis bis zur Antarktis. Sein Exil fand er im alpinen Umfeld, im Allgäu.

Teddy Hirsch
Legendärer Klatschreporter des hannoverschen Stadtmagazins *Schädelspalter*. Wanzte sich in den 1980er-Jahren an alles heran, was in der Leinemetropole Geld und (Frauen-)Namen hatte. Arbeit seit 1998 in Teilzeit mit ähnlichem Konzept und der Zielgruppe „reiche Witwen" in Marbella.

Andreas Kühne
Schlagzeuger von *Bärchen und die Milchbubis*.

Lennart Lessmann
Gitarrist von *Phosphor* und *Index Sign*.

Angelika Maiworm
Regisseurin, Fotografin, Autorin, Radiomoderatorin, Performance-Künstlerin, Dozentin …

Detlef Max
Ein Jahr jünger als die *Rolling Stones*, sozialisiert mit Rockmusik und Regionalmedien in allen Spielarten. In seiner Jugend bekannt als Multiinstrumentaldilettant der zu Recht vergessenen Combos *The Zufall und IG Metall* sowie als Gastsänger der Schülerband *12-127-5600 Möller*. Gründer und Herausgeber des *Schlappschiss*-Fanzines (1981), des Stadtmagazins *Public* (seit 1982) und des ersten Stadtmagazins im damals noch als „DDR" bekannten Beitrittsgebiet, *IN Magdeburg* (Februar 1990). Stellvertretender Chefredakteur des *Schädelspalter* (1989–1991), Redaktionsleiter *PRINZ Hannover* (1995–1998), seit 1998 im Hildesheimer Medienhaus Gerstenberg in verschiedenen Funktionen tätig, seit 2004 Verlagsleiter und seit 2009 Geschäftsführer von Deutschlands ältester Tageszeitung, der *Hildesheimer Allgemeinen Zeitung* (*1705).

Norbert Meißner
Alias Norbert Nordstädter, Hannovers erster Videokünstler.

Sebastian Moock
Preisgekrönter Art Director, Typograf und leidenschaftlicher Fahrradfahrer. Er lebt in Hannover, wuchs in Jülich auf, studierte Visuelle Kommunikation und beendete sein Studium mit der Arbeit »das typografische Manifest« im Januar 2020. Seitdem betreut er eigene Auftraggeber:innen aus dem Kunst- und Kulturbereich und arbeitet für internationale Agenturen und Kunden. Seine Arbeiten sind geprägt durch eine fokussierte Typografie, minimalistische Formensprache und starke Farben. www.sebastianmoock.de

Karl Nagel
Initiator der Chaostage, „Chefideologe"/Kanzlerkandidat der APPD und Sänger von *Militant Mothers*, *Kein Hass da* u. a. Bands. Im Hirnkost Verlag erschien 2018 sein autobiografischer Roman *Schlund*. Aktuelle Aktivitäten: www.punkfoto.de und www.karlnagel.de.

Nigel Packham
In Hannover lebender Künstler britischer Abstammung. Entwarf das Logo des *No-Fun*-Newsletters.

Ilse Ruppert
Bildredakteurin bei *Sounds* und Fotografin.

Birgit Rust
Fotografin aus Langenhagen, mittlerweile verstorben.

Uli Scheibner
Ersetzte Dieter Runge bei *Rotzkotz*, spielte auch bei *Splizz* Bass und war Tourmanager, Fahrer, Roadie, Dolmetscher, Kassenwart und „Uncle Uli" von *The Names*. Lebt seit Jahrzehnten aus naheliegenden Gründen in den Niederlanden.

Rolf-Günther Schulze
Betreiber des Stadtmagazins *Spanner* und des Labels *Lava*, *Schädelspalter*- und HAZ-Schreiber, später in Berlin eher für Sport bei der Deutschen Welle zuständig. Letzter Buchbeitrag über *The Melvins* in *Hear 'Em All!* (Ventil Verlag).

Sabine Schwabroh
In Hamburg lebende Grafikerin, fotografierte nahezu exklusiv die von Alfred Hilsberg und *Rip Off* veranstalteten Punk-Festivals in der Hamburger Markthalle und hatte auch in Hannover immer ihre Kamera dabei.

Annette Simons
Annette Grotkasten, ab 1988 Annette Simons. Ihre Zeit als Sängerin bei *Bärchen und die Milchbubis* veränderte ihr Leben. Sie arbeitete als Grafikerin (angelernt beim *Schädelspalter,* später in Hamburg bei der Agentur Springer & Jacoby und den Zeitschriften *Tempo* und *Brigitte*), heiratete die Liebe ihres Lebens (Mattus, Sänger von *Der Moderne Man*), zog zwei Kinder groß und macht weiter Musik. Zurzeit singt sie mit an Demenz erkrankten Menschen, lernt endlich Gitarre spielen und steht wieder mit *Bärchen und die Milchbubis* auf der Bühne.

Christoph Simons
Jüngerer Bruder des *Moderne-Man*-Sängers. Zeichnete den „Ritt auf der Rasierklinge" für das Etikett der ersten *Rotzkotz*-LP.

Hollow Skai
Herausgeber des Fanzines *No Fun* und Mitbegründer von *No Fun Records*. Schrieb erst für *Sounds* und war später Chefredakteur des hannoverschen Stadtmagazins *Schädelspalter* und Kulturredakteur beim *stern*. Autor zahlreicher Bücher, u. a. über Punk, die Neue Deutsche Welle, Lust & Sound in Berlin 1979–1989, *Die Toten Hosen* und *Die Ärzte*. Lebt heute in L.A. (Lehrte-Arpke).

David Spoo
*1963, spielte bei den hannoverschen Bands *Kondensators, Klischee, Gay City Rollers, G-Point Generation* und war zeitweilig ständiger Gastmusiker bei den *Abstürzenden Brieftauben*. Er arbeitete bei der Promoagentur cmm, war Head of Promotion beim Plattenlabel *SPV*, Moderator beim Radiosender Rockland SAW und ist heute als freier Journalist tätig.

Thomas Steinhausen
Gründer und mehr als 40 Jahre lang Herausgeber und Art Director des Stadtmagazins *Schädelspalter*. Folgt ihm auf Instagram: stoni9604.

Stefan Thoben
Jahrgang 1981, in Hannover punksozialisiert. Holte als Booker des Konzertkollektivs Fake Empire junge Bands wie *The Homesick, Culk, Plattenbau* und *Die Wände* nach Hannover. Buchpublikationen über das Ruhrgebiet und Bitterfeld.

Angelique Upstart
Eigentlich Angela Upstart, Angelika Fulde oder kurz: Gela. Zog 1977 vom Land nach Hannover, zeitweilig Mitarbeiterin im UJZ-Kornstraße-Kneipenkollektiv, seit 1986 wohnhaft in Berlin, eigener Modeladen Barbarella in Kreuzberg, studierte Modedesign, Onlineshop bei Etsy für Puppen im Stil der 1970er/80er-Jahre-Stars aus Punk und Pop, zurzeit Mitarbeiterin bei Supermarché, öko-faire Mode.

Manfred Wienhöfer
Mitbegründer – zusammen mit Klaus Hoffman und Thomas Weski – der Fotoagentur Novum. Im Auftrag diverser Zeitschriften, Magazine und Gewerkschaften als Bildjournalist tätig.

Emilio Winschetti
Performancekünstler (*Der grüne Hirschkäfer* und *Reindeer Werk Associates*), Sänger (*Mythen in Tüten, Mint* und *Mint Addicts, The Perc Meets The Hidden Gentleman* und *Bartel-Peter-Winschetti-Wydler*), Journalist (*Schädelspalter, Sounds, Spex, tip Magazin, Scritti* und *Bremer Blatt*), Radio-DJ (Radio Bremen und WDR), Labelbetreiber (*Hidden Records* mit Eva Licht) und Filmschaffender. Lebt seit 1987 in Berlin und ist geschäftsführender Gesellschafter von Location Networx.

Zurück in die Zukunft

Where are they now?

Annette Benjamin

Was aus den Punks geworden ist

Teddy Hirsch

Der *Rotzkotz*-Sänger Ernst August Wehmer alias Prickel Pit wohnt noch immer in Mußmanns Haube, ist aber nicht mehr *Stones*-, sondern *Beatles*-Fan. Sein Bassist Uli Scheibner (Do Little) war schon in den 1980er-Jahren in die Niederlande übergesiedelt, weil man dort nicht beim Kiffen behelligt wird, ist aber mittlerweile in Rente. Und Dieter Runge (Lenny Ducati) lebt seit fast dreißig Jahren auf Hawaii, wo er malt, Tai Chi unterrichtet und gelegentlich mit seiner Band *Alice Neal* auftritt. Bei *Blitzkrieg Pop Records* ist 2022 eine Live-LP von ihm und den *New York Niggers* erschienen.

Michael Polten von *Hans-A-Plast* hat nach dem Ende von *No Fun Records* u. a. Platten mit *Crazy Baby Doc* aufgenommen, Heinz Rudolf Kunze ein Studio eingerichtet und schließlich bei der Mikrofon-Firma Sennheiser Karriere gemacht. Bettina Schröder hat die Drumsticks beiseitegelegt, tritt aber immer noch mit ihrer A-cappella-Truppe *Herzen in Terzen* auf. Ihre Bassistin Renate Baumgart wurde erst Terminredakteurin beim hannoverschen Stadtmagazin *Schädelspalter* und landete dann beim Evangelischen Kirchenfunk, ist aber auch schon in Rente; nach dem Ende von *Hans-A-Plast* spielte sie erst bei *Remain In Silence* und trat dann zusammen mit dem Kunstmaurer Liebfried Loch, Jürgen Gleue von den 39 *Clocks* und dem Zappa-Fan Rüdiger Klose unter dem Namen *The Deaf, Dumb and Blind Boys plus Girl with Car* auf. Der *Hans-A-Plast*-Mixer Wille Bartz produzierte für radio ffn das *Frühstyxradio* mit Günther, dem Treckerfahrer, Onkel Hotte, dem kleinen Tierfreund und den Arschkrampen Kurt und Gürgen und war als Vertreter der Gewerkschaft ver.di mit der Abwicklung von Leo Kirchs Medienimperium betraut; der ehemalige Segel-Jugend-Europameister ging schon vor Jahren vorzeitig in Rente, um wieder mehr Zeit für seinen Sport zu haben. Und Annette Benjamin startet gerade noch einmal durch: Mit Musikern von *Drangsal*, den *Beatsteaks* und *Tocotronic* hat sie eine neue Platte aufgenommen.

Live tritt auch *Der Moderne Man* wieder auf, wenn sein Gitarrist EKT es nicht gerade mit den *Hamburg Ramönes* krachen lässt, bei denen Markus Joseph von *Rotzkotz* Schlagzeug spielt. Der *Moderne-Man*-Drummer Felix Wolter hat sich längst einen Namen als Remixer gemacht und bildet noch immer mit dem

Bassisten Jens Gallmeyer (*Phosphor, Beatklub, Gigantor* usw.) die beste Rhythmusgruppe der hannoverschen Punk-Szene. Während ihr erster Sänger Ziggy XY auch seine Karriere als *Kosmonautentraum* frühzeitig beendete und mit allem nichts mehr zu tun haben möchte, überzeugt sein Nachfolger Martin „Mattus" Simons heute nicht mehr nur mit seinem Ausdruckstanz.

Mattus ist noch immer mit Annette Grotkasten verheiratet, die ebenfalls wieder mit *Bärchen und die Milchbubis* live auftritt – mittlerweile nur noch zu dritt und mit Markus von *Rotzkotz* am Schlagzeug (wem sonst?). Dreißig Jahre nachdem sie sich erstmals aufgelöst hatten, waren die *Milchbubis* 2012 als erste deutsche Band auf dem Cover des größten und einflussreichsten US-amerikanischen Punk-Fanzines *Maximum RocknRoll* gelandet; 2022 wurde ihre Debüt-LP unter dem Titel *Endlich komplett betrunken* (nicht zum ersten Mal) neu aufgelegt. Mit einem Heavy-Metal-Chor ist Annette sogar schon mal beim Wacken Open Air aufgetreten, und als sie ihre Karriere als Leiterin der Grafikabteilung der Frauenzeitschrift *Brigitte* beendete, produzierte der *Brigitte*-Ableger *Wir* zum Abschied eine Modestrecke mit ihr. Verglichen mit dem *Milchbubi*-Gitarristen Rudolf Grimm, laut *New York Times* einer der zehn wichtigsten Wissenschaftler der Welt, pissen wir alle jedoch nur gegen den Wind.

Während sich Helga Gittelbauer, einst Sängerin von *Kaltwetterfront*, mittlerweile als Dokumentarfilmerin durchs Leben schlägt, hat ihr ehemaliger Schlagzeuger Michael von Eye die Seiten gewechselt und veranstaltet nun in der Beatbox in Hannover-Herrenhausen Konzerte oder vermietet die Probenräume an Stars wie Marius Müller-Westernhagen, Gianna Nannini, BAP oder die *Scorpions*. (Wie war das noch gleich: Ohne *Scorpions, Jane, Eloy* in die 80er Jahre?)

Emilio Winschetti von *Mythen in Tüten* hat sich in Berlin als Location Scout einen Namen gemacht. Ralph von den *Ihmespatzen* gehört inzwischen der Plattenladen 25 Music am Weißekreuzeplatz (bzw. dahinter). Und der *Blitzkrieg*-Bassist Peter Ahlers hilft seit mehr als 20 Jahren Jugendlichen, einen Beruf zu finden.

Commander Collaps ist sich treu geblieben und malt verstörende Bilder, die man auch als Psychedelic Art bezeichnen könnte und an den autobiografischen Roman *Schlund* von Karl Nagel erinnern. Der wiederum baute nach seiner Karriere als Kanzlerkandidat der Anarchistischen Pogo Partei Deutschlands (APPD) das Punkfoto-Archiv zum weltweit größten seiner Art aus. Blieben noch *The 39 Clocks*, die erste hannoversche Punk-Band überhaupt, von denen 2019 die CD-Box *Next Dimension Transfer* bei *Tapete Records* erschienen ist.

Erstaunlich ist aber auch, wie viele Punks später als Gewerkschafter Karriere machten. Der *Milchbubi*-Bassist Kai Nungesser war Betriebsrat bei TV *Spielfilm*, Wille Bartz bei radio ffn, und sogar aus Sperma-Willy ist einer geworden – wo verraten wir aber erst, wenn auch er in Rente gegangen ist. Dass es je dazu kommen würde, damit hatte damals jedenfalls niemand gerechnet. Weshalb manch einer heute froh ist, dass er sich nie Dussel, Votze Flamenco oder Sperma-Willy genannt hat.

Blessed Are Who`ve Got A Poor Brain

Porträt des Künstlers Doc Schwanz als junger Mann

Klaus Abelmann

„Guck mal, sind die nicht süß?"

Katzen-Content! Im Fotospeicher eines gestandenen Mannes, der weder auf dem Wacken Open Air noch auf dem Gothic-Festival „M'era Luna" aus dem Bild fallen würde. Schwarz die schwere Lederhose, schwarz die Oberbekleidung, schwarz die langen Haare. Und dann: Katzen-Jammer. Auf der Aufnahme sind zwei Fellknäuel zu sehen; Nummer 3, die Lieblingskatze, ist jüngst verstorben. Doc, auch mit über 60 Jahren durchaus noch ein Jemand, mit dem man lieber Spaß als Stress hat („Ich bin sensibel, kapiert!"), verdrückt hinter seiner schwarzen Sonnenbrille ein Tränchen:

„In der Pandemie waren sie meine Familie."

Seit fast 45 Jahren ist Rainer Dieter Wolfgang Staats, so sein bürgerlicher Name, in der Musik- und Kunst-Szene aktiv. Hannover und andere Agglomerationen kennen ihn als Doc Schwanz, Schwanz kann's, Crazy Baby Doc, Little Doc, Art de Sade oder Doc R. Staats. Wir belassen es bei Doc. Er hat vielfältige Spuren in seiner Heimatstadt Hannover hinterlassen. Musik auf Tonträgern diverser Labels, klasse Poser-Fotos, Wandbilder, Skulpturen und jede Menge crazy Performances. Dazu eine Menge Frauengeschichten.

„Frauen haben mich immer wieder ausgehalten, finanziell, mitunter aber auch von meinen Vorhaben abgehalten", bilanziert der Doc.

Elvis auf Speed

Im Kontext der Musik- wie der Kunsthistorie Hannovers ist Doc ein immer noch ungehobener Schatz. Als 1977er Punk („Ich war bereit. Es war die Musik, auf die ich die ganzen Jahre gewartet hatte") gehört er in eine Reihe mit Acts wie *Hans-A-Plast* und *Blitzkrieg,* hatte jedoch nie eine wirkliche Band im Rücken. Das aufgesprayte „Schwanz" auf dem Rücken seiner Jacken trug nicht dazu bei, seine Sympathiewerte im links-grünen Milieu Hannovers zu erhöhen. Es war die hohe Zeit von Ina Deters „Neue Männer" und lila Latzhosen für alle Geschlechter. Der Pavillon, ein soziokulturelles Kulturzentrum in Hannover, „war tabu, aber dafür konnten wir in einem feministischen Laden in Linden auftreten – die Lesben und Schwulen mochten uns", erinnert sich Doc. Wenn auch nicht an alle Details.

Mit der Tür ins Haus zu fallen, das komplette Ignorieren jeglicher Hemmschwellen, war und ist Docs bevorzugtes Geschäftsprinzip. Und das Gatecrashing klappte meistens. Aus unerfindlichen Gründen durften *Doc Schwanz* zweimal im Stricher-Treff Le Fiacre (hinter dem Pavillon) auftreten – „also jeweils bis die Bullen kamen", memoriert Doc die beiden Kurzauftritte. Gegeben wurde Eigenes und Elvis-Songs auf Punk-Speed. Es folgten Auftritte in einer stadtbekannten Haschkneipe und ein erstes Konzert im UJZ Glocksee, 1978, damals noch mit Rockern im Publikum. Der Bassist kniff kurz vor dem Auftritt, Doc nicht. Die Augen mit Kajal umrändert, Lederjacke und Cowboystiefel und dazwischen einen Tanga mit Leopardenprint, wirkte er nicht wie stereotyper Punk. Kommentar der Kutten:

„Alter, geile Mucke. Aber wenn du noch mal unsere Weiber mit so einem Outfit anmachst, gibt es auf die Fresse!"

Die wahre Nummer 1

Seine Parallelkarriere als nicht nur tonsetzender Künstler baute Doc weiter aus. Ohne Abi bewarb er sich 1985 für ein Studium der Bildenden Künste in Braunschweig in der Klasse von Siegfried Neuenhausen. Und wurde genommen:

„Rund 200 Mappen lagen auf dem Tisch, 13 wurden genommen, und sieht man von dem Fotografen ab, der vor mir lag, war ich die wahre Nummer 1."

Weil es aber „wie in der Schule" war, ließ sich Doc nur selten an der Uni blicken. Es folgte die Rückkehr zur Musik.

Für das Sub-Label *Rebel Records* des Plattenvertriebs SPV spielte er das Mini-Album *Blessed Are Who`ve Got A Poor Brain* ein. Längst inspirierten ihn neben den *Stones, Ramones* und *Sex Pistols* auch *The Cure* und andere frühe Wave-Bands.

„Und dieser Gitarrist von Billy Idol, komme gerade nicht auf seinen Namen …"

Das darauf enthaltene Stück „Do It Darling" – ein Duett mit der Sängerin Sue – wurde in Berlin ein kleiner Indie-Hit.

„Ich hätte zu der Zeit einen Plattenvertrag unterschreiben können, dann wäre es für mich sicher besser gelaufen", bilanziert Doc – „ohne Bitternis".

In Hannover war er derweil als Wandmaler mit seinen tanzenden Punk- und Wave-Menschen gefragt:

„Ich habe fast jede zweite Disco in der Stadt dekoriert, Bilder bis zur Größe 15 mal 4 Meter. Und ich habe richtig gut verdient."

Das Rotlicht- und Rockermilieu schätzte seine Arbeiten und bestellte Totenkopf-Skulpturen bei Doc.

Die 1990er-Jahre kamen über Hannover, die Paraden, die großen Raves. Im Unabhängigen Jugendzentrum Glocksee leistete Doc Pionierarbeit:

„Ich habe Techno in diese Szene gebracht. Auf dem einen Desk lief eine Platte mit dem Grund-Groove, und auf dem anderen Teller zum Beispiel *Pink Floyd* – um damit reinzugehen. Ich habe seitdem Geschmack daran gefunden, Musik aus vielen Quellen zusammenzumischen. Dazu brauche ich ein paar vorproduzierte Tracks, aber keine echte Band. Das ist bis heute mein System geblieben."

Es gilt der Satz, mit dem für den Auftritt von Doc R. Staats auf dem Dark-Star-Festival 2013 in Hannover geworben wurde:

„Superstars may come und go – the DOC will stay forever!"

Down at the Beatklub at Midnight

Die unbekannteste Supergroup der Rockgeschichte

Rolf-Günther Schulze

Wir schreiben das Jahr 1983. Die Blütezeit der deutschen New Wave scheint vorbei. Doch dann sind da diese glorreichen Fünf, von der Bugwelle von No Fun zu neuen Ufern und in andere Sphären gewuchtet. Martin Fuchs, Jens Gallmeyer, Markus Joseph, Eckart Kurtz und Ernst-August Wehmer, Ex-*Bärchen und die Milchbubis*, Ex-*Moderne Man*, Ex-*Rotzkotz*, Ex-*Phosphor*. Die erste Supergroup seit Blind Faith. Wurde auch mal Zeit, immerhin hatte das 15 Jahre gedauert.

Man schreibt sich Fame auf die Fahnen. Die erste (und letzte) Veröffentlichung *Down At The Beatklub At Midnight*. Aufgenommen, laut Albumtext, in London, Paris und New York. Gemischt in Nassau/Bahamas, *Sly & Robbie* schauten kurz zur Tür rein. Und als Sahnehäubchen von Coolness: Im „Rundfunk der DDR". Fakt oder Fake?

Veröffentlicht natürlich bei der ersten Adresse, auf Alfred Hilsbergs *ZickZack*-Label in Hamburg. Gespickt mit noch mehr Leckerlis für die Musik-Connaisseure (und ihn natürlich auch): Eine Mini-LP (!) mit 33 Umdrehungen auf der einen und 45 auf der zweiten Seite (!), die Texte in drei (!) Sprachen. Überdies wurde die Zielgruppe messerscharf angepeilt: „File Under Teenbeat", so die Aufforderung an die Plattenhändler:innen.

Jahrzehnte später der nächste, späte strategische Clou: In Zeiten, wo sich jedes südkasachische Fanzine locker googeln lässt, findet man unter „Beatclub" nur den von Uschi Nerke. Also den mit „K": Höchste Spurenlosigkeit. Das Netz hüllt sich in Schweigen ... Wie haben sie das geschafft? Wie smart kann eine einzelne Band nur sein?!

Doch jetzt, after all those years of myth & mystery, der Paukenschlag – das sensationelle und zugleich schonungslos offene Bekenntnis: „Wir hatten von Anfang an kein richtiges Konzept", so Ecki. Die geplante LP wurde von Hilsberg auf EP-Länge eingedampft angesichts des Stilmixes aus ein wenig Ramones und ziemlich viel Unentschlossenheit – er sah nicht genug gute Songs für ein ganzes Album. Was zudem an der verqueren Aufnahme-Session im heimatlichen ProSound-Studio lag. Folglich 1985 die Bandauflösung und Ecki redet nicht drumrum: „Wegen Erfolglosigkeit." (Der Autor hört übrigens diese abwechslungsreiche Platte noch immer mit viel Vergnügen!)

Bei der Recherche zu „Beatklub" verfestigt sich der Supergroup-Status der Band sogar noch, taucht eine weitere hannoversche Celebrity auf: Den (tollen) Text zu „Sag Nicht Nein!" schrieb Emilio Winschetti, ja genau: Die Mythen-in-Tüten-Legende. Ecki: „Das habe ich nicht gewusst!"

Und wie ging es weiter mit den verhinderten Himmelsstürmern? Martin hatte noch Kurzauftritte auf den EPs von Crassfish (mit Konrad Kittner) und Legal Kriminal. Ernst-August wühlte weiter in Platten, wütete aber nicht mehr auf der Bühne. Jens dagegen: Brachte die Smarties – nach der Beatklub-Pause – wieder ins Rollen und ins Rocken. Brachte es mit Gigantor in anderthalb Jahrzehnten auf gigantische 14 Veröffentlichungen. Und bringt alles seit 2008 bei der nicht enden wollenden Konzertreise vo Terry Hoax. Eckart und Markus schließlich treffen sich erst knapp 20 Jahre später wieder, „am Wurststand von Rewe in Barmbek", erinnert sich Marky. Und stehen nun vor der Veröffentl chung des siebten Albums ihrer Band Hambur Ramönes.

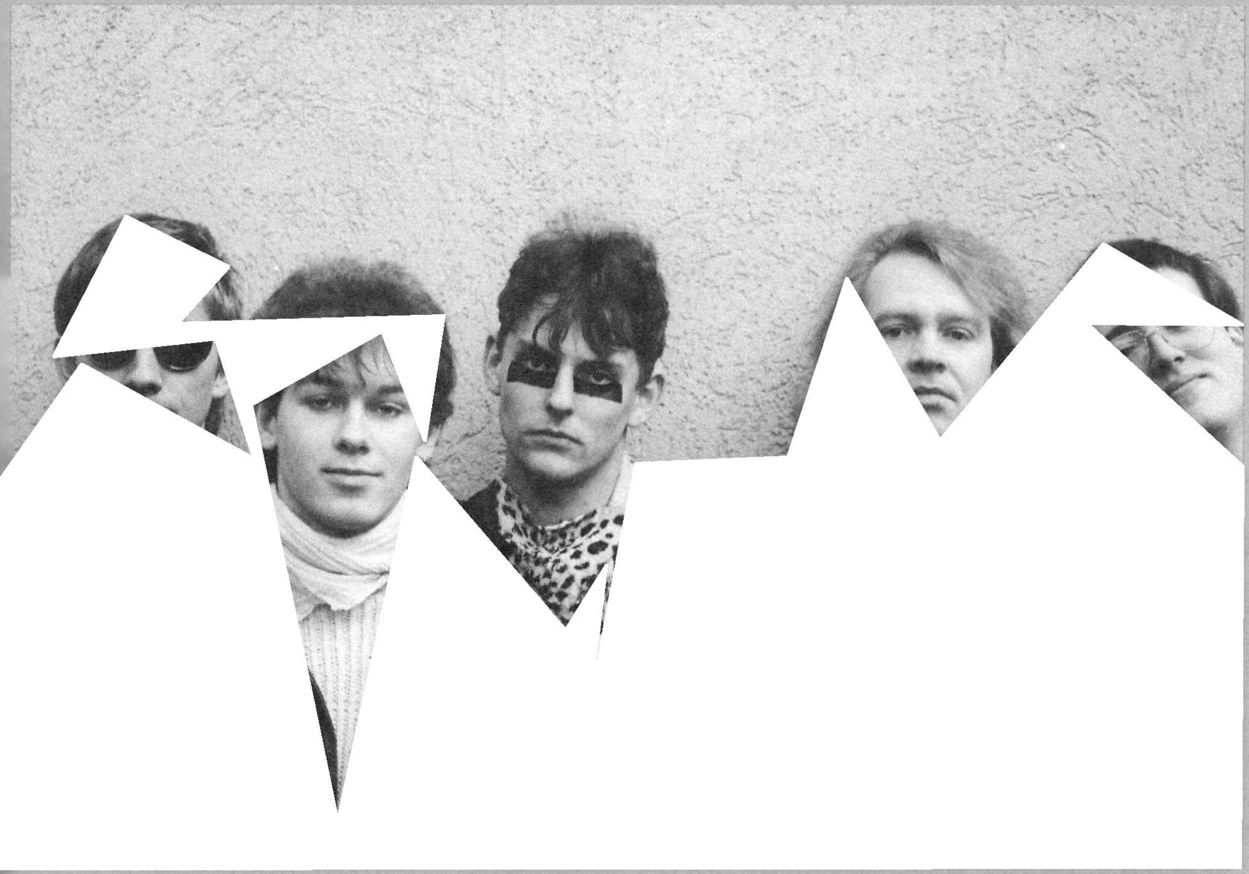

Der dunkle Engel

Mit *Index Sign* veröffentlichte Alwa Glebe das erste Elektronik-Album einer hannoverschen Band. Mittlerweile lebt sie aber in Franken und macht Hausmusik für Zombies

Hollow Skai

Jim Kerr von den *Simple Minds* bezeichnete Alwa Glebe mal als die Stimme „eines dunklen Engels". Kennengelernt hatte er sie, als sie mit ihrer Band *Index Sign* 1982 im Vorprogramm der *Simple Minds* aufgetreten war. Damals war gerade ihre erste LP ...*Entrance.* bei *No Fun Records* erschienen, die jedoch im damaligen NDW-Trubel unterging, obwohl es das erste Elektronik-Album einer hannoverschen Band war.

Alwa Glebe, die damals noch Susanne Gronemann hieß, hatte dank ihres älteren Bruders schon sehr früh die *Doors* und *Velvet Underground*, Lou Reed und David Bowie gehört, später dann aber auch *Kraftwerk* und *Neu!*, *Roxy Music* und Iggy Pop. Somit waren Punk und New Wave nur „eine natürliche Konsequenz" ihrer Vorlieben, und *Television*, die *Talking Heads* und *Magazine* bewunderte sie wegen ihrer Intelligenz.

Gesanglich gab es für sie indes keine Stimmen, an denen sie sich hätte orientieren können, dafür liebte sie auch zu sehr sanfte Klänge und klassischen Gesang. Statt Rock-Songs zu singen, hätte sie gerne lieber Schubert-Lieder interpretiert.

Ihr 2005 erschienenes Solo-Album *Irrlicht* beschrieb ein fränkischer Kritiker als „Hausmusik für Zombies und andere seltsame Gestalten, die sich in Träumereien verlieren". Alwa Glebe, die in Hannover und Berlin Germanistik und Philosophie studierte und seit Langem in Franken wohnt, focht das aber nicht an: „Wer die bodenständigen Franken kennt, den wundert das nicht. Offenbar gibt es immer noch starke Vorbehalte gegenüber der dunkleren Art von Musik."

Seit ihrem Studium beschäftigt sie sich mit Friedrich Nietzsche und Franz Kafka und liebt Lyriker:innen wie Gottfried Benn, Paul Celan oder Rose Ausländer, weil die Denkanstöße geben, „denen die Kontroverse nicht fremd ist". Literatur ist allerdings nur eine ihrer Inspirationsquellen für Texte, in denen sie sich mit Gedanken und Fragen beschäftigt, die das Leben und die Kunst aufwerfen: „Ein Film kann mich ebenso tief berühren wie das Kennenlernen neuer Menschen, Städte oder Landschaften."

Von der Gothic-Szene wurde sie sehr offen und vorbehaltlos akzeptiert, obwohl ihr deren Welt zunächst unbekannt war. Für den Normalverbraucher, stimmt sie freimütig zu, sei ihre Musik vermutlich zu schwermütig, und für „normal" sozialisierte Ohren seien ihre Texte wohl zu anstrengend. „Bekehrungseifer" sei ihr jedoch ein „Gräuel", und wer lediglich oberflächlich unterhalten werden will, werde von ihr natürlich enttäuscht. Wenn man ihr aber vorwerfe, zu „anspruchsvoll" zu sein, hält sie dagegen, dass das eigentlich ein schönes Kompliment und Qualitätsmerkmal sei und dass man trotzdem sehr schöne, gut hörbare und unterhaltsame Musik machen könne.

Während sie bei *Index Sign* noch englisch sang, empfindet sie die deutsche Sprache heute als „hochpoetisch und schon in diesem Sinne sehr musikalisch". Die Angst vor ihr und ihrer Singbarkeit kommt ihr vor, als wolle jemand Emotionalität nur mit lautem Gegröle umschiffen: „Ich schreibe Texte, die Wunden aufschneiden, sezieren und aufdecken, die manchmal wehtun." Der Schmerz ist ein zentrales Element ihrer Lyrik und nicht nur zufällig das tragende Element ihrer Stimme. Der Stimme eines dunklen Engels.

The Zufall

Wie der Punk (nicht) in mein Leben trat

Detlef Max

Ich gestehe: Im November 1977, als das erste und einzige Studioalbum der *Sex Pistols* erschien, hörte ich die *Puhdys*. Es war das erste Live-Konzert einer überregionalen Band, das ich besuchen durfte. Als regelmäßiger Hörer des DDR-Jugendsenders dDT64 war ich vertraut mit den Bands aus der Ostzone und schwer begeistert, dass die *Puhdys* nun in der Hildesheimer Sporthalle auftraten. Ich war 14. Mein Vater fuhr mich zum Konzert und holte mich wieder ab. Sicher ist sicher. Punk war weit weg.

Ich gestehe: Im Sommer 1978 war ich zum ersten Mal in London. Zwei lange Wochen. Ein Sprachurlaub, organisiert von der Sarstedter Kulturgemeinschaft, führte mich in eine Vorstadtfamilie. Auch dort war Punk für mich weit weg, ungefähr eine knappe Stunde mit dem Zug. Dann waren wir in der City und begutachteten die wenigen Punks wie Affen im Zoo.

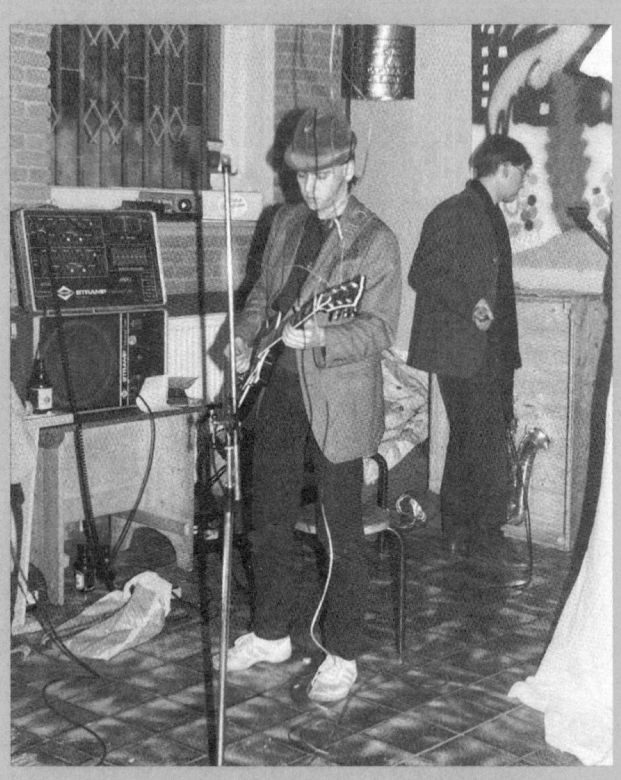

Ich gestehe: Ich mochte nie Teil einer Jugendbewegung sein. Egal wie sie hieß. Kein Punk, kein Popper, kein Hippie. Mir war alles zu konformistisch, zu anti, zu politisch, zu unpolitisch, zu hässlich, zu doof. Hauptsache, sich nicht gemein machen mit der Sache. Auch wenn es eine gute war. Die teilnehmende Beobachtung, das war mein Ding.

Natürlich kam der Punk dann doch in mein Leben. Er war ja nicht zu überhören. Die *Sex Pistols*, die *Ramones*, *The Ruts*, später *Dead Kennedys* – das war eine Energie, die neu und faszinierend war. Aber für meine musikalische

Sozialisation nur eine Teilmenge. Interessant war vor allem der Je-ka-mi-Aspekt (Hippie-Jargon: „Jeder kann mitmachen"). Perfektion und Könnerschaft waren abgemeldet. Der geniale Dilletantismus kam auf und man machte einfach: gründete eine Band, gab ein Fanzine heraus, veranstaltete Konzerte.

Für mich als musikalisch gnadenlos Unbegabten taten sich ungeahnte Möglichkeiten auf. Wir gründeten die Band *IG Metall*, die Dorf-Variante der *Einstürzenden Neubauten*, aber für Arme. Es gab Live-Auftritte. Auf der Bühne frästen wir mit Bohrmaschinen in Ytong-Steinen herum, kloppten auf eiserne Elemente, das Material hatten wir von Baustellen geklaut. Das Publikum war irritiert, nicht enthusiasmiert. Erfolg hatte andere Namen.

Ein weiterer Karriereversuch: *The Zufall*, heute würden wir uns *The Düster-Dilettantenboys* nennen, eine Band mit einem Anflug von Songstrukturen, einem großartigen Sänger (der tödliche Dietmar, wo ist er?), aber auch ohne Erfolg. Einigen wir uns auf die Formulierung, dass die Zeit und das Publikum nicht reif für uns waren.

Ich durfte anerkennen, dass meine Kompetenzen woanders lagen. Also musste ein Fanzine her. Qualifikation war hinreichend gegeben: Schülerzeitung konnte ich, Musikaffinität und Schreibinteresse auch. Ähnlich ging es Olaf Neumann, heute einer der gefragtesten Pop-Journalisten der Republik. So gründeten wir das *Schlappschiss*-Magazin, als Mac Eisenfuß (er) und Captain Bullshit (ich). Zwischen Mitte 1981 und Frühjahr 1982 brachten wir es auf fünf Ausgaben. Wir waren notorische Konzertgänger und schrieben über alles, was uns interessierte. Vom „*No Fun*"-Festival über

DAF, den KFC, Mythen in Tüten und Kuschelweich bis zu Iggy Pop. Wir interviewten die 39 Clocks, die Einstürzenden Neubauten, Palais Schaumburg, Dieter Meier als Filmregisseur und Hollow Skai als No-Fun-Macher. Und den Ex-Jane-Bassisten Martin Hesse, weil er bei uns um die Ecke in Sarstedt wohnte und uns für eine Flasche Whisky eine mehrstündige Audienz gewährte. Aber wir promoteten natürlich auch die befreundeten Bands aus unserem Umfeld, selbst wenn sie Bluesrock spielten.

Heute würde man sagen: Ein Fake-Fanzine. Denn wir schrieben wenig über Punk und ließen uns zudem den Spaß an der Veröffentlichung unserer Texte vom ersten Tag an von Anzeigenkunden bezahlen – egal, ob es eine Kneipe, eine Tanzschule oder die AOK war. Das war natürlich uncool. Uns aber egal. Und sichert dem Schlappschiss-Magazin vermutlich den Platz als einziges Kommerz-Fanzine in der deutschen Mediengeschichte. Vielleicht ist das schon wieder Punk.

Zu alt für diesen Scheiß

Vom Punk-Missionar zum Team-Kommunikator

Klaus Abelmann

Drei Minuten im März 1977, die die Welt eines angehenden Abiturienten auf den Kopf stellten. „*I am an antichrist, I am an anarchist*", was Mr. Rotten da aus meinem Grundig-Kofferradio rotzte, war mehr oder weniger auch mein Credo. Alles auf null und dann volle Kraft voraus. Punk war Leidenschaft, Spaß, gehörig viel Aufregung – alles andere als „No Fun" oder „No Future".

Und Punk war auch eine Existenzgründerbewegung. D.I.Y. (Do it yourself) war der gemeinsame Nenner der frühen Jahre. Wer keine drei Akkorde schrammeln konnte, leimte halt ein Fanzine zusammen oder gründete eine Plattenfirma. Alles war möglich, die Ohren waren weit offen, das Limit warst du selbst. Die von mir optional oder tatsächlich begonnenen Ausbildungswege als Jurist – der Numerus Clausus passte – und Sozialpädagoge wurden zugunsten eines 24/7-Daseins als Punk-Missionar verworfen. Mein Start-up wurde das Fanzine *Gegendarstellung*, zunächst mit *Blitzkriegs* Face (Uwe Ramdohr) als Co-Herausgeber und -Autor, später mit „Rosa" aka Heinrich Dubel. Der Nicht-so-sexy-Titel hatte etwas mit diesem Jura-Dings zu tun, meinte aber schon: Wir wollen Medien, Müslis und Ordnungshütern etwas entgegensetzen. Eine, wenn auch ungelenk geletterte, sprachlich nicht immer elaborierte Version unserer Sicht der Dinge, die durch den angehenden Schauwerbegestalter Schmidt sukzessive optisch ansprechender geriet.

Produziert wurde das Fanzine in einem Copyshop in Spuckweite vom Headquarter des Nordstädter Medienmoguls Hollow Skai, imaginierter Feind aller hannoverschen Gossenpunks und meistens auch Erstempfänger unserer jeweils frischkopierten *GDS*-Ausgabe. Weil die Adresse Im Moore auf unserem Weg zur U-Bahn lag. Und weil wir sichergehen wollten, dass wir eine Erwähnung oder Erwiderung in der Skai'schen Hochglanzgazette lesen konnten.

Die *Gegendarstellung* wurde zur Arbeitsprobe für meinen nächsten Karriereschritt. Dank Hollow wurde ich im November 1980 zum bezahlten Autor des Stadtmagazins *Schädelspalter* (Verrechnungsscheck über 10,20 Mark), konnte in Folge über Axel Felsensteins *neon* mein Portfolio erweitern, in Kollabos mit Hollow, später mit Lutz Worat, weiter Erfahrung und Abnehmer für Texte (und Töne) sammeln. Mitunter half ein bisschen Borderline-Journalismus. Solo folgten die *Neue Presse*, die *HAZ* und dann 1986 die Festanstellung beim *Spalter* (samt Erst-Volontär Detlef Max, der seltenen Koinzidenz eines schreibenden Kaufmanns).

Als ich mich für den Scheiß zu alt fühlte, eine Familie gründen wollte, verließ ich das auf über 200 Seiten angewachsene Print-Produkt (nunmehr Klebebindung!) in Richtung öffentlicher Verwaltung. Zunächst als Sachgebietsleiter Presse- und Öffentlichkeitsarbeit des Zweck- bzw. Kommunalverbandes Großraum Hannover, der Ende 2001 in der neugeschaffenen öffentlich-rechtlichen Körperschaft Region Hannover aufging. Gegenwärtig bin ich dort Teil des Teams Kommunikation.

Much funny

Famous last words

Hollow Skai

Das letzte Wort habe natürlich mal wieder ich. Schließlich bin ich so alt wie die Fender Stratocaster und somit der Stubenälteste.

Ähnlich wie Klaus und Detlef war auch ich zu doof, um drei Akkorde zu spielen, aber immerhin bin ich auf drei Platten deutlich zu hören, weil ich im Chorgesang hänge: auf der ersten Rotzkotz-LP (*Gettin' To None*) und auf dem Album von *Bärchen und die Milchbubis* (*Jung Kaputt Spart Altersheime*) – die dritte habe ich vergessen. Und einmal bin ich sogar live aufgetreten: mit *Terrock V3*. Es war ein Desaster, und ich ließ daraufhin lieber anderen den Vortritt.

Als ich nach 32 Jahren wieder aus Hamburg in die niedersächsische Tiefebene zurückkehrte, traf ich schon bald meinen ehemaligen (und einzigen) Volontär Detlef Max wieder. Unser Kontakt war seit unserer Zeit beim *Schädelspalter* nie abgerissen, und so dauerte es nicht lange, bis wir uns zusammentaten, um dieses Buch herauszugeben. Ein dritter Musketier war schnell gefunden. Mit Klaus Abelmann, den ich seit meiner Punk-Zeit kenne und mit dem ich einst so manchen Artikel über die jungen Greise der Punk-Generation (für die *taz*) geschrieben hatte, hatten wir seinerzeit drei Jahre lang den *Spalter* produziert und waren ein unschlagbares Team gewesen.

Bei den Mitwirkenden dieses Buches rannten wir offene Türen ein, als hätten alle nur darauf gewartet, sich an eine Zeit erinnern zu dürfen, die unser aller Leben geprägt und verändert hat – egal, was wir später gemacht oder wohin es uns verschlagen hatte.

Nach all den Jahren wieder zusammen etwas auszuhecken, war jedenfalls eine wunderbare Erfahrung, die keinen Schlussstrich setzt, sondern vielleicht der Beginn von etwas Neuem ist. Denn wie sagte schon Hermann Hesse: Jedem Zauber wohnt ein Anfang inne (oder so ähnlich).

Langer Rede kurzer Sinn: Es war verdammt viel Arbeit, dieses Buch herauszugeben, aber es hat auch verdammt viel Spaß gemacht. No Fun? Und wie!

Bildnachweise
Klaus Abelmann 50, 65, 76/77, 78, 226
Peter Ahlers 185
Olaf Albers 12, 68, 85, 224
Wille Bartz/Archiv *Hans-A-Plast* 40/41, 98, 101, 124
Crazy Baby Doc 225
Frank Eyssen 94
Sabine Faust/Archiv *The 39 Clocks* 80/81, 82, 84, 142
Axel Felsenstein 83
Jockel Finck 15, 202/203
Bettina Follenius 132/133
Romanus Fuhrmann, Backcover
Jens Gallmeyer/Archiv *Der Moderne Man* 30, 44, 45, 46, 48, 49, 56, 130
Tim Hackemack 221
Gerd Heidorn 86, 95, 96, 135
Udo Köhler 13
Andreas Kühne 79, 134, 171, 172
Eckart Kurtz 222
Lennart Lessmann/Archiv *Phosphor* 174, 175, 230
Angelika Maiworm 140/141, 162, 164, 165
Detlef Max/Rock'n'Roll-Staatsarchiv 232, 233–234
Nigel Packham 38
Joachim Peters 148/149
William Röttger 6/7
Ilse Ruppert 31, 97, 241
Birgit Rust 92/93, 99
Uli Scheibner/Archiv *Rotzkotz* 12, 22, 23, 32, 33, 120, 197, 223
Rolf-Günther Schulze 43, 47, 151, 166, 227, 228, 229
Sabine Schwabroh 119, 193
Christof Simons 2
Thomas Steinhausen 100
Stefan Thoben 210–217
Angelique Upstart 184, 186, 193, 196
Guido Wandrey 114, 115
Manfred Wienhöfer Titel, 15, 198, 208/209
Emilio Winschetti 42, 152, 159-161
Mutter Worat 163

Disclaimer
Trotz sorgfältiger Recherche konnten wir leider die Urheber:innen der in diesem Buch enthaltenen Bildwerke nicht in allen Fällen ermitteln oder ihre Genehmigung einholen. Aus dokumentarischen Gründen wollten wir auf sie aber nicht verzichten, weshalb wir um Nachsicht bitten. Bei etwaigen Ansprüchen setzen Sie sich bitte mit dem Verlag oder direkt mit uns in Verbindung, statt uns einen (Abmahn-)Anwalt auf den Hals zu hetzen.

Danksagungen

Wir danken allen Autor:innen und Fotograf:innen, die an diesem Buch mitgewirkt haben – ohne euren Enthusiasmus und euer Engagement wäre die Veröffentlichung nicht möglich gewesen.

Unser Dank gilt Wille Bartz und Renate Baumgart von *Hans-A-Plast*, Jens Gallmeyer von *Der Moderne Man*, Jürgen Gleue und Christian Henjes von *The 39 Clocks*, Lennart Lessmann von *Phosphor* sowie Uli Scheibner von *Rotzkotz* dafür, dass sie ihre (Foto-)Archive sichteten und wahre Schätze zutage förderten.

Besonders bedanken möchten wir uns auch bei Thomas Buch, Sabine Faust, Bettina Follenius, Tim Hackemack, Udo Köhler, Andreas Kühne, Uli Scheibner, Rolf-Günther Schulze, Christoph Simons, Thomas Steinhausen und nicht zuletzt Manfred Wienhöfer, die uns Fotos honorarfrei überlassen und so dieses Buch quasi mitfanziert haben.

Christian Baumjohann vom Berliner Archiv B nahm sich die Zeit, Buttons, Plakate und anderes Material herauszusuchen und uns zur Verfügung zu stellen. Wer erfahren möchte, wie der Punk nach Deutschland kam, ist bei ihm an der besten Adresse: www.archivb.de

Karl Nagel verfasste für dieses Buch nicht nur einen Beitrag über die Chaostage, sondern beschaffte uns auch Bilder aus seinem Punkfoto-Archiv, dem weltweit größten dieser Art: www.punkfoto.de

Bei Frank Eyssen, Jockel Finck, William Röttger und Birgit Rust können wir uns leider nicht mehr bedanken, weil sie bereits verstorben sind. Wir werden sie jedoch nie vergessen und hoffen, sie mit diesem Buch entsprechend zu würdigen.

Klaus Abelmann verneigt sich vor Patti Smith, Deborah Harry, John Lydon, Don Letts, Joe Strummer, Ranking Roger und den Pauline(n) Black und Murray. Grüße gehen raus an mi revalushanary fren und besondere an die für mich wegweisenden Homies wie Andrea W., Manfred S. und Holger P.

Detlef Max' Dank für Punk geht an die *Dead Kennedys*, *Ramones* und *The Ruts*. Für musikalische Sozialisation und Inspiration an Jockdiskey Mal Sondock (*Diskothek* im WDR), Dirk Rother und Olaf „Oke" Neumann. Allgemeine Sozialisation und Inspiration verdankt er seinen Eltern, Ingeborg und Karl-Heinz Max, sowie den drei Mädchen seines Lebens: Corinna, Greta und Paula.

Hollow Skai dankt Patti Smith, den *Sex Pistols*, den *Ramones* und *The Clash* für ihre Inspiration zur künstlerischen Realisierung eines neuen Lebensgefühls. Und grüßt *la bonne reine* Christine Rost und die Performerin Jenny Helene Wübbe.

HIRNKOST | DER PUNK-VERLAG

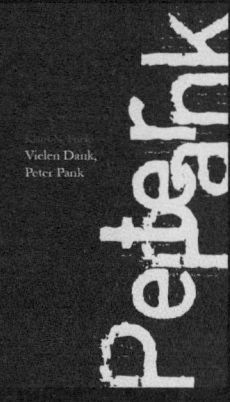

Überall, wo es Bücher gibt, und direkt bei uns:

https://shop.hirnkost.de

Punk, Kultur & Tralala

> "Was die Jugend braucht, ist Disziplin und einen vollen Bücherschrank."
> — Vivienne Westwood

Memoiren eines Rockstar-Mörders.
Auf der Suche nach Jim Morrison.
Drinks & Food & Rock'n'Roll.
Aktualisierte Rio-Reiser-Biografie.

1, 2, 3, 4! Bücher von Hollow Skai:
www.skaibooks.de

Mixed Media

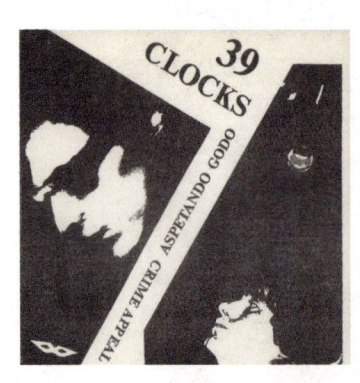

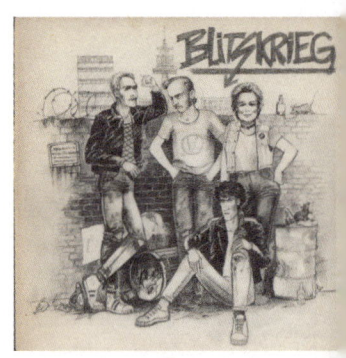

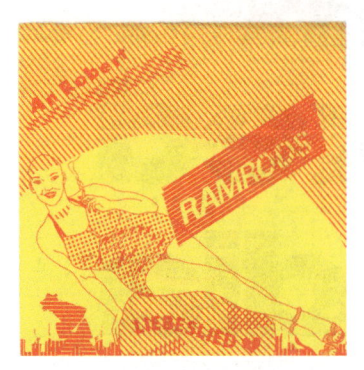

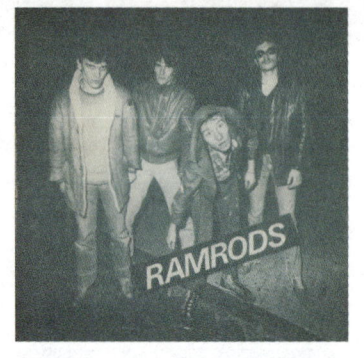

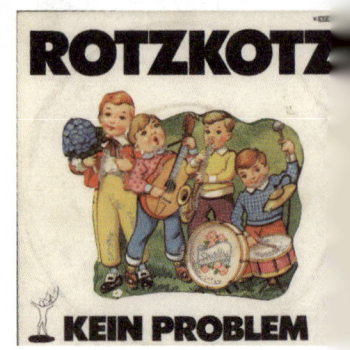

Die Singles

Die LPs

244

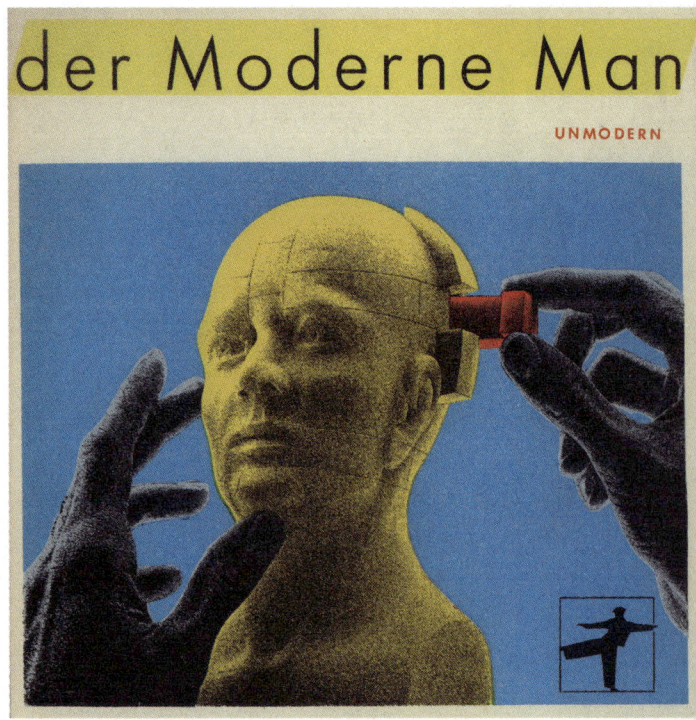

HANS-A-PLAST

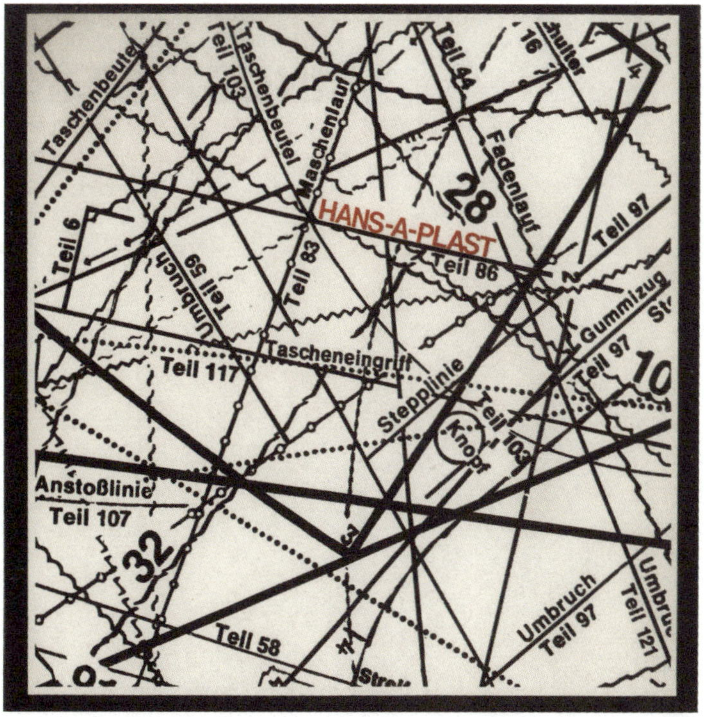
HANS-A-PLAST
Taschenbeutel
Teil 103
Taschenbeutel
Maschenlauf
Teil 44
Fadenlauf
28
Teil 97
Teil 6
Umbruch
Teil 59
Teil 83
Teil 86
Gummizug
Tascheneingriff
Teil 117
Stepplinie
Teil 97
Knopf
Anstoßlinie
Teil 107
32
Umbruch
Teil 97
Teil 121
Teil 58

HANS-A-PLAST
Ausradiert

Hans-a-plast
Live At Rockpalast 1980
dedicated to Jens Meyer
Rockpalast

INDEX SIGN
»SECOND EXPOSURE«

INDEX SIGN
...ENTRANCE.

much funny
ROTZKOTZ

Die schönsten deutschen Lieder von
ROTZKOTZ
LEBENSFROH+FARBENFROH

KALTWETTERFRONT

kaltwetterfront
wenn kaputt ~ dann wir spass

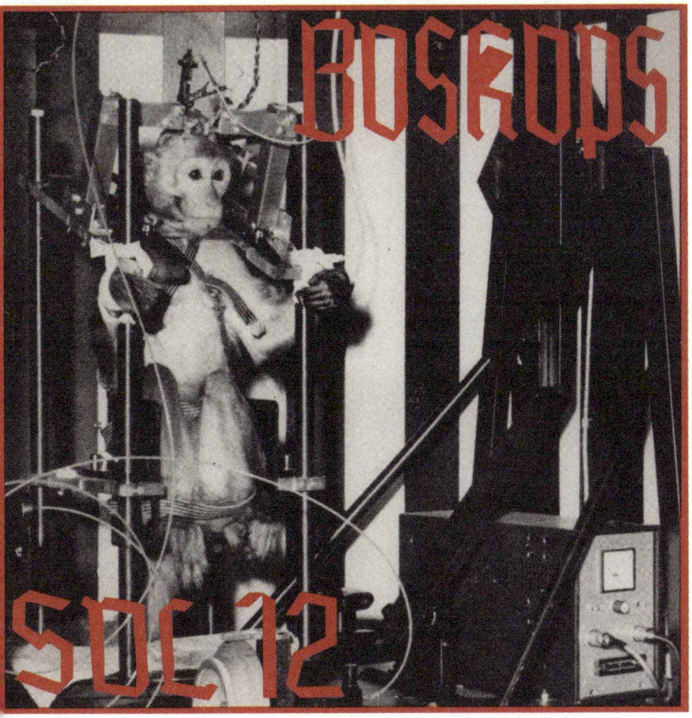
BOSKOPS
SDL 12

KLISCHEE
NORMALZUSTAND

Die neue Kollektion!
MYTHEN IN TüTEN

MYTHEN IN TüTEN
JEDES MAL IST ANDERS

Kuschel=
Weich
Ich küsse Dich...

Phosphor
frischundfruchtig

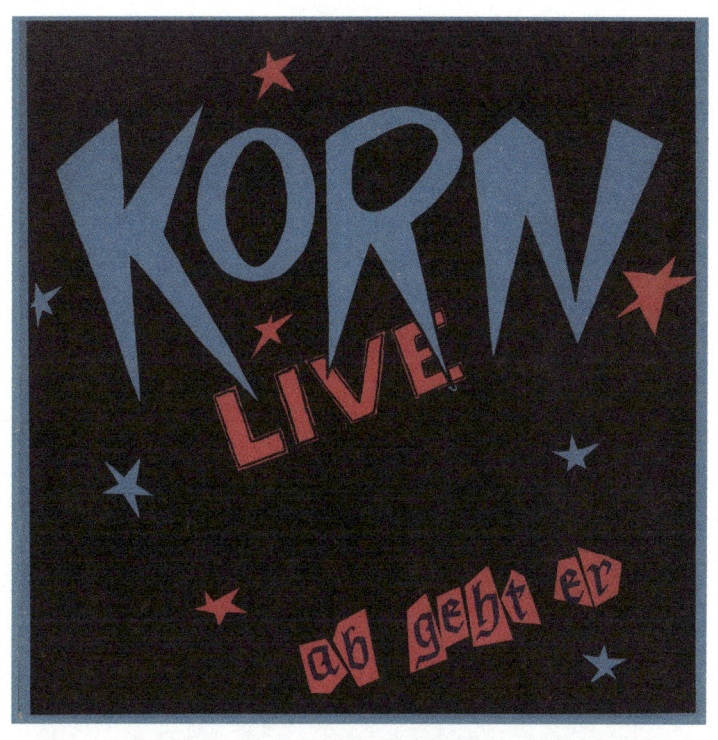

Die Sampler

Hans-A-Plast
Live At Rockpalast 1980
(dedicated to Jens Meyer † 2021)

DER MODERNE MAN
LIVE AT ROCKPALAST

Die DVDs

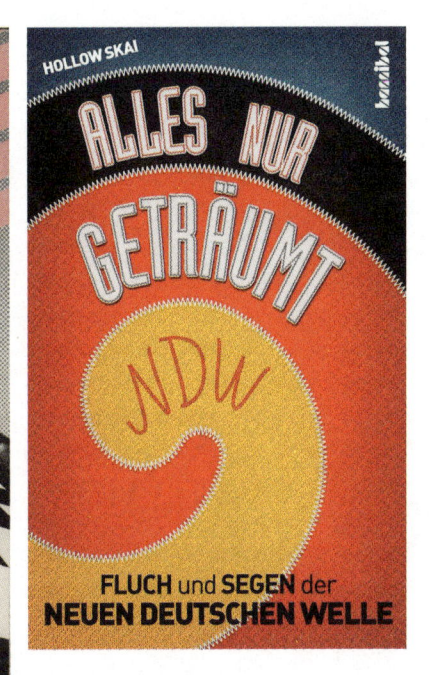

Die Bücher

Die Buttons

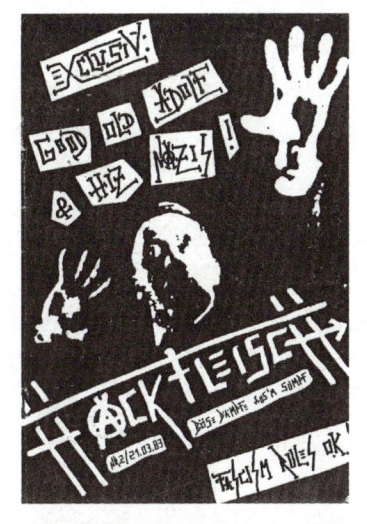

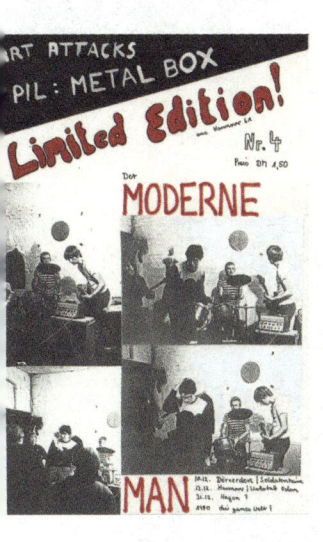

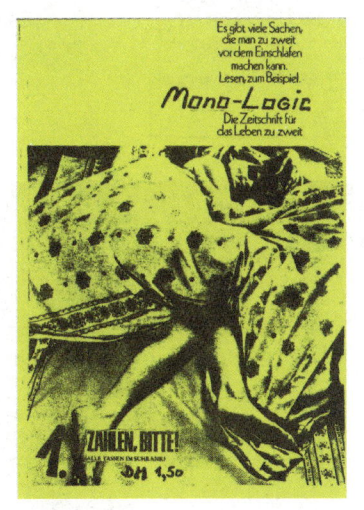

Die Fanzines

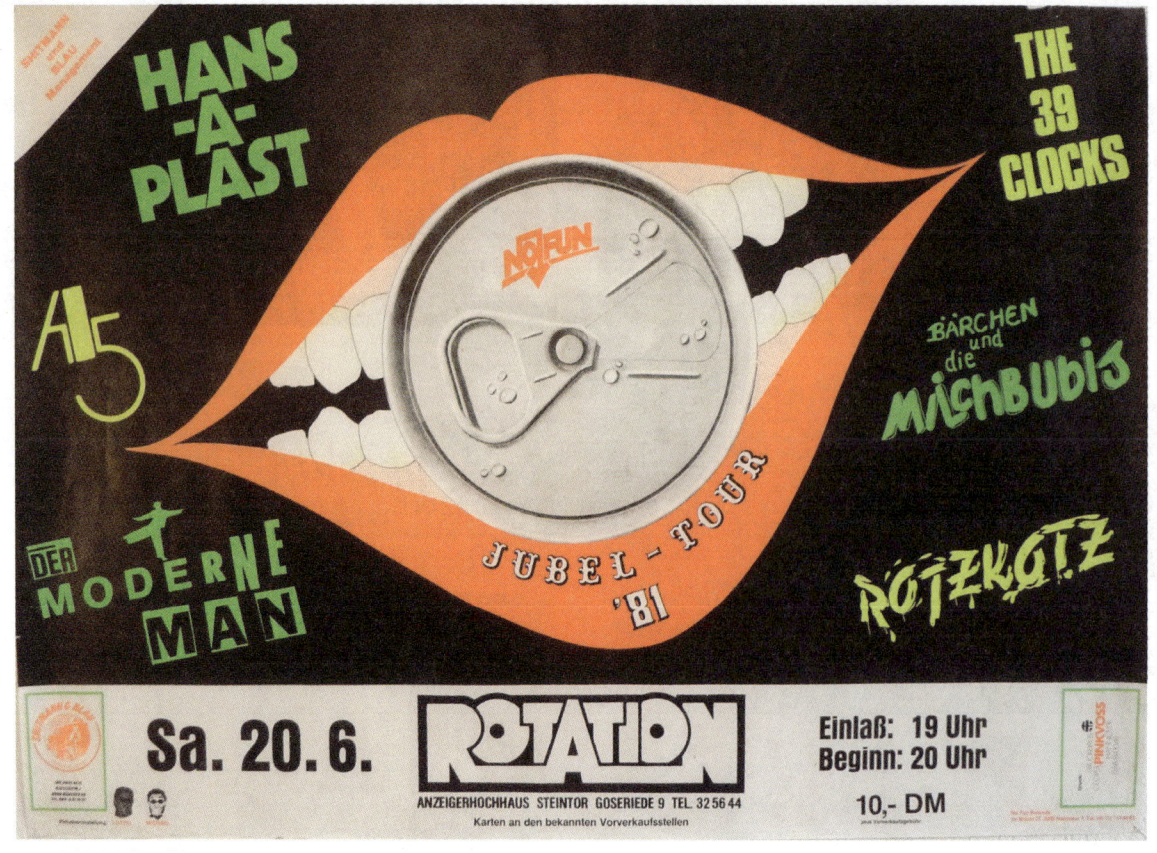

Die Plakate

der mo
Die Lemminge
derne man
der moderne man
der moderne man
der mo
29. 5.
20 Uhr
Silo-Dorotheenstr. 5
Linie 5 und 16 Haltestelle Münterstraße
Der aktuelle Hit

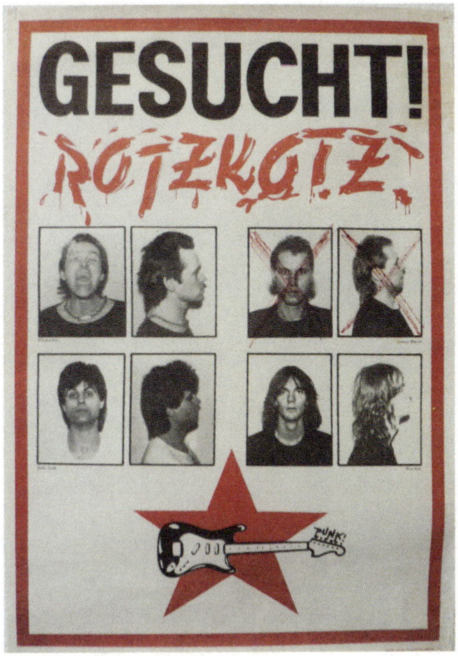
GESUCHT!
ROTZKOTZ
PUNK

MYTHEN IN TÜTEN
LIVE IM
Herrenstr. 15
Einlaß ab 21:00 Uhr Eintritt: 6.-DM
28.Januar

BÄRCHEN und die
MILCHBUBIS

PSYCHO-BEAT
THE
39
clocks
16.7. 20 Uhr Werkstatt
Odem
Warstr. 9

FREITAG 13.6.
19.00
4 MARK
WERKSTATT »ODEM«, WARSTR. 9
PUNK-ROCK
MIT
DEUTSCHLAND
& BLITZKRIEG

Cocoloco
INDEX SIGN
LIVE
LEINE-DOMICIL
HANNOVER
4.JANUAR'82
HIGHBROW

HIRNKOST | DER PUNK-VERLAG

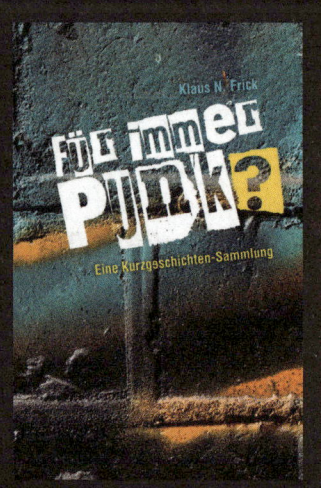

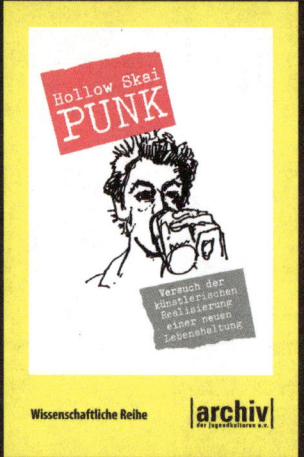

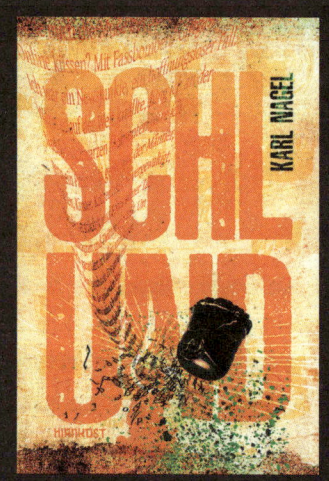

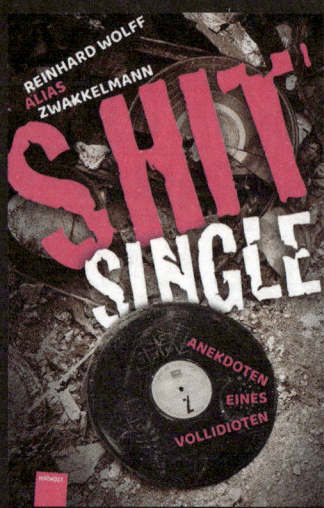

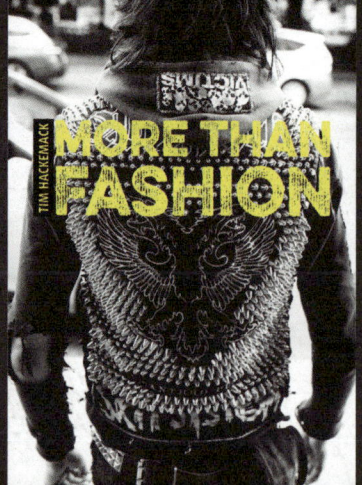

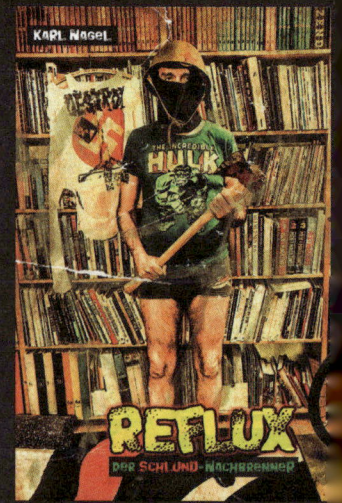

Überall, wo es Bücher gibt, und direkt bei uns:

https://shop.hirnkost.de